中东研究管见

朱威烈 / 著

世界知识出版社

图书在版编目（CIP）数据

中东研究管见 / 朱威烈著. —北京：世界知识出版社，2017.8
ISBN 978-7-5012-5570-2

Ⅰ.①中… Ⅱ.①朱… Ⅲ.①中东问题—文集 ②阿拉伯语—教学研究—文集 Ⅳ.①D815.4-53②H379.3-53

中国版本图书馆CIP数据核字（2017）第211304号

书　　名	中东研究管见 Zhongdong Yanjiu Guanjian
作　　者	朱威烈
责任编辑	贾如梅
责任出版	赵　玥
出版发行	世界知识出版社
地址邮编	北京市东城区干面胡同51号（100010）
网　　址	www.ishizhi.cn
电　　话	010-65265923（发行）　010-85119023（邮购）
经　　销	新华书店
印　　刷	北京朝阳印刷厂有限责任公司
开本印张	787×1092毫米　1/16　21½印张
字　　数	289千字
版次印次	2017年11月第一版　2017年11月第一次印刷
标准书号	ISBN 978-7-5012-5570-2
定　　价	59.80元

版权所有　侵权必究

本书由上海高校智库——上海外国语大学中东研究所资助出版；成果属上海外国语大学中东研究所——教育部重点研究基地、上海高校智库、中阿合作论坛研究中心，上海外国语大学——上海市I类高峰学科（外国语言文学）建设项目、上海高校一流学科（政治学）建设项目。

目 录

代序：我的一点写作体会 1

上篇　随笔时评选

尼罗河畔的脚步声 9
阿以互不信任　中东和谈艰难 20
江泽民六国之行　重合作也重沟通 22
戴维营会谈久拖不决　各有各的难处 25
中东充满变数　和平仍是大势 27
谈判、和平、发展
　　——中东处于转型期 29
沙龙的路不好走 31
国际社会调解忙　以巴内部心不齐 33
中东战火不断　和平亟待努力 35
和平钥匙在美以手中 38
专访：沙龙为何突然解禁阿拉法特？ 41
从被动到主动
　　——且看美国的和平计划出台 43

以色列的"安全隔离墙"能奏效吗？	45
美国抛出和平计划 做大中东反恐文章	47
美国令阿拉伯担忧	49
美国战略调整欲在中东"试刀"	51
正本还须先清源	53
中非合作进入新阶段	56
战争阴霾依然存在	61
美与中东国家的关系面临剧变	63
伊战后重建谁主导 美机构提出时间表	66
试看伊拉克战争中的民心相背	68
伊拉克，不是最后一个	70
对话：经济之手敲开中东和平之门？	73
专访：巴以局势堪忧	76
准确把握机遇，积极参与伊战后重建	78
中东之变	81
后萨时代：伊拉克前景未卜	83
以巴谈判："路线图"计划起步阻力多	87
阿盟改革提上日程 倡议众多尚待协调	90
解读伊通过"临时宪法"	92
一场不容再重演的战争	96
天方访旧雨	98
开辟能源之路	102
专访：伊拉克局势	105
巴以和谈变数犹存	112
专访：中埃合作必须改变低效投资结构	116
单边行动后，是和谈还是冲突？	119
沙龙：以色列的中间派？	122

中东局势与阿拉伯世界改革 125
试论美国对伊新战略及其对中东地区的影响 130
中东：美国严重受挫　伊朗强硬挑战 142
一个伊朗人在巴格达 150
希拉里更和平吗？ 153
中国与阿拉伯世界需消除认知误区 156
"和平发展"是中国制造的公共产品 158
《南风窗》专访：阿拉伯转型阵痛与中国角色 161
对话：穆巴拉克、穆兄会和埃及局势解读 169
叙利亚问题源于阿拉伯国家改革诉求 175
中阿合作开拓新丝路 180
专访：伊拉克卷入反恐和教派双重斗争 183
反恐与重建：中国发挥积极作用 186
俄空袭叙利亚成效显著　撬动地缘政治格局变化 189
政治解决叙问题，中国不可或缺 194
美国战略重心移离中东是严重误判 197
关于"一带一路"建设推进的建议 201
反恐统一战线，伊斯兰国家是主体 202
共奏中阿友好新乐章 206

下篇　世界热点：中东

导论：观察中东问题的三把钥匙
　　——沙漠文化、伊斯兰教和石油资源 211
中东的核心问题——巴勒斯坦 223
　　一、巴勒斯坦问题和巴解组织 225
　　二、从四次阿以战争到埃以单独媾和 234

三、埃及走出孤立和巴解态度的变化 248

四、阿以和谈的前前后后 257

群雄崛起 266

一、从两伊战争到海湾战争 268

二、埃及进入穆巴拉克时代 284

三、强硬的叙利亚 291

四、卡扎菲及其世界第三理论 299

方兴未艾的伊斯兰运动 310

一、当代伊斯兰运动的兴起 312

二、当代伊斯兰运动的特点 318

三、当代伊斯兰运动的影响 324

结束语：多极格局中的中东 331

代 序：
我的一点写作体会

这本集子，收录的是我在新世纪以来撰写的一些随笔和时事评论，还有20世纪90年代初仅在港台出版发行的《世界热点：中东》。

算起来，我从1987年担任硕士生教学至今，已30年了。每届新生入学，总免不了要讲几句话，我讲得最多的常是读书、思考、写作三点。读一定数量的国内外参考书是基础，缺此就不能叫"读研究生"了。思考居关键地位，中国学生大凡在中学阶段便已懂得"学而不思则罔，思而不学则殆"，"业精于勤，荒于嬉；行成于思，毁于随"等道理，进入大学后也会领悟到要具有"自由之思想，独立之人格"。研究生阶段思考习惯的养成，不仅直接关系到确定论文题目和完成撰写的各个环节，更关系到他们学会概念解读和逻辑建构，毕业后能具有一些学者气质。要求重视写作，则强调的是技能，短期看它将决定显性成果论文的质量和水平，能做到文从字顺，通过答辩，修改后发表成为社会学术读物，就很值得称道；长期看，当有利于他们提高文笔能力和禀赋，终生受用。其实，对研究生们提出的上述要求，也是我的自勉自励。其中，对作文之不易感触尤多，因为文章总应做到言之有物，要达到言必及义、文以载道就更难能可贵，只能靠多学多练，努力争取渐趋渐近。

我关注作文，大约始于20世纪50年代的中学阶段。一是那时的课余时光，除了体育锻炼比赛，主要用于阅读中外故事小说，也写点日记以巩固理解和记忆；二是重点中学的语文老师常令我感佩，无论是课文讲解，还是引导学生做中心思想、段落大意的归纳训练，他们都有独到之处，效果明显，而且有的还能按古音韵律释读古代诗词，有的本人就是诗人，告诉我们现代诗歌创作重在意境，应尽量少用"的"字等。这些情景，我至今仍留有印象，也增加了我写作的兴趣。

进北大的前些年是国家困难时期，不搞政治运动了，学生们得以跑图书馆，徜徉于知识海洋。东语系资料室图书报刊十分匮乏，我去得最多的是校大图书馆和文史楼，借书阅读，写读书笔记，是一段怡然自得的时光。当时让我受到震撼的是读到季羡林先生的两篇文章：《春满燕园》（1962年）和《燕园盛夏》（1963年）。我们虽然一入学就知道，季先生是留德博士、一级教授、大学问家，但尚未读过他的作品，没想到他的咏春吟夏短文竟写得这么美、这么动人心弦，令我这样的北大学生欣羡不已。

我在北大学习阿拉伯语专业，主要是得掌握听说读写译的本领。其中的"写"，是指培养使用阿文的笔头能力，有相应的书写规范、听写、复述等课堂训练，但因没有专门的教材，师生们实际上较重视的是"译"，我练习写作，主要靠自修。20世纪八九十年代国家教委组织高校阿语专业教师编写《阿语教学大纲》，于2000年12月由北京大学出版社出版，其中对"写"的能力做出了量化规定，如专业四级考试的基础阶段对写的要求，列有书写规范、听写准确率，能写课文中心思想与段落大意，写120词短文等标准；专业八级考试的高年级要求，是达到能写应用文、读书报告、说明文、议论文、课程论文和毕业论文等，已经在向中文的写作标准靠近。遗憾的是，进入新世纪以来，阿语虽为跟上英、日、俄等专业外语教学规范化的步伐，开展了专业四级考试，但八级考试至今没有建立。这种追求教学水平和质量上的浅尝辄止，造成有关的写作课程难以推进和完善，也可能是影响阿语专业师生重视阿文写作并关注中文写作的主要原因之一。

我写中文文章，从想不想到会不会，都与时代发展相关，历时漫长。我在中学大学期间写了不少日记、读书笔记，那只是供记忆用的，从不曾也不敢想要发表。大学毕业分配工作由留校改为赴上海外国语学院任教，离京前我在40斋宿舍前空地上，将所有的日记本笔记本付之一炬，是鉴于那时无端上纲上线的舆论环境，找茬邀功的人防不胜防，稍有不慎即会因言获祸。十年浩劫期间，除了翻译历史地理书籍，连跟妻子的通信都不保留，自然更不会有作文写稿之念。

我第一次发表文章，是"文革"后的1977年初，应《地理知识》杂志之邀译编的《法属索马里（吉布提）》。怎么会找到我的？我猜想是因为陕西人民出版社出版的《苏丹：自然状况、人口结构和经济建设的研究》（内部读物），其首页撰于1976年8月的"出版说明"最后一段是："本书第一章是上海外语学院朱威烈同志帮助翻译的。"《世界地理》编辑部有可能就是据此约稿。像国内许多外语教师前辈或同仁一样，我的写作初期也是从译编起步的。此后陆续发表的《约旦》、《阿联酋》、《红海在扩张》、《西奈风物》、《锡瓦绿洲见闻》等，都是从报刊上搜集辑录的知识性文章，我并没有去过实地。回想起来，我从资料译编到撰写有自己视角和看法的文章，是在开罗大学两年进修期间实现转变的。有点代表性的作文，是发表在1980年3月31日《人民日报》上的《一次博士论文答辩会》。是年初，《人民日报》在埃及设立记者站，位于我住的使馆新华楼内。首席记者邢象超同志是位"文革"后复出的老干部。他稳健儒雅、平易近人，得空会上五楼到我这样的进修教师处来坐坐，作些调查研究。他先是要了我一篇《埃及的蛇村》，接着便约我写一篇博士论文答辩的报道，说想配合一下国内建立学位制的需要。文章虽短，能刊登在《人民日报》上，自然很光荣，对我的写作生涯而言，则可算是从译编转向自主撰写的第一篇叙事体文章。

1980年秋我回国后一面任教，一面负责阿拉伯语言文化研究室和《阿拉伯世界》期刊编辑业务，1984年至1996年期间又担任阿语系管理工作，头绪纷繁，整日忙个不停，但心情很舒畅。原先对待知识分子的政策是团结、教育、改造，这时已转变为"尊重知识，尊重人才"，"知识分子是工人阶级的一部分"，亦即成了党和国家信任和依靠的对象。这真可谓是拨云见日，不胜快慰之至。我在行政工作之外，既因完成了分内的日常教学、杂志编务和应允的译事，也因解除了精神上的羁绊，敢于并乐于抽时间围绕阿语专业及其相关的文学文化和阿拉伯国情等领域写点文章，包括研究性长文和知识性议论。

那段时间自忖还值得提及的写作文稿，是两篇短文和一本读物。《教然后知困》，写于1987年9月，发表在《上海外国语学院院刊》上。当年是我第一次有幸被评为上海市优秀教育工作者，学校约稿，我结合"传道、授业、解惑"古训，讲述了高校教师应具有的责任感和使命感。这其实也是支持我一生从教的精神力量。另一篇《小议"功名"》刊于1995年9月5日《文汇报》笔会专栏。这个题目我是久蕴于心，时任笔会副主编的周毅同志一开口约稿，我就报了，实想一吐为快，说明一下别把当代社会知识分子的事业心，与封建社会流行科举制度时的功名心混为一谈。

《世界热点：中东》于1993年1月在香港出版，台湾有两家出版社随即买了版权，也出版发行。事情的缘起，是时任三联书店（香港）总编辑陈昕先生1992年来沪，通过《解放日报》国际版编辑邱丹凤同志组织上海的专家撰写"国际瞭望丛书"，一共十种，我应邀写中东。此书是我利用7、8两个月的暑假，在上外当时最破旧的7号楼二楼朝北办公室里紧赶慢赶完成的急就章。没有空调，靠一个放在地板上的电风扇，隔一脸盆水吹拂降温。之所以有激情接下任务，是因为自80年代中后期起，我开始常参与中东问题专题讨论，但总感到缺点什么。作为一个懂阿语也去过阿拉伯国家进修的教师，能结合自己的阅读、见闻和感受，从多种角度和多个领域谈谈中东成为热点问题的内在原因和特点，我既有兴趣也不便推诿。

两篇短文和一本约10万字的读物，文体上都属议论文或说明文；

内容上显然也不是专门的阿拉伯语言或文学研究,但这样的有感而发却颇合我的心意。后来,周毅同志还约我写点文章,如新时期的师生关系等。可我已脱离教学第一线,又忙于国际关系、政治学学科建设,绝大部分的时间和精力都被行政管理、内外交流等事务所占据,实难再有旁骛。这反映了我在写作方面的局限性,也是我毕生的缺憾。

这本集子里的随笔,仅《尼罗河畔的脚步声》和《天方访旧雨》两篇,是我参与公共外交的见闻和感想。余均为进入新世纪以来在报刊上发表的时评。在当前学界积极建设中国特色新型智库的热潮中,从事国际问题研究的单位都很重视对社会和媒体的影响力,撰写时评几可视为研究人员的基本功之一。但遥想当年,时评得以开禁,还是托福于改革开放的大环境。我参与其事,应追溯到1990年为内部刊物《当代国际问题研究》撰文,后幸逢上海《解放日报》在邓小平同志南巡讲话后勇于创新,率先在国际版开展专家访谈,不久又设立"专家论坛",才有了一个公开发表的园地。

今年3月30日,为庆贺中国国际问题研究所前所长杨成绪大使新著《笔瑞:二十多年来对国际形势的观察和思考》出版,《解放日报》领导召开座谈会,我作为90年代亲历者,感受良多。记得当年是吴谷平副总编辑敢为天下先,组织专家发表国际问题评论,并及时赴京邀集詹世亮、王嵎生等多位资深大使赐文共襄创举,特别是约请到杨成绪大使自1995年元旦起每年撰写国际形势述评,让上海学者领略到他们敏锐的观察力、扎实的理论功底和丰富的外交经验积累。更可贵的是自此之后,《文汇报》、《新民晚报》等都跟了上来,上海主流媒体遂成为政界和学界人士交流互动、相得益彰的国际问题研究合作平台。我也是从那时起确立了开展中东问题研究,必须重视提高政策分析的能力,应主动向中国老大使们请教的明确意识。自2000年中东研究所进入教育部人文社会科学重点研究基地的十多年来,我们通过组建理事会、合作研究课题、共同举办研讨会和聘请兼职教授等多种方式,直接受到中国资深大使们的真诚指点和帮助,使我个人和团队在撰写时评、论文和调研报告等方面，得以逐渐开阔视野、深化政策理解和提高分析水平，获益匪浅。这也是上外中东所研究的一个重要特色。

在我的写作生涯中，时评的篇数相对较多，原因有三。一是中东始终是世界最动荡的地区之一，越来越开放和及时的国内媒体报道，需要有学界人士的配合解读；二是新世纪第一个十年，中国快速的和平崛起推动了中东国家"向东看"趋势不断增强，我也随之屡屡应邀或受托前往参会、讲学或交流，对当地的舆情、政情有些感性和理性上的认知积累，与单纯译编于美欧的英文评述不尽相同，国内媒体有新鲜感；三是最值得指出的，那时外交部门已十分重视倾听专家学者的意见，我有幸能经常参与研讨会并承担课题，对中国中东外交的政策和实践都加深了认识，在写时评时也会留心把握口径和分寸，努力体现正面导向。

工作半个多世纪了，检视自己的写作，总字数远不及译作，种类也少，特别是我心向往之的散文，更是几近阙如，实在算不上是会写诗文的传统"文人"。我在写作方面，是很敬佩季羡林先生的。他2001年10月5日在山东大学开会时题签送了我一本《三真之境》，在"漫谈散文"（代总序）里他说："对于散文，我有偏爱……我觉得在各种文学体裁中，散文最能得心应手，灵活圆通。"而且他还认为，"五四运动以来中国文坛最成功的是白话散文。"季老自己是散文大家。乐黛云先生诠释季老散文的特点是三真："真情、真思、真美。"那实是写作的化境，决非轻松易得，而是"应当经过一番磨炼，下过一番苦功，才能有所成，决不可掉以轻心，率尔操觚"。我辈看季老，总是高山仰止，景行行之。自己作文少，绝不是因为工作忙时间少，而是腹笥贫瘠，读书不多，缺真情、真思、真美的文化底蕴和功力所致。就此而言，我在文首提出的读书、思考、写作"老生常谈"，看来还得继续坚持下去。

2017年7月于上海

上篇
随笔时评选

尼罗河畔的脚步声[①]

埃及民谚云："喝了尼罗河水，是会回来的。"1978年，我曾作为"文革"结束后首批公派教师，在开罗大学进修过两年；1989年，为校际交流，去亚历山大大学做学术报告；今年春节前后，应埃及新闻部之邀，第三次赴埃，有幸接触了不少文化、经贸、外交界人士，出席了好几个研讨会，颇有耳目一新之感。我下榻在开罗喜来登宾馆。从阳台上俯瞰这座阿拉伯世界的第一大都市，白天，只见鳞次栉比的高楼大厦间穿行的车流、人流熙来攘往，热闹繁忙；入夜，天上星光灿烂，人间万家灯火。这里，感受不到二十多年前，埃及刚做出战略选择，采取和平主动行动与以色列媾和时的艰难，也察觉不出十多年前因受阿拉伯国家拒绝阵线的抵制而一度孤立的沉重。以开罗为标志的埃及已经崛起，正以昂扬的姿态在民族复兴的道路上阔步前进，就连楼旁孕育了人类伟大文明的尼罗河，它的流淌也显得那么从容自信、轻快欢畅！

富有特色的积极外交

埃及是阿拉伯世界和中东地区中的大国，人口逾6000万，地跨非

[①] 本文载于《阿拉伯世界》，2000年第2期，第3—7页。

亚两洲。1869年苏伊士运河开凿成功，把地中海与红海连贯起来，使埃及成为欧亚非三大洲的交通枢纽。矗立在开罗郊区的金字塔，代表着人类最悠久古老的文明；在它发展、衍变的过程中，渗入了亚洲、黑非洲、地中海和希腊罗马等文明因素。7世纪伊斯兰教兴起后，埃及于972年建成了爱资哈尔清真大寺，自此成为伊斯兰世界最重要也最具影响的学术中心之一。尽管在近现代史上，埃及像我国一样，历尽磨难和坎坷，但它的地区大国和文明大国地位，却始终是举世公认的事实，至今仍为国际社会所瞩目。

　　世纪之交的埃及，显得十分忙碌。2000年初，叙以和谈中辍，巴以原定2月13日进入最终解决框架协议的谈判也受阻，和平进程的车轮又停了下来。穆巴拉克总统作为有关各方都接受的阿拉伯调解人，先是1月下旬飞大马士革，与阿萨德总统晤谈，继而又与巴拉克总理、阿拉法特主席分别磋商，积极推动各方重回谈判桌。1月30日在穆巴拉克总统与巴拉克总理会谈结束后举行的记者招待会上，巴拉克说："埃及推动以巴谈判，要追溯到萨达特总统签订戴维营协议时代。穆巴拉克总统执政18年来，埃及继续推动以巴谈判。拉宾总理在世时，我在军队工作，我记得每当在与阿拉法特主席的和平谈判中碰到难题，拉宾总理总要求我们与穆巴拉克总统联系，听取他的忠告，与他商量。我们与巴勒斯坦人的许多协议都是在埃及签字的，这并非偶然，它反映了我们和巴勒斯坦人对埃及推动和平进程作用的尊重。"当有人问"埃及是否在背后支持巴勒斯坦的强硬立场，巴拉克总理是否要求穆巴拉克总统对巴勒斯坦人施加压力"时，穆巴拉克总统坦然答道："我们不支持任何破裂行为，我们想要和平。我们不向任何人施加压力，也不代替任何人作决定。从和平进程开始以来，我们支持公正地达到全面和平，但从不向任何国家包括巴勒斯坦人施加压力，我们支持推动和平进程的时候从不要求巴勒斯坦人做出让步，而是让他们自己去谈判。"埃及所持的这种立场，使她既能积极地推动和平进程，又恪守不干涉他国内政的原则，自我定位十分清楚，因而受到各方的好评。在冷战结束，和平进程逐步推进的10年中，美、俄、欧盟和联合国都不断地出面调解、斡旋，有的还设有专职协调员，但阿拉伯埃及的角色却始终不可替代，因为毕竟是她首先拉开了和平进程的序幕，在勾画地区战略方面，她经常占得先手，颇具前瞻性。之所以如此，一是因为穆巴拉克总统一直遵循稳健务实的对外政策；二是埃及确实拥有一批高素质、高水平的官员和专家——中东和平进程虽仍有波折，但以阿慕尔·穆萨外长为代表的外交家们已经在勾画和平进程后的地区合作。纵观90年代以来的埃及外交，我们发现埃及与世界大国和主要地区的互动关系，已越来越显得线条清晰，方向明确。

美国是中东和平进程的主持者，自埃以媾和以来，一直向埃及提供年约20亿美元的援助，虽然在许多问题上埃及并不支持美国的霸权主义立场，美国又从1998年起每年削减5%的援助，但出于引进资金、技术和扩大在美市场份额的考虑，埃始终十分重视对美关系，这是她对外政策中的重点。不过，如果以为埃及有求于美，美国就可以对埃颐指气使，指手画脚的话，那就大错特错了。美国专栏作家、《豪华车和橄榄树》一书的作者托马斯·弗里德曼今年1月访埃后发表文章称："叙、黎、巴与以色列签订和约后，埃及在地区的作用将趋萎缩……埃及应当过渡成为'地中海的台湾'"，云云。这种教师爷式的论调，遭到了埃及舆论的痛斥。不少文章清楚地表明，埃及虽已进入世贸组织，但她从不曾忘记自己属于第三世界，不会站在美国和西方的立场上看待全球化；埃及虽然需要西方，但不会淡化她的地缘战略、地缘政治和地缘经济观念，不会忘记她的民族文化身份和肩负的民族文化责任。

埃及与俄罗斯的关系，比当年萨达特总统在位时的埃苏关系要好，高层保持互访，相互报道和研究都较充分。2000年1月普京代总统的《俄联邦国家安全原则》一发表，埃方即有报道和分析。2月初，莫斯科召开中东和平进程的多边会议，穆萨外长和俄伊凡诺夫外长在记者招待会上都强调埃俄关系深厚而巩固，即使在某些问题上存在分歧，也可通过建设性的坦诚讨论来解决。如车臣问题，因那里的非法武装打着伊斯兰旗帜，故受到阿拉伯国家和伊斯兰国家的关注。伊凡诺夫一方面感谢阿拉伯国家对车臣和平居民提供人道主义援助；另一方面又警告说，车臣正在成为国际恐怖主义的一个中心，有可能向包括阿拉伯国家在内的周边国家蔓延。而埃及和阿拉伯国家则表示，它们恪守支持俄罗斯统一和领土完整，不干涉其内政的原则立场，希望尽早结束车臣战争，恢复那里的安全和稳定。这与西方国家在车臣问题上对俄横加指责、竭力插手的态度，是截然不同的。

埃及与欧洲国家有着长期的传统联系，与英、德、法等主要欧洲国家的双边关系也较稳定。其中，英国是埃及的重要合作伙伴，近年的双边贸易额已达30亿美元，不算阿拉伯投资者，英国的对埃及投资也名列首位。据埃及驻英使馆称，截至1998年年底，英已对埃投资约20亿英镑（合112亿埃镑）。光去年一年，埃及就接待了400家寻找在埃投资的英国公司代表。埃及与法国关系也较紧密，最近已有计划在法国南部合办大学。意大利总统2月15日访埃，准备签订17项高校间的科研合作项目。埃及与德国还在酝酿筹建实业家协会，通过参加德国举办的展销会，争取将埃及产品打入欧洲市场。目前，埃及正致力于与欧盟建立正式的伙伴关系。自1995年3月欧盟形成它的地中海新战略文件《加强欧盟地中海政策：关于实施欧洲——地中海伙伴关系的建议》以来，欧盟已先后与突尼斯、以色列、摩洛哥签订了《欧洲——地中海联系协定》，只是与包括埃及在内的南地中海国家向欧盟出口的水果蔬菜等传统农产品的谈判却进展不快。欧盟谈判历来精明，据说，埃欧谈判今年有望取得突破。

我在埃期间，多次听人谈及开罗将于2月28—29日主持召开"东南非洲共同市场研讨会"，主要议题为东南部非洲市场的自由贸易，吸引外资的机遇，在全球化形势下该地区面临的挑战等。还获悉4月即将在开罗举行非洲—欧洲外长和首脑会议。埃及牵头举办这些大型会议，既反映了新兴的非洲大陆在全球化进程中的最新动态，它做出的组织努力和战略规划，也说明了埃及对非洲区域经济组织的建设，构筑非洲与发达国家或地区的战略伙伴关系方面所作出的贡献。

冷战结束前后，我国与东亚地区的迅速崛起，引起了埃及高层的高度关注。90年代，穆巴拉克总统先后四次访华：1990年5月、1992年10月、1994年4月和1999年4月。加强与中国和东亚国家的全面合作，已成为世纪之交埃及对外政策的一个重要组成部分。我在撰写此文时，听说江主席4月出访亚非五国之外，特别还加上了在埃及亚历山大市与穆巴拉克总统会晤，显示出埃及对我国非比寻常的重视。

从以上的勾勒可以看出埃及新世纪外交的一幅自我定位图：加强与美欧俄中等大国的双边关系，着重发挥在中东地区和非洲大陆的作用和影响，通过政治、经济、文化等领域的独特身份和贡献，确立其地区大国的地位，若在联合国今后的改革中，能跻身增补的安理会常任理事国之列，则中东和非洲地区就将在这个最大的国际组织中拥有自己的代表，更有发言权也更具影响力。

立意长远的建设方略

我一直感到，中埃两国既有很大的相似性，也有明显的互补性。历史上的相同遭遇，已有许多文章作过归纳和分析，这里仅就现状谈一点感想。二十多年前，当我国走上改革开放的道路时，埃及也在强调对外开放，设立了塞得港、苏伊士、开罗和亚历山大四个自由区，其中，塞得港在商贸和金融交易方面，颇引人注目；同时，还制订了一系列法律法规，以积极引进西方的技术和资金。90年代，长期坚持的经济改革措施，包括财政货币紧缩，减轻外债，开设证券交易等，已见成效：埃及的外汇储备在1998年已达200亿美元，按人均比，超过了我国；汇率趋于稳定，多年来保持在1美元：3.5埃镑；外债、预算赤字和通胀率都大幅度下降。在加入世贸组织前后，埃及一直在采用多种形式改革国有企业。我听埃方一位副部长说，埃农业已百分之百实现了私营化；工业目前是一半国营，一半私营。政府考虑出售国企，已有一家德国公司买下一座水泥厂，但由于购买者需承担企业原职工的待遇和退休安排，故进展不快。埃及改革开放的足迹和成就，对我们来说，都有似曾相识之感，因为我们也经历了大体相似的过程。

埃及在全力抓经济发展期间，始终十分重视借鉴别国的经验和做法。整个90年代，埃及派过不少团组到我国来座谈取经。这次，埃及新闻部特地安排我去参观苏伊士湾西北部的经济特区，其中的3号地块是中埃合作开发区，占地约22平方公里，去年已有天津一家公司与埃方合办一生产玩具、电器电子、成衣和通信器材的企业，总投资8000万美元，天津占1/10。我的印象，埃方看重的不是我方投资金额的大小，而是旨在借助我国的技术和管理。眼下，这个地块还在加紧做三通一平的基础工作，水厂、电厂也已在建。接待人员十分热情，他们详述了这块特区的优点，如它紧靠深水港码头，可泊60万吨的集装箱货轮，正在修筑与开罗相连的铁路和120公里的高速公路。这块特区计划兴建的炼油、汽车、电池、电话、钢铁等企业，都可享受20年的免税优惠，等等。他们很盼望我国能提出建议，合办适销阿拉伯世界和东南非洲的产品项目，甚至愿意共建大学。

至于互补性，在一次经贸研讨会上，埃方指出1999年的中埃贸易额约为7.4亿美元，其中，埃方出口为0.32亿美元，余均为中方出口。造成中方顺差的原因很多，如中国商品种类多，价廉质优，中国的营销了解埃及人的鉴赏力和习惯等。他们认为，与我国的贸易出现逆差不奇怪，因为中国与发达国家的贸易也多为顺差；但面对今后一二年内中埃贸易将达10亿美元的前景，埃及必须设法增加对华出口，加强中埃旅游业的合作，完善基础设施建设吸引中国对埃投资等。总的看，埃方无论是政府、企业、银行、公司，还是学者、传媒的代表，都对开展与我国的经济合作抱有热情，态度很积极。埃及去年的经济状况大约为旅游收入40亿美元，侨汇36亿美元，运河收入18亿美元，另外还有石油、农产品的出口创汇，人均收入1200美元左右，确已具备相当实力。但中埃企业界都还不很熟悉对方市场，当前最需要做的，是加强沟通。埃及希望增加出口，看来得加强对中国市场调研，选择对路的产品。比如，我国的能源需求持上升趋势，而埃及则是一个油气输出国。2月3日埃方报载，埃及与土耳其签署协议，每年向土出口40亿立方米天然气，并邀土耳其投资开采埃及的油气田，这其实也是一个值得中埃共同探讨的领域。又如，埃及友人提出向我国出口大理石、花岗岩、皮张等原材料，也具有可能性。只要埃方深入我国市场，了解适销的品种、规格，寻找合作伙伴，提供有竞争力的价格，就有希望打开局面。此外，旅游领域的合作更亟待开发。我回国后看到报道，我国去年的境外旅游约为200万人次，但到埃及去的旅游者，仅7000人。而埃及和阿拉伯国家到我国来的旅游人数也不多。事实证明，中埃间的经济互补性确实存在，只是有待双方去开拓、实现罢了。好在这些问题已提上日程，双方都在付诸行动。上海的一些大公司已经或计划派团赴埃去洽谈合作、投标等业务。埃及3月中旬在天津举办了埃及商品展销会；埃及驻沪总领事阿卜杜·法塔赫·安泽鼎公使准备在4月中旬举办"埃及之夜"活动，介绍埃及的旅游资源，还计划组织中埃企业家互访；新闻参赞哈米德·萨格尔先生3月专程来沪，组织上海报界、电视台记者赴埃访问，并安排了中埃相互摄制名胜古迹VCD的交流项目。这些认真细致的前期工作，无疑会有助于扎实地推进中埃间的长期经济合作。

  埃及对待与我国的经济合作很过细，其他领域的经济发展工作也都在有条不紊地进行。我在埃及期间和回来后，接连读到报道：穆巴拉克总统召开内阁会议，研究决定发展高科技，在埃及创建"智慧村"（即研究开发信息技术的埃及硅谷）；决定今年的财政预算为1100亿埃镑，超历史最高水平，主要用于社会保障、教育、卫生和基础商品的补贴；研究至2017年的水资源政策，准备与尼罗河流域的国家开展合作，充分利用埃及境内119亿立方米的地下水，减少目前尼罗河流域高达94.9%流失总量，分期增加灌溉土地，以重新描绘埃及地图；3月中旬，总统和内阁扩大会议又对发展电力作出部署，要在2017年前修建15座电站，投资80亿美元，构成连接埃及全部城乡乃至阿拉伯世界东西部和非洲内陆的电力网……这些宏伟的计划和工程，无不显示出埃及领导层的雄心和气魄。穆巴拉克总统去年再次连任总统，内阁领导班子经过调整，充实了更多科技型和知识型的精英。2月4日，执政的民族民主党政治局和书记处改组，吸纳了一批新人，包括现任总理和三位部长、四位女士和四位青年，各类委员会和省级机构也有相应的更新。面对新世纪的机遇和挑战，通过吐故纳新，组成既坚强又实干的领导班子，以充分调动本国的资源和智慧，不断地开拓前进，这恐怕是埃及满怀信心地勾画她发展宏图的基础之一。

文明文化和全球化

我这次访埃，条件很优越。新闻部安排的日程颇合心意，陪同我的阿卜杜·拉赫曼先生和专职司机，尽心尽力，不管路上多拥挤——开罗有200万辆汽车，也不管我参观多久、谈话多长，他们都很配合和理解。我庆幸能有机会重访埃及古老的文明景观和场馆，庆幸有专人讲解，可以问，可以谈。重睹那些我在翻译《中东艺术史》时曾涉笔的实物，真是又熟悉又亲切，特别是二十多年前参观埃及博物馆时不曾见过的图坦卡芒法老的棺椁、座椅、金面罩等稀世文物，这次一一展现在眼前，更是令我目不暇接、喜不自胜。亚历山大市新闻中心主任麦蒂哈·纳瓦拉女士十分周到，不仅亲自领着我去重游罗马博物馆、古罗马剧场、盖伊特贝城堡、夏宫等著名的名胜，而且还带我参观了以前来去匆匆从未进入的皇家珍宝馆，使我对亚历山大这座既古老又现代的城市，有了一个更完整的印象。

埃及报上称自己是一个"文明超级大国"，并非夸张，从金字塔到近代皇室的珍藏,她的文物数量之多、价值之高,都堪列世界前茅。我这次的感受是,除了文明,她也是中东地区的一个文化大国。我抵埃之时,正值第32届开罗国际书展拉开帷幕,总共有85国参加,3750家出版社展出约500万册图书。书展持续10天,除了售书,几乎每天都举办几场研讨会,由学者、作家、科学家、资深官员发言、评论,接受传媒采访,很开放,谁都可以进去听会、提问。比如,1999年度的诺贝尔化学奖得主艾哈迈德·兹维勒博士在书展的发言,就十分轰动。埃及新闻总署署长纳比勒·奥斯曼在接见我时,希望我见一见埃及新一代作家的代表人物贾马勒·格塔尼,结果也只能到书展去会面,可惜他正忙着准备主持会议、发言,仅匆匆聊了几句,交换一下名片。从书展的盛况,可以感受到埃及年轻一代对读书的重视,他们渴望了解变化中的世界,掌握各类学科的新发展、新成就。

兹维勒博士是继萨达特总统获和平奖、纳吉布·马哈福兹获文学奖之后第三位荣膺诺贝尔奖的埃及人。书展前后,正值他荣归故里。他建议政府建一座科技大学,以适应世界高科技的发展,总统立即做出响应。总理阿蒂夫·奥贝德博士接见了他,一起商谈落实措施。这座新大学将分两块,教学区设在10月6日城,占地约1.2万亩,已经奠基,行政区建在开罗城花园区,也已大致就绪。埃及对民族科技文化杰出人才的器重,由此可见一斑。

我参加了书展的一个中阿文化研讨会,应主持会议的埃及驻华大使贾拉勒博士之邀发言,会上碰到了北京外文局的负责人和许多阿语界的中国同行、熟人,只可惜未能见到艾因沙姆斯大学的中文系师生。

今年书展评出的最佳图书是金字塔报社董事长兼总编伊卜拉欣·纳菲厄的《中国——20世纪末的奇迹》,因此,中国成为一个热门话题。图书总署署长萨米尔·萨尔汗博士告诉我,他已与北京外交局签了协议,合作翻译出版中埃各10本书,介绍各自的文明、文化、社会、科技等领域的知识和成就。埃及文化最高理事会在座谈时也向我提到互译图书的合作,著名作家、翻译家邵基·贾拉勒先生更是向我推荐了许多好书，他在秋天曾访问我国，对中埃交流充满热情。我在埃及期间，抽空浏览了几本他们的赠书，深感埃及的新著作有水平，也具特色，如能在这个领域踏踏实实地做点工作，对增进两国人民的相互了解，应是会有帮助的。

这些年，我常在想的是经济全球化过程中民族文化将面临的问题。经哈米德·萨格尔参赞的精心安排，我有幸与埃及最重要的智库之一——金字塔战略研究中心的主任阿卜杜·穆纳伊姆·赛义德博士、副主任塔哈·阿卜杜·阿利姆博士等四位负责人作了一次长时间的座谈。老主任、现任中心顾问赛德·亚辛1994年时曾来上海开会，有过交往，他也特地从别的会议抽身过来讲述自己的看法，对我都很有启迪，这里试把他们的意见作个简述。

这几位埃及的战略家都认为，经济全球化已不可避免，也一定会影响文化。埃及尚未构成明确的文化战略，但由于她所处的地理位置，历史上她向东南西北都开放，故能够接受各种文明。当前，在经济全球化的过程中，要做的是加强文明对话。市场经济本身就是多样化的，文明也应该多样化，不可能只有一种模式。价值观念稳定的文明肯定会继续发展。伊斯兰教也在全球化，埃及爱资哈尔清真大寺的影响已遍及整个伊斯兰世界，甚至进入了南美。各种文明有矛盾、有冲突，并不奇怪，如一涉及民主、人权就有分歧，这只能通过对话、交流来解决。……中国的饮食不已经全球化了吗？服装、建筑、饮食等等，都在全球化，全球化有利于各种文明的接近。商品经济本身就是价值观念的载体，即使是文明与宗教，近50年也在相互接近，因为人们的文化身份在不断变化，原来固有的特征也会有变化，但这决不意味着民族文化会消亡，更不应该导致宗教战争，关键在于民族文化要不断创新。

几位专家都强调要形成全球化形势下的文化互动机制。他们认为，全球化的实施带有一定的强制性，有军事性的，也有科技性、文化性的。西方国家也有文化竞争，如美国想要把多种文化都置于英语的土壤上，受到了其他国家的抵制；又如美国的产品要占到世界产品的1/5，互联网在美国已经普及，但如果中国有几亿人使用互联网，美国就不得不认真考虑和接受中国的作用和意见。全球化对现有的社会学、伦理学等会产生破坏作用，所以要进行文明对话，要强调协调合作，采取和平的方式，各方主动变化的自然方式。虽说强势文化会影响弱势文化，但历史上并不尽然。蒙古人凭借武力统治中国，但最后不也融入中华文化了吗？

埃及专家们谈得很快，很坦率，我不可能在此备述。他们留给我很深的一个印象是，他们在积极思考，有自己的见解。作为埃及的学者，他们感到，人权、环境、民主等课题都不可避免，但全球化绝不是美国化；对全球化的管理问题，发展中国家应有自己的标准和做法，应在全球化的各种论坛上讲述自己的主张，要对制订游戏规则参与意见。这些，无疑都很符合埃及的国家利益和发展，也很值得我们重视。

这次访埃归来，深感收获颇丰。埃及的迅速振兴和发展，不仅会让每一个研究中东问题的学者受到鼓舞，而且也令所有关心加强我国与发展中国家关系的部门和工作人员感到高兴。我相信，随着中埃关系的发展，今后再去喝尼罗河水，注视埃及疾步向前的足迹，或许不会远隔十年了。

阿以互不信任　中东和谈艰难[①]

春节前后出访埃及，天天在报刊、电视上看到有关和平进程的消息。与当地政界、学术界人士晤谈，更感受到他们不仅关注阿以谈判的进展，而且已在预测和平进程结束后，中东究竟是会走上地区合作发展之路，还是会出现埃以建交以来那种"冷和平"的局面？

以色列工党政府去年7月执政以来，决心继承前总理拉宾遗志，加快推进和平进程。一时，乐观的前景似乎已展现在人们眼前。但不久，叙以谈判搁浅，巴以关于以从约旦河西岸撤军以及最终地位框架协议的谈判也接连受挫。这一切表明，中东地区矛盾年久日深，盘根错节，和平进程倒退的危险始终存在。

叙以谈判的内容比较具体，包括以从戈兰高地撤军及其时间表、边界、水资源、安全安排、两国关系正常化等。以色列和美国曾估计，叙方迫于情势，对谈判达成协议的紧迫感可能会更强烈一点。但实际上，叙作为地区主要国家之一，参加对以谈判既要全力维护本国利益，同时也必须顾及谈判过程及其结果要有利于自身在地区和国际社会中的地位和影响。因此，一进入谈判，叙就要求以对撤出戈兰高地要有书面承诺，而以则坚持撤军应与两国全面建立正常关系相联系。戈兰高地的谈判，还牵涉到高地上1.8万名犹太定居者的去留，占以色列境

---

① 本文载于《解放日报》，2000年2月22日。

内约四分之一的水资源问题,以及以军撤出后高地上的安全安排等。第一轮谈罢,以方认为叙缺乏"灵活性",对沙雷外长甚至不愿与巴拉克总理握手十分不满;而叙方以及阿拉伯舆论则指责以方违背"土地换和平"的原则,不愿放弃它通过战争侵占的阿拉伯土地。

正是在这种情势下,叙拒绝了美国提出的1月19日再赴美谈判的建议。接着,受外部势力支持的黎巴嫩南部真主党武装袭击了亲以色列的南黎巴嫩军。以军与真主党武装之间遂频频交火,相互报复。以军的炮火炸了黎巴嫩的电厂和民宅,其后果只能是激起黎与阿拉伯国家的强烈谴责。

叙以谈判中的问题,清楚地表明这两个老对手相互不信任,需要时间再作酝酿调整,权衡利弊,逐步建立起互信。

巴以谈判也不顺利。双方原定签署最终地位框架协议的2月13日已经过去,以军撤出西岸剩下的6.1%土地的问题,因具体地点难以达成一致也无法落实。阿拉法特主席原计划在去年5月4日宣布建国,后因以色列提前大选,经各方做工作,建国一事便拖了下来。近日,巴领导成员一再声称今年9月宣布建国。而2月7日以色列外长利维却说:"不要幻想以色列会撤回到1967年6月4日边界(对叙),或会同意分割耶路撒冷(对巴)。"而且,巴方认为,如果以军第三阶段撤出的西岸土地,不能与耶路撒冷阿克萨清真寺所在的老城相连,容巴建都之用,那么,不仅是巴勒斯坦人,恐怕所有的阿拉伯国家和伊斯兰国家都接受不了。

在当前经济全球化的形势下,中东和平进程仍会继续下去,除美、俄、英等国在继续推动外,埃及、约旦等国也在积极斡旋。有关各方可能都得考虑和平进程之后自己的角色定位。看来,只有在谈判中表现出诚信和勇气,才能赢得周边国家和国际社会的尊重和好评,也才会取得可信赖的主动地位。

江泽民六国之行　重合作也重沟通[①]

2000年4月12日，江泽民主席出访亚非欧六国，掀开了新千年中国元首外交的第一页。从去年冬至今年春，当前导向性的工作可以概括为两句话："开发大西北，走向亚非拉"。前一句，在九届人大文件中有充分表述；后一句，从江主席首访对象多为发展中国家看，也已清楚体现。

江主席出访六国，既有增进互相了解、加强双边政经文化交往的作用，又有推进中东和平进程、参与区域合作的长远意义。其中，除埃及外，都是对方期待已久的首访。以色列官方多次表示，以方已有两位总统、两位总理访华，亟盼江主席回访。与此同时，中国人民的老朋友阿拉法特主席，面临着巴勒斯坦的建国重任，深望中国伸以援手。目前，中东和平进程处于关键时刻，阿以双方都愿听到中国的声音，希望中国能发挥积极的推动作用。

中东和平进程自1991年马德里和会拉开序幕至今，已近十年。尽管年初以来，叙以谈判中辍，巴以谈判也遇障碍，但中东地区和平发展的大势已难以逆转。当前有两个日程值得关注：一，以色列宣布7月底之前从黎巴嫩南部撤军；二，阿拉法特主席多次表示年内巴勒斯坦一定建国。这两个时限，对有关各方都形成了压力：以军撤出黎巴嫩后，若再遇真主党武装越境袭击，当视之为开启战端，一旦大动干

[①] 本文载于香港《大公报》，2000年4月16日。

戈，将置叙黎于被动，因为正面与以交战，他们既缺乏实力和准备，也不可能争取阿拉伯国家和国际舆论的支持。现实的做法是重回谈判桌，保持政治解决的轨道。

阿以冲突半个世纪，核心问题是巴勒斯坦。而今，巴勒斯坦的建国要求，赢得了国际社会广泛同情和支持。如在巴以最终解决的谈判中以方提出过于苛刻的条件，只会招致舆论谴责，为以色列急于改善地区生存条件、实现与阿拉伯国家普遍建交的目标自设障碍。

中国虽然不像美、俄、欧或者埃及、约旦那样直接介入调解，但也始终在为推进中东和平进程作不懈的努力。阿以的领导人和学者都认为，中国是目前唯一与有关各方都保持良好关系的安理会常任理事国，与各方均不存在利益冲突，也从不搞双重标准。中国主张"和为贵"，坚持全面、公正地实现中东和平的原则立场，也容易与各方沟通。江主席的此次出访，将有机会与以、巴、埃等国领导人充分交换意见，作出中国独特的贡献。

事实上，和平进程眼下虽仍有挑战，但地区和国际战略家们都已经在研究和勾勒和平进程后的地区经济合作蓝图了。当地政府和企业十分看好中国的市场，以色列、埃及等与中国的经贸额逐年上升，以色列已成为中国开展高科技和军事合作的重要伙伴之一。埃及为加强与我方的合作，在苏伊士运湾西北部专门设立了中埃合作开发区，期待着引进中国的技术、设备、资金和管理。此外，埃及、土耳其、希腊、以色列组成的地中海文明区，正在成为吸引中国人境外旅游的另一个潜在市场，有关的合作事宜也正通过各种渠道在开展和磋商。江主席此行，无疑将为中国开展与地中海东岸国家的南南合作、参与和平进程后的中东北非经济合作，奠定扎实的基础。

由于宗教原因，包括阿拉伯、土耳其在内的许多伊斯兰国家，对波黑穆斯林、科索沃阿尔巴尼亚族和车臣伊斯兰非法武装，都存有同情之心，对中国支持南联盟和俄罗斯的政策也很不理解。应该看到，冷战后美国将伊斯兰教、儒家学说等东方文化视为对西方最大的威胁，以美国为首的西方势力在长期打击、封锁、制裁伊拉克和伊朗的同时，又欲保持其在中东和海湾的长期战略利益。轰炸南联盟和支持车臣非法武装，只是用作向世界十多亿穆斯林、55个伊斯兰会议组织国家示好的一种手段。西方极端势力与被他们视为恐怖组织的科索沃解放军沆瀣一气，向南联盟狂轰滥炸，实施肢解；在北高加索又以人道主义干涉为名向俄罗斯施压，力图把车臣、达吉斯坦从俄罗斯分离出去；这些都是冷战后期"分而治之"伎俩的重演。

事实上，巴勒斯坦、土耳其、埃及等许多伊斯兰国家，这些年来也一直为国内的哈马斯、奥贾兰为首的库尔德工人党等激进组织所苦恼。当前，西方学者已经在对北约轰炸南联盟进行反省，发表了不少文章。江主席此行将从战略和历史的高度，对错综复杂的民族、宗教、领土等问题阐明中国的立场，与中东国家、地中海东部国家的领导层和民众进行沟通，在反对霸权和反对恐怖主义方面取得共识，从而维护中国与他们的传统友谊和面向新世纪的全面合作关系。

从保证中国边疆安全和稳定的角度看，江主席对这一地区的访问，也极具深意。中国新疆民族分离主义势力的源头，大都在土耳其，"疆独"乃是泛突厥主义在中国的表现。土耳其官方曾多次正式表示不支持所谓的"东突厥斯坦"，但对设在那里的"疆独"组织总部的猖獗活动，管束却时紧时松。眼下，土耳其为加速自身的发展，尽早加入欧盟，对外政策已在调整，积极改善与希腊、埃及等周边国家的关系，也期待着与中国扩大经贸、军事领域的合作。因此，通过江泽民主席的到访，双方高层必将会形成更密切的双边关系，有利于稳定并巩固中国西部开发的外部环境。

走向发展中国家，开展且不断加强各种形式的南南合作，已是世界向多极化格局演进的必然趋势。江主席的六国之行，是在新的历史条件下做出的重要之举，中国与发展中国家的交往，无疑将迎来一个全新的局面。

戴维营会谈久拖不决
各有各的难处[①]

由克林顿总统倡议召开的美、以、巴三方首脑会议，于2000年7月11日至20日在戴维营召开，至今未能达成巴以间的最终框架协议。其根本原因，是美以巴三方内部都有压力。在当前条件下，他们都无力做出承诺和妥协，缔造中东地区"勇敢者的和平"。

克林顿总统对巴以能做的很有限。面对大选，他必须顾及财势雄厚的犹太社团，争取他们对民主党候选人的支持，因此不可能对以色列施压。一位弱势总统，要想在一周多时间内解决头绪纷繁、积怨深厚的巴以谈判，只怕是心有余而力不足。

巴拉克任总理一年，对过去内塔尼亚胡签的协议难以兑现，自己任内做出的承诺，也借故推迟。巴拉克代表的工党同联合执政的各党之间关系并不巩固，内外政策屡屡受到挑战。巴拉克处于这样的被动局面，事实上不可能在戴维营谈判中做出让步。

巴勒斯坦是最困难的一方。巴方在6月底再次宣布巴将在2000年9月建国，实在是退无可退的一步棋。要巴放弃耶城，阿拉法特在巴勒斯坦内部、阿拉伯国家和伊斯兰世界，都将无以立足。阿拉法特到戴维营去，只是要求《阿巴斯—贝林文件》中的有关条款能付诸兑现。

---

① 本文载于《解放日报》，2000年7月21日。

现在看来，他很可能失望而归。

戴维营会谈的挫折，是客观条件尚不成熟。就中东和平进程而言，当前的出路仍只能是谈判，能达成一条是一条。

中东充满变数　和平仍是大势[①]

岁末回眸世纪交替之年的中东，发现在全球总体形势趋缓的情况下，它仍是一个举世瞩目的动荡地区。冷战后美国为确保它主导的"西促和谈，东遏两伊"政策，正受到严峻的挑战。

巴拉克于去年年中当选以色列总理后，曾表示要继承前总理拉宾的遗志，推进和平进程。然而，一年过去，中东地区安全形势却更趋严峻。究其原因，是许多中东国家领导人在分析、对待地区或国际问题时，无不从民族主义和宗教角度出发；在涉及巴以永久和平协议中的耶路撒冷地位和难民回归这样极为敏感的问题时，他们都会承受巨大的内外压力，绝不可能轻言让步。何况随着谈判的深入，美以既不区分占领与被占领、正义与非正义，又常将联合国安理会一系列有关决议和"土地换和平"原则置之一旁。当阿拉法特拒绝在耶城问题上做出新的让步从戴维营返回巴勒斯坦时，他受到了英雄般的欢迎。这清楚地表明，巴勒斯坦各派和阿拉伯世界都不会在他们为之斗争了几十年的目标——建立以耶城为首都的巴勒斯坦国问题上后退。

9月28日，利库德集团领导人沙龙"参观"了位于耶市的伊斯兰第三圣寺阿克萨清真寺，终于引爆了巴以激烈冲突。冲突引起的社会动荡直接影响了经济发展，且不说巴方近百万人打工无着，生计困难，

[①] 本文载于《解放日报》，2000年12月19日。

就是以色列也受到重创。从9月底到10月25日，以股市指数下跌了14%，损失达90多亿美元，外国投资者已不敢入市。旅游业由于80%的航班被取消，2500多名旅馆员工下岗，损失也超出10亿美元。缺少了巴勒斯坦劳工，以建筑工程已呈半瘫痪状况，每月损失在2.5亿美元之上。

巴以双方当局都在竭力控制冲突的规模和烈度，埃及、约旦等国仍在呼吁恢复谈判，但目前的条件和气氛似均不具备。而巴方是否会在12月31日之前对建国问题做出决定，也是一个十分值得国际社会关注的问题。

美国对伊朗的遏制，一直处于孤掌难鸣的境地。在哈塔米担任总统以后，伊朗政策日趋务实，国际交往也更频繁。伊朗与俄罗斯的军火贸易在因美国插手干预而中断一段时间后，现也已恢复谈判。伊拉克遭受制裁已长达10年，但伊政权通过各种手段仍保持了国内政局的稳定，而且今年直接挑战美英擅自设立的"禁飞区"。俄、法和一些阿拉伯国家以提供人道主义援助的方式，已经开始直飞巴格达国际机场。伊拉克虽还不可能很快解除制裁，但它的处境已有所好转。

美国大选总算尘埃落定，在阿拉伯人眼里，这是一个美国领导海湾战争的班子。当年的布什总统之子当选为总统，国防部长切尼成了副总统，参谋长联席会议主席鲍威尔出任国务卿；以色列也面临大选，巴拉克与内塔尼亚胡孰胜孰负，和平进程还会像90年代上半期那样一步步向前推进吗？中东确实仍存在着诸多变数，但解决冲突的唯一办法仍将是和平谈判。中东地区不同的民族，不同宗教的信徒，在遥望新世纪的曙光时，都想迎来一个和平发展的新局面，应是毫无疑问的。

谈判、和平、发展

——中东处于转型期[①]

当全世界都在欢庆新年时,事关中东全局的巴以谈判正处于冲刺阶段。虽然零星的冲突仍时有发生,有关领导人也不时发出措辞激烈的谈话或声明,然而,人们注意到,克林顿总统圣诞节前提出的和平计划要比他去年夏天在戴维营谈判时拿出的解决方案务实多了。客观上巴以双方接受这份计划都得先"安内",即阿拉法特主席须取得巴内部各派、阿拉伯国家主要领导人明确支持,巴拉克总理要获得以大多数人和议会的赞成。这不仅关系到签下的协议能否兑现,而且将直接影响现政权的稳定。眼下,气氛和条件似都有欠缺,特别是350万左右的巴难民回归问题,直接关系到巴以境内的资源是否允许,周边的叙、黎、约等国是否愿意长期容留境内的巴难民,这都需要花时间细作商量,做出安排。阿以间的积怨既深且重,和平进程必然有曲折,有反复,但舍此别无他途,谈判总比打仗强,有和平环境才能有发展。怀有这种信念的中东领导人毕竟居多数,这无疑有利于加快中东从对抗转向对话,从战争转向和平的转型速度。

美国仍将竭力维护它在中东的主导地位。2001年1月20日布什入

[①] 本文载于《新民晚报》,2001年1月12日。

主白宫后，以鲍威尔和赖斯为核心的外交班子应会延续克林顿政府的基本中东政策。近日的阿拉伯舆论认为，美以的同盟关系虽不会变，但从现实主义出发，美国在对阿关系上将以它的国家利益为重。世界油价的升降，正越来越成为关系到西方国家经济增长的一个要素；中东在全球军火贸易中所占的巨大份额，是美国军工业在激烈竞争中绝不敢掉以轻心的重要买方。以大公司、大企业为背景的共和党政府，如在对阿政策方面做出微调，应在情理之中。

我国领导人始终高度重视发展与中东北非各国的双边政治、经贸和文化往来。去年，我国与阿拉伯国家的贸易额已达80多亿元，与伊朗、土耳其、以色列的高层接触和经贸合作也更趋密切。中东北非地区绝大多数国家已加入世贸组织，正在努力克服各种历史留下的羁绊，积极融入和平与发展的主潮流，对崛起的中国备加关注。因此，我们相信，在新世纪我国与中东北非国家将会不断开拓更多更宽广的合作领域，双边关系也一定会提升到一个新的更高水平。

沙龙的路不好走[1]

昨天的以色列总理直选,实际上没有悬念。到投票前夕,民意调查表明利库德集团的沙龙继续领先工党政府看守内阁总理巴拉克约20个百分点。沙龙不仅得到了利库德集团、犹太圣经联盟、沙斯党等右翼势力的支持,而且原先支持工党的一些左翼、中间派政党和人士也转向了他,占人口比例很高的俄罗斯犹太移民(100多万)和阿拉伯裔选民(约50万),不是两不投票就是把票投给沙龙。

选举结果表明,以色列人对巴拉克上任21个月以来在推进和平进程与保障以色列安全方面的不满,与其说是选民认可沙龙,不如说他们是需要稳定、安全与和平。

沙龙胜出后,立即面临的是要在45天内组建政府并获得议会通过。如果利库德集团与极右派和宗教党组建联合政府,那么在议会中也只占微弱多数,能否保得住政权大有疑问。因此,沙龙现正在争取工党加盟,组建民族团结政府,但工党反应冷淡。

沙龙在竞选过程中,先是屡屡否定奥斯陆协议、"土地换和平"原则,不同意巴以美去年7月在戴维营会谈和今年1月底在塔巴会议上已取得的共识作为基点继续推进和平进程,此后,临近投票日时又作了许多和平承诺,强调他能给以色列带来安全也能最终实现以巴和平,

---

[1] 本文载于《解放日报》,2001年2月7日。

并准备委派前总统魏茨曼与阿拉法特主席联系。

可见，沙龙从参选到临近执政，正在改变他的姿态。以阿拉法特主席的为首的巴解法塔赫和巴自治机构都已做好准备，与以当选总理展开谈判，条件是以方恪守已达成的协议，双方在已形成的基础上继续往下谈。然而，问题在于，今后的沙龙政府是保持以政府政策的连续性，还是将一切推倒再来？沙龙及其班子还将经历一个从竞选纲领向施政纲领过渡的艰难调整期。

此外，沙龙由于个人经历有着极其鲜明的鹰派色彩，还面临着如何与国际社会特别是中东周边国家和美国交往的问题。

迄今为止，阿拉伯国家舆论对沙龙都十分严厉，视之为"战争"的代言人，希望"缩短他的任期"，预言沙龙政府"不会长命"。他作为以总理要被阿拉伯国家所接受，无疑得做出巨大努力。

美国前总统克林顿为推进中东和平进程曾花费了许多时间和精力，他对以这次竞选曾说，他支持巴拉克，祝愿巴拉克获胜。共和党政府上台后，美政府已与克林顿的倾向性表态拉开了距离。国务卿鲍威尔表示美国将积极推进和平进程，发挥"忠实调解人"的作用，确保以色列的安全，同时将尽力实现巴勒斯坦人民合法的愿望。

但人们已经注意到，小布什竞选时曾答应将美使馆从特拉维夫迁至耶路撒冷的许诺已被搁置。美国家安全事务助理赖斯说，此事应先与美在中东的朋友磋商，要估计由此产生一切可能的后果。

一般估计，美以关系不会像克林顿与巴拉克在位时那样热乎，但阿拉伯人指望"拉美压以"恐也不切实际。巴以和谈到了目前阶段，大国作用已限于调解和适度施压了。虽说沙龙上台后仍需要争取美国的支持和袒护，但美国对和谈的介入有可能会持超脱态度，既不会在关键问题上真正对以施压，也不会损害它在阿拉伯世界已经拥有的战略利益。国际舆论界对沙龙上台后的和平进程普遍缺乏乐观，并非空穴来风。

国际社会调解忙　以巴内部心不齐[①]

中东和平进程的停滞甚至倒退,并非偶然。除了以巴双方内部意见尚不统一、领导人急于求成之外,国际和地区条件也不具备。特别是美国新政府上台以后,处处表现出要与前民主党政府划清界限,对中东和平进程不愿过多介入,一意拉开距离。周边已经与以色列建交的阿拉伯国家,虽有心推动恢复以巴谈判,但很难有效果明显的作为。

以巴冲突已经持续九个月了,它使前些年好不容易形成的阿以政治谈判和中东北非经济合作双轨并进的良好态势毁于一旦。阿以双方都已经有人对启动和平进程的奥斯陆协议,甚至对"土地换和平"的原则都产生了怀疑。中东和平进程虽是一个地区问题,但在当代史上,中东的重大事件无不牵动着全球,对国际政局和世界经济都有影响。因此自5月以来,包括美国在内的国际社会开始介入,进行斡旋,欧盟、俄罗斯、中国、联合国秘书长都通过派员、打电话和发表声明等途径,敦促以巴双方回到谈判桌上来。美国的《米切尔报告》已基本被以巴双方所接受,美中央情报局局长和本周即将出访中东的鲍威尔国务卿,都在进一步推动以巴停止冲突,恢复谈判。

目前,和平进程正处在一个关键时刻,是听任冲突持续,还是恢复谈判,已成为对以巴领导人的严峻考验。当前的困难之点在于以巴

[①] 本文载于《文汇报》,2001年6月28日。

双方的当局都遭遇着强大的内部压力。

沙龙政府是个联合政府，包括三股力量：利库德集团、工党以及宗教色彩明显的沙斯党。其中，沙斯党对和平进程并不热心，起作用的主要是利库德集团和工党。利库德集团的代表人物沙龙总理至今仍坚持将"以色列安全"置于首位，这就意味着他将依靠军队来达到安全的目的；而工党的代表人物佩雷斯外长则希望通过政治手段解决问题。两者的立场是有区别的。沙龙总理要求停止冲突（阿拉伯人所称的起义）才能谈判，但客观上，"停止冲突"恰恰也是需要通过谈判才能达到。佩雷斯眼下还不足以成为以色列的主流派。

巴勒斯坦自治权力机构所遭遇的压力就更沉重。阿拉法特主席不仅是以色列攻击的主要目标，而且也是巴勒斯坦激进势力乃至阿拉伯舆论批评的对象。他被指责为在和平进程的任何时候，都只依靠和听命于美国，声望急剧下降，对境内的哈马斯、圣战组织中的激进分子，缺乏驾驭能力。

以巴内部的严重掣肘，可能还会拖延下去，即使在国际社会的调解和压力下，以巴重开谈判，仍会不时发生难以预料的突发事件。

中东战火不断　和平亟待努力[①]

21世纪第一年，在世界和平发展主题继续演进的同时，中东地区因20世纪遗留下来的主要矛盾未获得相应纾解和妥善处理，依然战火纷飞，冲突频繁，成为最令人瞩目的热点。

首先是巴以冲突愈演愈烈，双方伤亡人数达到了自1993年奥斯陆协议签署以来的历年之最。持续半个多世纪的阿以冲突，其核心是巴勒斯坦问题。海湾战争结束后展开的中东和平进程，是以"土地换和平"的联合国有关决议为原则，得到地区和国际社会的支持而层层推进的。今年，随着美国政府更迭，克林顿时期的美国中东政策"东遏两伊，西促和谈"实际已被舍弃，而在新政府推出的全球战略调整初期，美对中东事务特别是对巴以最终框架协议的谈判，持相对超脱的姿态。虽说今春米切尔参议员和中情局特内特局长曾相继出访中东，提出过一些解决方案，要求巴以双方停止冲突，建立信任，恢复谈判，但这些斡旋和调解的力度，与90年代相比，已不可同日而语。阿拉法特主席今年多次要求访美遭拒，以往巴以美三方首脑会晤商谈的惯例已经中断。直到发生"9·11"恐怖袭击之后，美国在组织国际反恐怖联盟过程中，为争取中东阿拉伯国家的参与，才又开始关注起巴勒斯坦问题：一方面对以色列沙龙政府的强硬政策进行批评，以示拉开距

[①] 本文载于《解放日报》，2001年12月21日。

离；另一方面布什总统从打响对塔利班战争到11月联合国大会期间，三次表示应建立巴勒斯坦国。鲍威尔国务卿更是在11月19日明确提出"以色列必须结束1967年中东战争以来对阿拉伯土地的占领，停止修建犹太人定居点，取消对巴勒斯坦人生活的限制，同时接受一个巴勒斯坦国"，并表示"美国准备积极参加巴以双方都可接受的停火监督部队"。但随着阿富汗战争接近尾声，美国又故态复萌，在12月14日的安理会上否决了谴责"任何形式，尤其是针对平民的恐怖活动"的决议，并召回了它的中东特使津尼。美国政策的摇摆不定，致使沙龙断然拒绝阿拉法特主席的要求，继续采用军事手段打击巴勒斯坦自治权力机构在内的各种目标，企图逼迫阿拉法特动用他的3万警力对付哈马斯、伊斯兰圣战组织等激进势力。阿拉法特已被禁锢在拉姆安拉不到一平方英里之内，他虽想争取国际支持，实现结束以色列占领，建立一个独立的巴勒斯坦国，但又无力驾驭和控制巴内部不断高涨的宗教和民族主义情绪。时近岁末，巴以令人痛心的这种局面，看来还将持续到明年初的巴自治权力机构大选，待主导中东和平进程的美国逐渐形成一个较稳定的中东政策。届时，能否通过国际社会、地区国家和巴以领导人的共同努力，用谈判取代冲突，也尚有待观察。

第二是震惊全球的"9·11"恐怖袭击，以及由此引发的美国对阿富汗塔利班的新世纪第一场战争。恐怖主义是严重的国际公害，已成为世界各国的共识。这次反塔战争，与海湾战争的多国直接参与不同，基本上是美国单打独斗。由于塔利班在国际社会中空前孤立，及至巴基斯坦与之断交，根据地坎大哈失守，战局便急转直下，目前已进入收兵阶段，阿富汗过渡政府也已初步形成。这是一场将产生深远影响的战争，美国和西方的政治、军事势力终于进入到中东、南亚和中亚的结合部，这与北约东扩和美国今年通过的军事防务评估报告的主旨是相契合的。人们当前已在认真地关注美国主导的反恐战争正明显表现出的长期化和扩大化趋势。

再有就是两伊的处境。伊朗哈塔米总统今年再次以高票率连任，证明他的务实政策受到了广泛支持。伊朗在反对国际恐怖主义问题上的态度鲜明,"9·11"以后,德黑兰市长向纽约市长发了慰问信,被认为是两国断交以来第一份官方文件。今年的联合国大会上,伊外长与鲍威尔国务卿握手,也十分引人注目。美国虽还未解除对伊朗的单边制裁,但伊朗在地区和国际社会中的处境已大为改善。11月底,联合国安理会再次延长了对伊拉克的"石油换食品"计划,鲍威尔一度提出的用"聪明制裁"来取代联合国的对伊制裁也并未坚持下来。近日美国将陆地作战司令部迁到了科威特,引起了阿拉伯世界的密切关注,因为美在伊南部的海湾地区已集结了3万兵力和500架飞机,加上扼守在海湾的约2万英军,都让人感到美国在阿富汗之后的下一个打击目标,很可能就是伊拉克。阿拉伯舆论一方面反对将战火延伸到阿拉伯国家,另一方面也呼吁伊拉克当局接受联合国武器核查小组恢复工作。国际社会正密切跟踪事态的发展。

中东已遭受到太多的战火磨难。那里的矛盾错综复杂,冷战后的90年代,总体上曾呈现出努力跟上和平发展潮流的趋向。但愿在新世纪初,国际社会能对中东给予更多的关注,做出更理性的分析,提供更大的支持,以期在经济全球化的形势下,中东能凭藉它丰富的人文和物资资源为全人类造福。

> > > > 中东研究管见 > > >

和平钥匙在美以手中[①]

愈演愈烈的以巴冲突目前已成为地区和国际社会高度关注的聚焦点。人们在问：冲突究竟能否平息，和平进程还会恢复吗？客观地说，有可能，但眼下还有不少障碍，如何克服，要看各方的努力，特别是美国中东政策的走向。

2002年以来，随着以巴冲突的加剧，联合国、各大国和地区国家都不断声援阿拉法特主席，呼吁以巴双方克制，重回谈判桌。鉴于以军摧毁了大量欧盟援建的巴勒斯坦基础设施，欧盟更是多次磋商，决心发挥积极作用。1月30日，法国曾提出解决中东问题的新见解：承认巴勒斯坦建国，就和平问题进行全民公决，但遭以巴双方拒绝。欧盟外长拟在2月18日通过一份法国起草的"欧盟对中东和平进程的看法"文件，结果因德、美、以的反对而告中辍。事实上，当前解决矛盾的主要方面在美、以，取决于美、以是否有这样的意愿。

去年"9·11"事件后，美国为组建国际反恐联盟，争取阿拉伯和伊斯兰国家的支持，曾对以色列沙龙政府施加巨大压力，不仅对以色列的强硬政策进行批评，而且多次宣布巴勒斯坦应当建国，并派出津尼将军去中东斡旋。但是，反塔利班战争的顺利进展和红海武器走私船的出现，使美国态度发生了变化，沙龙政府旋即"巧妙"地将对巴

---

① 本文载于《解放日报》，2002年2月23日。

军事行动纳入了"反恐"的轨道，美遂将以巴冲突的所有责任都加在阿拉法特主席身上。3月9日，美国总统布什在第四次会见以总理沙龙后，虽没有听从沙龙意见，仍将阿拉法特主席视作巴方谈判代表，留下了今后转圜的余地，但继续要求阿氏全力打击"恐怖势力"，做出百分之百的努力去争取和平。阿拉伯和国际社会一直批评美国偏袒以色列，这实在是美国内政治使然，要根本改变几无可能。但美又会不时根据美国利益需要对这种偏袒态度做出调整。当前，美国欲通过它炮制的"邪恶轴心论"为反恐战争扩大化披上合法外衣，比起扮演推进和平进程的"天使"，它对当反恐战争的"英雄"兴趣要大得多。但是，为部署下一场战争，美国将于3月派切尼副总统去中东各国游说。出于政治和军事上的需要，巴勒斯坦问题势必会被反复提起，美对以巴冲突的介入也不可避免地会增加力度，它的中东政策有可能会在以巴谈判这部分做更全面的补充构建。

至于以色列内部，沙龙的强硬政策仍有一定的支持度。参加以联合政府的工党代表本·埃利泽国防部长，基本上与沙龙持同一立场。目前以虽有和平人士主张单方面撤出巴被占领土，但人数较少，也不占以国内主流地位。值得关注的是，阿盟、埃及、约旦等阿拉伯地区组织和国家一直在奔走、呼吁，它们反对以当局对巴的军事打击和占领，反对将阿拉法特主席排除在谈判之外，强调阿拉法特主席在当前的不可替代性。特别是近日沙特阿拉伯王储阿卜杜拉亲王接受《约旦时报》采访时，披露了他准备在3月27日—28日在贝鲁特举行的阿拉伯首脑会议上提出的和平方案，其主要内容是：以色列归还1967年战争以来占领的阿拉伯领土，以换取阿拉伯与以色列关系的全面正常化。对此，阿联酋、埃及等国已相继表示支持；美国国务院发言人鲍彻认为，这是一个"重要而积极的步骤"。沙特方案显然看到了目前以色列的强硬政策在其国内仍不乏支持，为引起以国内舆论和民情的根本改变，它提出了以色列自建国以来一直梦寐以求的摆脱地区内的孤立处境、实现与所有阿拉伯国家关系正常化的目标。其新意在于它出自沙特——一个在阿拉伯世界和伊斯兰都具独特影响的国家，一个与美国有着良好关系的盟国。这是一种利益交换，一个似有可能打动美国政府、美国犹太人、以色列政府和人民的方案。

　　但是，中东谈判历来不易。方案提出后阿拉伯各国是否能认同？巴勒斯坦各派的力量已出现消长，它们是否愿跟随阿拉法特主席，用同一种声音说话？美、以的要价又将如何，它们是否会从以色列人民的根本利益出发，表示原则接受，进而进入谈判？各种变数都很难把握，尤其是遇到耶城地位、巴难民回归、停建犹太人定居点等具体问题时将更加难缠。看来，那只能是一个由易到难，循序渐进的过程，而当务之急是得迈出停止冲突、"解放"阿拉法特主席的第一步。

专访：沙龙为何突然解禁阿拉法特？[①]

昨晚9时20分，从新华社的快讯中获悉阿拉法特已恢复自由时，记者拨通了上海外国语大学中东研究所所长朱威烈教授的电话。朱教授告诉记者，在美国的调停下，阿拉法特于此时被解禁是意料之中的事；但对解决巴以冲突的前景，目前则还无法乐观。

众所周知，阿拉法特从2002年12月起就被围困在西岸城市拉姆安拉。今年4月，以色列又将其软禁在官邸中，持续了近一个月。朱教授从4月初至17日正好在埃及和利比亚访问，"我目睹了阿拉伯世界民众激烈的情绪。"

朱教授分析，这次布什总统促成沙龙总理对阿拉法特解禁，实际上是在为鲍威尔国务卿中东之行补课。鲍威尔斡旋空手而归，但以色列这一个月的所作所为，已经超出了国际社会所能承受的限度。在阿拉伯世界，在欧洲，针对以色列的示威游行一浪高过一浪，以色列感到了空前的压力。美国在偏袒以色列方面越走越远，如果再不刹车，将失去在中东的发言权。所以，布什请来了阿拉伯世界中较为温和的沙特阿拉伯。在与沙特王储阿卜杜拉商谈后，布什总统亲自打电话给沙龙，强调这是"迫切的，直接的，个人的"要求，沙龙已经感到压

[①] 李念："沙龙为何突然解禁阿拉法特？——朱威烈教授谈中东局势新进展"，载《文汇报》，2002年4月30日。

力，他不能不给布什一个交代，不能不给沙特王储一个面子。

沙龙面临三个棘手的问题：联合国调查小组正前往杰宁取证；禁锢阿拉法特，备遭国际社会谴责；以军在伯利恒教堂与200多名巴勒斯坦人对峙。下月沙龙要去美国和布什商谈召开和平会议，如果这三个问题一个都不处理，和平会议就将没有阿拉法特，没有欧盟。和平从何谈起呢？

所以，为了不陷入更深的被动，美国和以色列对阿拉法特解禁是在意料之中的。

朱教授同时强调，阿拉法特虽然自由了，但巴以冲突的解决依然遥远。从沙龙来讲，伯利恒教堂对峙和杰宁调查两件事仍然棘手；对阿拉法特而言，以色列一个月的军事行动已造成巨大的民族仇恨，美国虽坚持阿拉法特要对自杀性袭击负责，但阿拉法特恐怕也难以驾驭掌控。再从中东的和平进程来看，联合国的1405号决议从未受到重视；原先商定的方案都被推翻了。下一步该怎么走？朱教授认为美国还是应该回到3月28日的贝鲁特首脑会议上来。目前，美国和沙特王储的方案，在阿拉伯世界还比较容易接受。

解铃还须系铃人。朱教授在肯定了中东僵局出现一丝缓和后，再次强调中东冲突还需美国作进一步疏解，巴以双方也得共同努力。

从被动到主动

——且看美国的和平计划出台[①]

持续了近21个月的以巴冲突,愈演愈烈,几近失控,成为进入新世纪以来最令人瞩目的国际热点之一。究其原因,固然有以巴本身的政策、行为导致的矛盾激化,但奥斯陆协议签署以来的阶段性成果被现在的血雨腥风所冲没,毕竟与主导和平进程的美国中东政策是分不开的。

美国布什总统上任后,为表示与克林顿政府不同,搁置了"西促和谈"的既定政策,对以巴冲突听之任之。及至"9·11"事件发生,为打击塔利班,争取阿拉伯国家支持,布什曾多次宣布支持巴建国,但没有具体方案和行动。今年3月,为组建美对伊拉克动武的同盟,切尼副总统出访中东11国,遍遭冷遇,阿拉伯国家均提醒美国应首先解决巴勒斯坦问题。这才真正引起美国的重视。

3月底,阿拉伯首脑会议提出了沙特王储的和平方案,核心内容是:以色列撤回至1967年战争前边界,建立独立的以耶城为首都的巴勒斯坦国,阿拉伯国家与以色列关系正常化。但这项倡议被以色列的"防卫墙行动"所冲淡。

[①] 本文载于《新民晚报》,2002年6月22日。

美出于反恐战略部署的需要，其中东政策终于出现回归到推进以巴和谈轨道上来的迹象。6月开始，布什连续接待埃及总统、以色列总理和沙特外交大臣，听取意见，逐步形成了本拟在19日正式宣布的支持巴建国计划，现因耶城的自杀性爆炸而暂作推迟。

6月中旬，鲍威尔国务卿曾提出建立一个"临时的"（或过渡的）巴勒斯坦国，遭白宫发言人弗莱舍驳斥，随即传出鲍威尔欲辞官的消息。事实上，鲍威尔并未讲错。从阿方报道看，布什准备提出的将是一个"临时边界"的巴勒斯坦国，只是不该由国务卿先讲，而应由总统自己说。在布什与穆巴拉克总统会谈后，穆巴拉克曾强调应提出一张巴建国的时间表，布什也不同意。其实，时间表也是有的，不是巴方提出的2年，就是日前见报的3年，重要的是得根据以方如何结束对西岸和加沙的占领，巴权力机构如何改革，国际和地区社会又如何来支持和保障以巴的共处等美方关注的内容来定，且应出自布什总统之口。

看来，布什总统是准备亲自来过问并处理以巴冲突了。只是这样一位明显偏袒以色列的总统，将如何面对阿以的尖锐对立和白宫内部鹰鸽两派的严重分歧，捏合出一份确能推动居矛盾核心地位的巴勒斯坦问题解决方案，一份有利于平息以巴冲突和稳定中东局势的现实计划，人们且拭目以待。

以色列的"安全隔离墙"能奏效吗?[①]

以色列政府继2002年3月29日发动"防卫墙行动"之后,又于6月16日开始展开了一项新行动——修筑"安全隔离墙"。

表面上看,修墙是为了防止巴激进分子潜入以境内进行恐怖活动,实际上则是隔绝巴以间的往来,对所有的巴人实施隔离,使将要建立的巴勒斯坦国,领土被分割、分离。这项行动不仅立即遭致巴权力机构和阿拉伯国家的谴责,而且国际社会也普遍表示反对。

建墙行动的直接后果,是近日连续两起发生在耶城的自杀性爆炸事件,二十余名以平民惨遭杀害。旋即,以政府做出重占巴控城市的决定,布什总统推迟宣布美国关于支持巴建国的计划。中东局势再一次趋于恶化。

眼下,以方的报复行动已经展开。一方面,以军在坦克和军用直升机的支援下,进入了西岸的杰宁、盖勒吉利耶和纳布卢斯等城市及其周围的难民营,挨家挨户地搜捕巴勒斯坦武装分子,大批巴平民被拘押;另一方面,由以情报机关拟定驱逐巴人员名单,其中包括人阵的副总书记和民阵的政治局委员等巴方高级官员,由警方着手对在以境内无证打工的约10万西岸、加沙巴人实施强迫遣返。从进入西岸巴控区的以军都携有临时办公、居住用房来看,认为以这次重占行动具

[①] 本文载于《新民晚报》,2002年6月22日。

有长期化和扩大化的企图，并非说说而已。

巴勒斯坦民族权力机构、阿拉伯国家和国际社会都坚决反对并谴责袭击以色列平民的恐怖行为，主张采取有力措施制止这类行动。以巴冲突的根源在于以对巴领土的占领，不结束占领，冲突之源就难以消弭，这已是国际舆论的共识。就连布什总统都已在6月中旬表示："只要不给巴勒斯坦人以独立的希望，流血事件就会连续不断地发生。"由此可见，修筑"安全隔离墙"并不能为以色列人民带来安全，充其量也只是治标不治本的措施，而从实际效果来看，正是它又引发了新一轮的冤冤相报。

美国抛出和平计划
做大中东反恐文章[①]

布什总统终于在2002年6月24日提出了他的中东和平计划。实际上，布什总统从4月起便亲自过问以巴问题，派特使调查，邀阿以领导人会谈，经过内部反复酝酿，才炮制出了这份符合美"9·11"事件以来主导国际反恐战略意图的计划。

布什和平计划问世十余天来，以、巴、阿诸方都从各自需要出发予以解读。以方抓住计划中的"巴勒斯坦人"部分，强调巴方应选举新领导人，财政、安全、警察要进行彻底改革；巴、阿方则强调"以色列"部分中的停建犹太人定居点，以撤回到1967年战争前的界限。目前地区和国际舆论的焦点，似乎集中在巴权力机构的改革和阿拉法特主席的去留上，而对计划的第三部分"阿拉伯国家"中的诸点则尚未展开充分的评述和剖析。

布什计划出台后，鲍威尔、赖斯等又接二连三发表讲话，威逼阿拉法特主席下台。对此，巴、阿、欧盟和世界各国均深表不满，认为美国无权撤换这样一位在国际监督之下经过民选产生的合法主席。但也有的阿拉伯观察家建议巴要"理智、冷静"地应对，以争取美国让步。布什上任以来，已与沙龙会谈五次，还一次都没有与阿拉法特见

[①] 本文载于《解放日报》，2002年7月9日。

面或通电话，但正式要阿氏下台，这还是第一次，也是最斩钉截铁的一次。布什在与穆巴拉克总统6月见面时曾说，他对阿拉法特主席已经"失望"。为什么失望？从布什总统频频指责阿拉法特主席打击恐怖主义不力中可以看出，他原先指望的决不仅仅是阿拉法特主席对巴人的自杀性爆炸发表谴责声明，而是要阿氏采取行动，与以方站在一起对付、镇压巴境内的哈马斯、伊斯兰圣战组织、阿克萨旅等强硬派。因此，巴权力机构5月中旬的改组、像现在这样撤换一二名保安司令，在美国眼中，完全是隔靴抓痒，不对榫头。换言之，美国要巴选举产生的领导人，并不在于他能否受到绝大多数巴人的拥戴，能否团结巴各种组织、团体，而是要看他是否能站在美国一边，用美国的标准反恐。

在布什计划的"阿拉伯国家"部分里，明确规定了"停止向哈马斯、伊斯兰圣战组织和真主党等恐怖组织提供经费、物资和人员。阻止伊朗向上述组织提供帮助"；"叙利亚必须关闭恐怖分子营地并驱逐恐怖组织"。其矛头所向，包括现有打击目标和潜在打击对象，都十分清楚。至此，人们可以看出，美国解决以巴问题的方案已经编入了美国中东反恐的大文章之中，不是采用克林顿时期的"东遏两伊，西促和谈"那样两套办法，两条轨道，而是用反恐一条线把巴勒斯坦、叙利亚、伊朗、黎巴嫩（真主党）还有伊拉克都连结了起来。

"9·11"事件以后，美国从国内到国际已基本构建起了以反恐为重点的政治、军事、安全、宣传等各种体系。反塔利班战争得手后，美确定的假想敌，包括"邪恶轴心"中的三国和伯恩斯助理国务卿后加上的三国，大多在中东。美一直在部署的对伊拉克动武，由于它的地区盟国出于各种原因都要求美首先解决巴勒斯坦问题而受到牵制。这次布什和平计划出台，实际上是把球踢到了巴勒斯坦和阿拉伯一方，并把反伊斯兰激进势力和反伊拉克的大规模杀伤性武器，都纳入了地区反恐框架之中，从而反映出与美全球战略相配套的中东政策，已基本成型。至于国际政治家们关注的美是否还有后续的地区力量重组计划，则还有待观察。

美国令阿拉伯担忧[①]

时隔五年,又来安曼开会,仍下榻在摄政王宾馆,窗外还是那座皇家文化中心和那片熟悉的树林,但思绪关注的却是宁静约旦的左邻右舍,一边是流血冲突不止的以巴,另一边是美国急欲点燃战火要动手开打的伊拉克。

颇有乃父风范的阿卜杜拉二世国王,刚结束他的法英美三国之行归来,他一路上通过会谈和与传媒接触,反复陈述约旦对当前中东时局的看法:美国虽提出了三年建立巴勒斯坦国的计划,但不结束以军对巴控区的占领,不缓解被包围巴人的悲惨处境,不采取实际步骤开始会谈,只有原则而无细节——实施方案和时间表,巴人势必因绝望而崩溃,中东情势已十分危急。国王频频强调,对伊动武后果难以预料,这将给整个地区带来一场灾难,解决伊拉克问题的唯一途径是对话。国王在美答记者问时说了一句概括性的话:美国的中东局势观缺乏平衡。

这当然是地区舆论中一种非常委婉的表述。

布什总统提出和平计划后,美国并没有什么具体举措跟上,一面成立宣传机构要改变它的全球形象,一面却在加紧对伊动武的具体部署。最近,美已在增加自己的石油储备,并在与埃以会谈中提出要从

[①] 本文载于《解放日报》,2002年8月8日。

1982年起就驻扎在西奈半岛的11国部队中的865名美国兵中抽调人员，理由是反恐需要。

这里的研讨会大都涉及阿拉伯、伊斯兰与美国的关系，不少专家认为，美国对伊动武如得逞，接着就可对伊朗、叙利亚、黎巴嫩动武。

曾任摩洛哥外交大臣、议长、国王顾问数十年的布塔里卜博士认为，"9·11"以后阿拉伯处境十分困难，但仍应加紧努力，保持与美国的联系，仍有可能通过对话和不断的说服使美国调整它的强硬立场。他建议巴权力机构应与各抵抗组织对话，从负责的立场审视巴勒斯坦的前途，要对起义以来的情况作评估，进而做出有利于自身、地区和国际社会的选择。他说，伊拉克同意恢复武器核查比拒绝好，因为这能争取欧盟、俄罗斯和世界其他力量打掉美国动武的合法性。但这位资深专家担心，"9·11"以后世界正面临现在世界秩序崩溃的危机，这是美国单极通过谋求"武力的合法"来取代一向由联合国为主管理危机时所公认的"合法的武力"造成的。他说，不仅联合国在被边缘化，而且世界其他力量包括欧盟，也在被美国边缘化。他建议，面对他称为的"美国造反"，阿拉伯世界最好是多听多看，等待欧洲的态度明朗化和美国国会选举前后的变化。

布塔里卜博士的意见在阿拉伯学术界和官方可能都有一定的代表性。美国的战略调整，正在中东反映一种走势：从冷战时期的遏制、威慑转向先发制人，采用军事手段可以通过联合国那样的国际组织，也可以不通过，可以用反恐、反大规模杀伤性武器扩散的理由，也可以不要理由。

人们祈求的是和平，向往的是发展，关心的是巴勒斯坦人民和伊拉克人民的命运。美国如真欲改善自己的形象，理应顺势而为，发挥它的"主导作用"，把一场缺乏理由、没有合法性的战争强加给这块饱经战乱和苦难的土地，除了进一步播种仇恨，激起更强烈的愤怒和反抗，还能有什么结果呢？

美国战略调整欲在中东"试刀"①

"9·11"事件的发生,对美国的地区政策影响显著。在2001年度的防务评估报告中,美国曾将亚太地区排在欧洲和中东前面,视作对全球安全环境最具挑战性的地区,而入秋以来,中东地区在美国安全上的重要性则已显著上升,成为现阶段美反恐、反大规模杀伤性武器扩散的首要目标。

从美国国防部长拉姆斯菲尔德今年发表在《外交季刊》上的《军队改革》长文看,美国的战略调整并不完全体现在对它安全利益的地区先后排序上,而在于它确立起了"新遏制战略"方向的"新三位一体"——缩减的核进攻力量、先进的常规军事力量和包括弹道导弹、导弹防御以及太空网络防卫在内的全方位防御体系,借以确保它在全球的绝对优势和绝对安全。由于美国认定"9·11"的策源地是中东,因此,从今年初开始,美国先后出台的"邪恶轴心"、"先发制人"、"中东和平计划"、"对伊动武"等政策宣示一波高过一波,从舆论准备到军事资源配置都呈现出向中东集中的态势。十分值得关注的是,美在落实"新遏制战略"过程中,还表现出了以它独家判断是非曲直的倾向,不光是要由它界定反恐、反大规模杀伤性武器扩散的"标准",而且还把它对某个政权的好恶,作为遏制、打击的理由。这在它坚决排斥巴勒斯坦民族权力机构主席阿拉法特、积极准备发动以推翻伊拉克

---

① 本文载于《解放日报》,2002年9月6日。

现政权为目标的军事行动等行为中都可得到佐证。

拉姆斯菲尔德公开声称，美国的转型、增添新的能力的目的是不但要进入战争并取胜，而且必须防止战争发生……这也就是说，美国将凭恃它独步天下的超强军力，独揽全世界的立法、司法、执法大权，各国只能听凭它生杀予夺。面对这样一个以"新帝国主义"自诩的超级大国，长期动荡不定的中东正面临空前巨大的挑战；地区融入经济全球化的速度在放慢；阿拉伯、伊斯兰各国政府都担心在美国的袒护下，中东将形成以色列独大的地区单极格局；在强大的以民族、宗教传统思维为社会主流舆论的环境中，它们不得不殚思极虑地应对美国在巴勒斯坦建国和对伊动武问题上的"主导作用"。

目前，巴权力机构做出了艰难的妥协，按三年建国的目标，先进行内部改革，准备明年初大选的步骤行事，但巴勒斯坦和阿拉伯国家都不相信在以色列不结束占领，沙龙继续当政的条件下，以巴和谈会有实质性的进展。因此，以巴局势的不确定因素依然十分突出。另一方面，美对伊动武的实际部署在加快，美国的一些媒体已将推翻伊政权作为一项在阿拉伯世界建立民主制度、具有历史意义的"义务"。伊拉克虽努力通过地区外交、石油外交、经济外交争取国际社会的支持和同情，以避免新的战争浩劫，但看来伊如继续维持现有政权结构和政策走向，美动武也将只在于方案和时机的选择，它很可能利用国际制裁的大框架，不通过安理会便擅自行动。拉姆斯菲尔德说："是任务决定盟国，而不是盟国决定任务。"可见，即便没有欧洲国家和地区国家的参与，美国也可能单打独斗。

"9·11"以来的美国战略调整，正通过对阿富汗战争、对伊动武逐步在中东展开，渐次落实。这不仅构成了对整个中东地区的巨大压力，而且也是对现有国际秩序、国际法准则和国际组织的严重挑战。拉姆斯菲尔德的这套"新遏制战略"究竟能否得到美国国内和美国盟友的基本认同？世界其他力量和国际社会正在加大的干预力度是否能平衡中东地区的力量对比？21世纪初的中东，似乎正在成为美国实施新战略的一个实验场。

正本还须先清源[①]

在国际社会的支持和美国的干涉下,阿拉法特终于走出了拉姆安拉官邸。回顾这一段巴以的紧张局势,冤冤相报的恶性循环导致冲突始终难以平息。以指责巴权力机构搞恐怖主义,而地区和国际舆论则明确反对以色列的所作所为,阿拉伯方面更是愤怒地将以的行径斥之为国家恐怖主义。无可争辩的事实再一次提醒人们,在当前开展反国际恐怖主义的时候,要特别重视阿以冲突的核心——巴勒斯坦问题的解决:不是一味地诉诸武力,而是应当标本兼治。

巴勒斯坦问题是二战结束时遗留至今尚未解决的一个个案,几十年来,联合国通过的各项有关决议规定的巴收复被占领土和建国权等,均未实现。正因为此,在中东爆发的许多冲突、战争和伊斯兰运动中,阿方都强烈要求全面公正地解决巴勒斯坦问题。"9·11"事件发生后,埃及穆巴拉克总统便指出,其起因,至少50%是巴勒斯坦问题。绝大多数阿拉伯国家都反对和谴责恐怖分子对美国的袭击,但它们也通过去年11月举行的阿拉伯外长会议强调:"清除恐怖主义首先需要解决导致失望和感到不公正的一些地区性问题,首先是巴勒斯坦问题,应当寻求公正的解决方案。"

正是由于这种"失望和感到不公正",以巴间的暴力、流血冲突才

[①] 本文载于《解放日报》,2002年10月2日。

彼伏此起，接连不断。要想制止，其矛盾的主要方面，显然在于以当局的政策取向。20世纪90年代中东和平进程之所以能启动并取得阶段性的成果，既有国际社会和美国的积极推动，更由于拉宾总理的高瞻远瞩和因势利导。"9·11"事件发生后，沙龙利用了美国以恐怖主义划线来对待世界上一切争执、冲突的简单化做法，把巴人民坚持了几十年的争取独立建国的斗争，硬是贴上了恐怖主义的标签，而且迷信武力，坚持用现代化军队重新占领巴管区，长时间地围困阿拉法特主席，在追杀巴组织领导人的过程中，又大量伤害巴无辜的平民、妇女和儿童。事态的恶性发展，已经激起阿拉伯民族、穆斯林群众越来越强烈的愤懑和怨恨。

另一方面，"9·11"事件给阿拉伯和伊斯兰社会也造成了巨大的压力和伤害。一年来他们再三疾呼不能把恐怖主义与特定的民族或宗教挂钩，强调伊斯兰教是和平、宽容、公正、平等的宗教。8月初在约旦皇家伊斯兰思想研究院召开的"新世纪伊斯兰教的前景"研讨会上，来自阿拉伯、伊斯兰和世界各国的享有盛名的专家学者，几乎都指出伊斯兰教"反对过甚和极端"，它的信众属于"中间民族"，提倡的是"中间主义"。许多作家、教律学家鉴于当前一些从事恐怖活动的伊斯兰组织都以"圣战"命名，因而纷纷著文指出，《古兰经》中的"圣战"，实际上是指受侵略、被占领人民的反抗，决非可以不顾前提条件随意套用的。至于巴人制造的自杀性爆炸，因针对的是以平民而遭到国际社会的广泛谴责，今年春天以来，巴权力机构、阿拉伯各国政府和主流舆论已多次明确表示反对，认为这些自杀性爆炸不是发生在巴被占领土内，不属于抵抗运动。9月初，巴权力机构又进一步强调就是在巴控区里也不要使用包括扔石块在内的暴力。由此可见，面对全球范围的反恐，巴勒斯坦、阿拉伯、伊斯兰方面正在从指导思想到具体政策的宣示上，作出认真的努力，努力与恐怖主义划清界限。

因此，绝不能把巴勒斯坦民众争取民族解放的正义斗争与恐怖主义混为一谈。事实上，只有全面公正地解决巴勒斯坦问题，才能从根本上杜绝本·拉登之流从事暴力的借口，才能清除中东地区滋生恐怖行为的根源。从2000年9月底以巴重新爆发冲突至今已经整两年了。如果以当局仍无意撤出巴被占领土，开展谈判，仍企图撕毁从拉宾总理开始以政府所签署的一系列协议而另搞一套，那么，巴勒斯坦问题将始终成为横亘在中东地区和平与发展前的大难题，在中东地区开展反恐也将很难形成共识，赢得支持。因为，在阿拉伯国家看来，反恐诚然重要，但就中东而言，解决巴以争端乃是基础和重中之重。

中非合作进入新阶段[①]

中非之间关山迢递,但友好交往的历史却绵延千年,恒久弥坚。新中国建立以来,毛泽东、周恩来、邓小平等老一辈的领导人与非洲民族解放运动的先驱们,共同缔造和培育了伟大的友谊,我国政府把发展和加强同非洲国家的友好合作,视为我国独立自主和平外交的重要组成部分。在千年更替、世纪之交的13年里,以江泽民同志为核心的党的第三代领导集体,高瞻远瞩,把握时机,为中非关系的跨世纪发展奠定了新的基础,谱写了新的篇章。

高层直商,确立反映时代精神新原则

当代国际关系中的一个突出现象,是各国特别是广大发展中国家,出于自尊自强的意识,在与大国交往中,非常看重元首外交。为了进一步密切我与非洲国家的联系,1996年5月,江泽民主席应邀访问了非洲六国——肯尼亚、埃塞俄比亚、埃及、马里、纳米比亚和津巴布韦,与六国领导人畅叙友情,就巩固和发展友好合作关系和共同关心的问题,深入地交换意见,达成广泛的共识;不仅与六国政府签署了

[①] 本文载于《新民晚报》,2002年11月5日。

23个有关经济技术合作方面的协定、协议、意向书和备忘录,而且双方都一致认为,在新形势下双方应把过去仅是政府间的合作,转为以公司、企业为主的合作。

在非统组织所在地亚的斯亚贝巴,江主席发表了面向全非洲的题为《为中非友好合作创立新的历史丰碑》的重要讲话,郑重宣布中国愿在和平共处五项原则基础上,发展同非洲各国面向21世纪的国家关系,并提出了五点原则主张:真诚友好,彼此成为可以信赖的"全天候朋友";平等相待,相互尊重主权,互不干涉内政;互利互惠,谋求共同发展;加强磋商,在国际事务中密切合作;面向未来,创造一个更加美好的世界。这五项原则,显然是我国家领导人经过深思熟虑,对当年周恩来总理访非时宣布的"反帝、反殖和反霸"、"加强非洲团结"和"广泛合作、发展中非友好"三原则的发展和深化,它反映了随着冷战结束,国际战略态势的变化,我根据非洲在政治斗争、经济建设和参与国际事务的实际需要所作出的重大政策调整。江主席的上述主张,受到了非洲国家和人民的普遍欢迎,也为发展中非友好合作关系注入了新的活力。

继江主席之后,李鹏、朱镕基、胡锦涛等国家领导人这些年来相继访非,非洲国家领导人也频频访华,双方高层互访的势头有增无减,反映了中非加强团结合作的真诚意愿,直接推动了中非关系的发展。其中特别值得一提的是1997年12月30日我国与南非签署了建立外交关系的联合公报。这是我国对非外交的巨大胜利,也是对台湾当局推行所谓"弹性外交"、"银弹外交"的沉重打击。

有的放矢,开拓互信互利互补新领域

面对经济全球化浪潮,非洲大陆既拥有前所未有的发展机遇,也面临着巨大挑战。非洲领导人普遍认识到,只有加强政治合作,争取友好大国的支持，非洲才能在国际事务中赢得应有的发言权，避免边缘化，才能为消除内忧外患、振兴经济创造良好的外部环境。有鉴于此，江主席对非洲的国事访问，都立足战略、着眼长远去构筑双边关系。

1999年10月江主席对欧非亚的访问，阿尔及利亚是最后才列入的。当时，布特弗利卡当选总统才一年多，正致力于克服和消除90年代初以来国内动乱造成的负面影响。他又是非统组织的轮值主席，在7月召开的非统首脑会议上，通过了《阿尔及尔宣言》，重申尊重主权和不干涉内政原则，强调反对使用武力和加强非洲团结一致。在当年的联大会议上，阿尔及利亚同印尼、马来西亚、越南、墨西哥等许多发展中国家一起，旗帜鲜明地反对以人权为借口、干涉主权国家内政。正是这一年3月，以美国为首的北约向南联盟发动了78天的狂轰滥炸。

江主席访阿不仅受到了热情友好、高规格的接待，而且在与布特弗利卡这位中国人民的老朋友的会谈中，双方都有许多共同语言和认识。江主席阐明了我对人权问题的基本看法和主张，强调世界是丰富多彩的，各国必然要选择适合自己基本国情的社会制度和发展道路，指出主权是人权的基础，没有主权就没有人权。布特弗利卡总统则明确表示，非洲国家对任何有损主权的行为都十分敏感，因为主权是发展中国家自我保护的最后屏障。事后，江主席说这次出访令他"感动和难忘"。2000年10月，布特弗利卡总统访华，江主席高度评价了中阿关系，说"建交40多年来，无论国际形势如何变化，两国始终相互理解、相互支持，双方在政治、经济、军事等各领域的合作均取得了丰硕的成果，堪称南南合作的典范"。布特弗利卡说，愿与中国建立战略合作关系，以面对国际上的各种挑战。事实上，我国这些年来，鉴于阿尔及利亚在地缘政治和经济上的重要地位，已将它列为我开拓非洲新兴市场的重点国家之一，各类合作都已在有序地展开。

在今年4月江主席的国事访问中，非洲国家就占了三国：利比亚、尼日利亚和突尼斯。我与利、尼建交分别为31年、24年，这次是中国元首首次往访，对突也是10年来的第一次。三国中，利、尼是石油出口大国，突是近年经济发展状况名列前茅的非洲国家，我国与它们在资源、经贸、技术、管理等许多领域，都具有明显的互补性。江主席与三国领导人不仅在反恐、中东和平进程等重大国际和地区问题上深入地交换意见，而且明确支持非洲国家创建"非洲联盟"，在多年来双边关系发展一直顺利的基础上，又签订了涉及经贸、文化、科教、油气、电讯、交通运输等诸多领域的合作文件，表明我在经济全球化形势下，愿与非洲各国加强合作，共促发展。江主席在尼日利亚阿布贾发表的演说中，引用了中国古话"人之相识，贵在相知；人之相知，贵在知心"，把尼日利亚和非洲的友好国家视为"知心朋友"。江主席访利，笔者也正好作为中阿（拉伯）友协代表团副团长在利访问，亲身感受到了利高层和民众对江主席到访所怀有的喜悦和兴奋之情。可以说，江主席的非洲之行，巩固了中非长期相互理解和支持中结下的兄弟情谊，也为新世纪中非关系的发展指明了方向。

立意高远，构建中非长期合作新机制

在当前的国际格局中，非洲需要中国，中国也需要非洲。十三年来，在以江泽民同志为核心的我国第三代领导人的积极推动下，中非高层互访接连不断，双方进一步增进了相互了解和信任。随着中国改革开放、实行社会主义市场经济，以及多数非洲国家开始将发展民族经济放在国家利益的首位，经济因素在双边政治关系中的分量和影响已迅速上升，双方都意识到中非间传统的经贸模式需作必要的调整，才能保证中非合作关系获得长期稳定的健康发展。这样，在新的历史时期，建立超越政治制度的中非全面合作关系，便成了双方之需。2000年10月10—12日，备受各方瞩目的"中非合作论坛——北京2000年部长级会议"终于在北京隆重举行。江主席、朱总理、胡锦涛副主席和四位非洲国家总统、非统秘书长、40多个非洲国家的80多位部长、近20个国际机构和非洲地区组织代表,以及一批非洲企业界人士出席开幕式,江主席发表了《中非携手合作,共迎新的世纪》重要讲话。

这次盛会通过的《北京宣言》和《中非经济和社会发展合作纲领》,不仅为中非在21世纪发展长期稳定、平等互利的新型伙伴关系确定了方向,而且还建立起了中非面向未来、共谋发展的集体对话机制,这在中非关系史和中国外交史上都是首创。朱总理在闭幕式讲话中,强调双方要顺应时代潮流,遵循"平等互利、形式多样、注重实效、共同发展"的原则,并提出了五条切实的步骤和措施,如同等条件下优先进口非洲商品、参与非洲国家经济建设和项目开发、放宽优惠贷款条件、帮助培训非洲国家各类专业人才和减免非洲债务等。非统秘书长萨利姆认为,论坛反映了中非的深厚友谊、真挚承诺和坚定决心,中非已建立起合作机制,中非的共同目标将得以实现,中非在国际社会的声音也将更加响亮。

中国是最大的发展中国家,非洲是最大的发展中大陆,中非合作论坛的建立为中非关系史掀开了新一页。中非加强合作共同发展,不仅将造福中非人民,而且对人类的进步和繁荣也是一个巨大的贡献。

战争阴霾依然存在[①]

一年来,人们一直在关注美国是否会对伊拉克动武,会在何时动手。这是因为自今年初美国总统布什提出"邪恶轴心"论、3月副总统切尼遍访中东11国以组建反伊联盟,至11月联合国安理会通过恢复对伊武器核查的1441号决议,乃至近日伊拉克交出长达一万多页的自检报告,伊拉克始终是个热门话题,从未脱离国际观察家的视线。

如何对待已遭受联合国多年制裁的伊拉克,是冷战后美国中东政策的一个重要组成部分。"9·11"事件的发生,使布什政府对先期制订、秋天通过的"防务评估报告"做出调整,最终形成了今年10月出台的"美国国家安全战略",把恐怖主义、无赖(或邪恶)国家、大规模杀伤性武器扩散三者结合起来,视作对美"迫在眉睫的威胁"。在中东,巴勒斯坦问题因布什6月提出的一份为期三年的和平计划被压后处理,而不甘向美俯首听命的伊现政权则被凸显出来,成为美在打击塔利班、"基地"组织之后亟欲铲除的首要目标。

为了铺平对伊动武的道路,美国政府提出"先发制人"战略,并得到了国会的授权。然而,国际社会毕竟还未看到伊拉克支持恐怖主义活动的证据,中、俄、法、德等大国多次表示反对不经联合国授权的军事行动,包括美国在内的世界许多国家不断出现抗议对伊动武的

[①] 本文载于《解放日报》,2002年12月18日。

民众游行。中东地区和国际社会的这种强大的舆论,最终导致了安理会一致通过1441号决议,它维护了联合国危机管理的权威地位,阻止了抛开现行国际法准则单独向一个主权国家发动军事打击的先例的产生。

尽管伊拉克在面对一场新的战争浩劫面前努力做出妥协,并采取了一系列的举动,如宣布无条件接受安理会的武器核查新决议,暂时关闭了不断发出与美对抗声浪的《巴比伦报》,尽力配合武器核查小组的工作,为避免检查总统府可能发生的冲突,萨达姆甚至离开巴格达去外地居住并首次向科威特人民道歉。但是,战争的阴霾依然存在,因为美国的要价是伊"解除武装",只要伊拉克无法说明1998年12月联合国武器核查小组记录在案的飞毛腿导弹、生化武器的去向,一旦伊出现由美国认定的"实际违反"1441号决议的行为,美国仍准备发动战争。目前,美国已基本完成了军事集结,并争取到了一些北约成员国和日本的支持,明年动武的可能性显然还无法排除。

只是,我们也应当看到,一场不经联合国授权的战争必然失道寡助,将遭致国际社会的强烈谴责;而且,美国国会有关部门估算的数以千百亿美元计的军费开支也将主要由美承担;至于一旦开打,战况若并不尽如美方估计的那么乐观,这场战争会对美国国内经济和党派政治产生什么影响就更难以预料了。因此,伊拉克能否躲过一劫,还存在不少不确定因素:如伊拉克应对武器核查是否稳妥得当,地区国家的态度变化,国际社会的判断,以及布什政府权衡战争的利弊得失的结果等。虽然就世界及地区局势而言,武力决不应成为解决伊拉克问题的唯一选择,但以"倒萨"为目标的军事打击,关系到美国家安全战略的落实,关系到美国一心想建立的由它主导的国际秩序,因此2003年头几个月的局势发展,无疑将成为十分关键的揭晓期。

美与中东国家的关系面临剧变[①]

"9·11"事件后,美国政府的中东政策地位凸显,上升为美国国家安全战略的重点,因为美国确定"恐怖主义,大规模杀伤武器扩散和无赖国家"是对其核心利益的主要威胁,对象国大都在中东。

美国的"打伊倒萨",在中东地区和伊斯兰世界的舆论中,既被认为是为攫取油气战略资源的利益之战,也被视为具有鲜明色彩的文明(宗教)之战。马来西亚马哈蒂尔总理上月下旬在不结盟国家会议召开前就公开把美国打伊称为"向伊斯兰世界开战"。因此,美虽会赢得战争,却不能实现地区和平。因为一场缺乏联合国授权的战争,必然会被阿拉伯、伊斯兰社会视作非法的不义战争,它将招致的各种抵抗,将会非常广泛和激烈,而且绵绵不绝无穷期。即便是有安理会新决议支撑的战争倒萨,要在伊拉克建立一个亲美的西方化政权并得到伊人民和地区社会的认同,是否现实可行,也大有疑问。

实际上,打伊倒萨只是美国为确立世界霸权重新整合中东的第一步。美副国务卿博尔顿2月17日在以色列声称:"打伊战争后,美还必须处理来自叙利亚、伊朗和朝鲜的威胁。"阿拉伯方面的舆论现在已普遍认为,美对伊和朝鲜实施的是双重标准;在美打伊得手后,它在伊和海湾的军事存在将大大超过90年代的海湾驻军规模,且呈长期化趋

[①] 本文载于《人民日报》,2003年3月27日。

势，美动辄用武的政策对象无疑是中东国家。中东各国所遭受的直接压力已骤然增大，如何妥加应对，维护自身的根本利益，已成为它们不得不苦苦筹划的难题。

面对布什总统公开呼吁要"改造中东"，中东各国都会加强与当前主和（主查）的世界大国的关系，以努力争取地区力量不致过于失衡；美国一意孤行的打伊战争，将会严重激化中东的民族和宗教情绪。这种针对美国或亲美政府、人士的愤恨和敌意，将导致恐怖活动更趋频繁，地区现有的反恐联盟将难以为继；冷战后形成的阿拉伯世界的三驾马车（埃及、叙利亚、沙特），由于在阿盟首脑会议、伊斯兰会议组织国会议和国际组织中未能发挥应有的驾驭作用而将无力维持原有的影响力，阿拉伯各国政府将首先考虑自己在不满的民众和高压的美国之间周旋、应付。

一向被美国当作盟友的阿拉伯海合会国家，身边陡然出现了一个美国主控下的伊拉克新政权，势必疑窦丛生。它们既担心伊的西方式民主改革会直接动摇自己的君主政权基础，也怕美国操纵的后萨政权不仅将恢复伊在海湾战争前日产原油500万—600万桶的能力，而且会加紧开发美能源部情报局预测的伊还可能拥存的2220亿桶的石油储量，使伊超过沙特成为全球第一的产油大国，从而在欧佩克内主宰石油定价和份额分配，危及它们最重要的收入来源。

原先的强硬派国家，如叙利亚、黎巴嫩、伊朗虽不能排除内部会出现温和派的声音，以避免美国用对伊进攻的手段对付它们，但更有可能在民族、宗教情绪的推动下，谋求拥有更先进的常规武器和发展核能力，加快强军的进程。至于埃及、沙特、约旦等一直高度关注停止以巴流血冲突、恢复和平进程的国家，虽会继续呼吁巴勒斯坦问题的解决，但在美国以反恐划线的中东政策正越来越与沙龙政府政策趋同的情况下，它们在地区的处境将更加困难，声音也将弱化。

美国发动的伊拉克战争，是布什政府单边主义急剧膨胀的表现，它不仅对中东地区构成了严重的冲击，而且是对国际现存秩序、中东地区组织和各国的重大挑战。美国许多智库对打伊战争的分析,大都强调保持中东稳定、避免石油危机和保持伊的统一,但对解决地区问题一味诉诸武力的蛮横做法将只会导致反恐联盟的分裂和地区的进一步动荡,进而直接影响布什总统明年的连任竞选的前景,似估计得过于自信和乐观了。

伊战后重建谁主导
美机构提出时间表[1]

眼下,伊拉克战争的关键——巴格达之战正在展开,国际社会的视线已迅速转向伊战后的重建工作,焦点是由美英、联合国还是伊方人员主导?

美国外交关系协会和詹姆斯·贝克研究所已有一份《伊重建时间表》出台,具体分为短期(战后至少2个月)、中期(3—24个月)和长期(两年以上)。短期由美国/盟军指挥官领导一个由伊方顾问参加的过渡政府;中期由与联合国秘书长代表和美高级代表保持密切工作关系的伊方人员领导一个受国际社会和联合国监督的伊政府;长期由拥有主权的伊方人员领导主权国家的伊政府。这三个阶段都有具体的安全目标、经济目标和管理目标。伊现政权的高级官员在中期将被完全清除;短期即开始组建的过渡形式的"伊咨询委员会"成员,将从巴格达、各省和海外流亡人士中遴选。目前伊三大反政府势力中,有可能参与咨询委员会的是以艾哈迈德·沙拉比为首的伊国民大会成员和直接参加反萨战争的库尔德民主党武装,而拥有数万兵力的伊南部什叶派的伊斯兰革命最高委员会,则因有伊朗背景而将被排斥在外。

---

[1] 本文载于《文汇报》,2003年4月5日,第3版。

因此，美国至少在短期和中期这两个时段内，主控伊的政局和经济；经过美苦心经营后，到长期阶段的伊政府也必然是一个亲美政府。这份时间表显然已引起俄、法、德等大国的高度关注。与此同时，三国对美态度也有了一些微妙的变化。俄在战前一再批评美国，但在战事初起时，伊万诺夫外长与鲍威尔国务卿达成"共同考虑伊战后重建问题上合作"的谅解，而普京总统于4月2日明确表态："不希望美国在伊战中失败"，这是因为伊在海湾战争前即欠俄70亿美元的军火债。1996年12月联合国"石油换食品"计划开展以来，俄是伊第一大贸易伙伴。俄伊还签订了西库尔纳油田协议，有待伊解除制裁后执行。此外，俄近年的经济得以好转，主要是靠出售石油的收益，一旦美操控的后萨政权迅速恢复伊石油生产，并通过开发潜在的石油储藏，达至560万—600万桶/日，那就势必导致国际油价下跌，直接影响俄的根本利益。因此，俄对伊战的表态发生改变，并不难以理解。因为俄只有采取与美国合作的立场，才能有效地"介入"战后重建工作。

至于法、德，虽说在伊拉克问题上曾与美争执不下，但它们当时主要顾及的是国内的民意和舆论，反对的是美国独占伊拉克和中东地区的利益。随着战事的发展，法外长德维尔潘已于4月1日明确宣布："法国在伊拉克战争中站在美英一边。"德国菲舍尔外长4月2日也已表态："希望萨达姆政权尽快倒台。"至此，俄、法、德三大国在倒萨问题上已与美英完全一致，分歧将集中在后萨政权究竟是美国主导，还是由联合国主导。客观地看，前文所提时间表中虽提到了联合国，但语焉不详，如联合国的监督如何体现，联合国秘书长代表怎样产生，他与美国高级代表之间以谁为主，等等，都是问题。该表只是提了一个意向，而且安理会在今后讨论后萨政权、伊拉克重建时，若遇到美英军事行动的合法性又该如何处置，也是一个棘手难题。

当前，伊拉克战事正酣，人们对围绕伊战进程不断变化的大国关系，应要有足够的重视，做出清醒的判断。

> > > > > 中东研究管见 > > >

试看伊拉克战争中的民心相背[①]

美国当前进行的打伊倒萨战争,是撇开联合国安理会的单边主义军事行动,缺乏国际合法性,在国际社会中处于失道寡助的地位,可谓先天不足;及至亚速尔会议开后不久即急速开打,军事决策层傲慢轻敌失误甚多,致使战斗频频受挫,进展缓慢,又显后天不调。

比如,美国原以为拿出60亿经援和150亿优惠贷款,土耳其必会同意借道,却不料土的民意测验结果是百分之百反对武力解决伊拉克问题,从去年7月以来的三届土政府都强调对伊动武要经联合国授权,在美国掀起丑化土耳其的运动后,大多数议员终于投了反对票,否决了美国开通伊北方战线的计划,战争初期联军未能形成南北夹击的钳形攻势。

又如,美英早在1992年8月就把伊北纬32度以南设为"禁飞区",不让伊飞机飞越,借口是保护占伊人口约60%的伊斯兰什叶派信徒不遭萨政权围剿。战前,美认为联军一到,什叶派穆斯林便会倒戈相向,箪食壶浆欢迎他们。然而,在巴士拉、乌姆盖斯尔、纳西里耶、纳贾夫、卡尔巴拉等的攻城拔寨战役中,联军遭遇到的却是伊军民的顽强抵抗,反映出在倒萨还是抵抗外来入侵孰为先的问题上,居社会中下层的什叶派穆斯林毫不犹豫地选择了誓死抵抗;即便是伊三大反对派

---

① 本文载于《新民晚报》,2003年4月5日。

之一的伊斯兰革命最高委员会（什叶派）虽然力主把萨赶下台，但也反对采用战争手段，反对美国独揽对战后政权的安排，因而该委员会已遭美排斥，在政治、军事层面非但不可能对美提供任何配合，而且还会站在对立面，对美形成牵制。

再如，战事初起，美即满打满算，企图通过偷袭式的"斩首"行动，炫耀高科技武力的"震慑"行动一举奏效；尔后，又加大轰炸力度，不断击中市场、居民区、村庄、公路民用客车等目标，造成大量伊平民伤亡，从而更激起了伊军民同仇敌忾的心理和斗志，同归于尽式袭击成了伊官方公开鼓励的一种手段。联军对此胆战心惊，草木皆兵。4月1日在纳贾夫公路附近，竟然将乘载货车的妇女和儿童都当成了敢死队员予以射杀。至今，这场战争在阿拉伯世界舆论中，都被视作非法入侵，美英联军与伊军民的关系，是侵略、反侵略，占领、反占领的关系。因此，不仅原先国际社会估计的战争将造成60万—130万的难民潮并未出现，相反，倒有大量在约旦打工的伊公民返回祖国，参加抵抗，数以千计的巴勒斯坦、也门、约旦等国的人员踊跃赴伊，与伊人民并肩战斗。这表明，以新帝国自居的美国，发动这场旨在所谓民主改造伊拉克和阿拉伯世界的战争，在伊拉克和阿拉伯人民心中播下的只是仇恨，造成的只是人道主义灾难，根本达不到战争以"攻心为上"的目的。

面对半个月来战事屡屡受挫，进展缓慢，美当局已不得不调整政策，宣传上开始放低调门，反复强调困难，指挥方面放权给中央司令部的弗兰克斯将军和战地指挥官"便宜行事"，并依靠鲍威尔国务卿的外交游说，求取土耳其的配合，以期在关键的巴格达之战中挽回颜面，赢得胜算。虽然就美英和伊方的军事实力而言，无疑相距甚远，这场战争的胜负并无多大悬念，然而，最大的问题在于：美国纵然能赢得战争，便能实现地区的和平和稳定吗？能赢得伊拉克和阿拉伯人民的民心吗？能在今后的政权重组和战后建设中，得到民情和舆情的信任和支持吗？

> > > > 中东研究管见 > > >

伊拉克,不是最后一个[1]

2003年3月24日,伦敦出版的《生活报》上发表的一篇署名文章,对伊战作了阿拉伯视角的解读,认为阿拉伯现存秩序正面对着三场同时爆发的危机;阿拉伯世界的一个大国(伊拉克)不仅是在遭受外力打击,而是将被占领;处于阿以冲突核心地位的巴勒斯坦问题不仅是被边缘化,而是将被排除和勾销;它们的基本价值观——阿拉伯伊斯兰文化不仅是在被丑化和歪曲,而是将在枪炮下被强行改造。

这种感受绝非故作惊人之语,人们从美国当局在伊战前的一系列政策宣示中,都不难找到言之凿凿的证据。去年12月,美国国务院政策规划办公室主任理查德·哈斯在对外关系委员会做过一篇题为《促使伊斯兰世界更加民主化》的演讲。这篇长文着眼于美国战略的最主要层面——核心价值观。它明白无误地把伊斯兰世界视为美在21世纪初期用自己的价值观和文化加以改造的首要地区。

去年9月美国出台了《国家安全战略报告》,其目标是捍卫美国的价值观和国家利益,具体策略是实施"先发制人"打击和"政权更替",即把迫使"极权国家"转变、防止"失败国家"产生混乱和恐怖主义、打击"无赖国家"结合起来,把推进美国式的自由、民主与军事打击作为并行不悖的一体两面。

---

[1] 本文载于《解放日报》,2003年4月7日。

尽管当前阿拉伯舆论中不乏这样的声音：从20世纪70年代后半期到整个90年代，阿拉伯国家似乎没有与美国利益冲突的案例。但是，已有更多的阿拉伯思想家看到，美以同盟关系在新世纪初期的美国全球战略中已经发生了新的变化和提升，共同的价值观受到特别的重视。正如理·哈斯所说："过去，美国为保证石油的稳定供应，为遏制苏联、伊拉克和伊朗的扩张主义，为处理同阿以冲突有关的问题，为在东亚抵御共产主义，或是为保障美国军队的驻扎，回避了对一些国家内部状况的审视"。他指的是"在穆斯林世界的许多地方，尤其是在阿拉伯世界，历任美国政府都没有将民主化置于优先位置"。现在，美国要结束这种"对民主的例外"。换言之，克林顿时期"东遏两伊，西促和谈"的美国中东政策已被布什政府更庞大、更野心勃勃地计划所取代。从伊战爆发前后美国出台的各种政府报告和政要讲话中，我们大致可对布什政府的中东政策作如下勾勒：

1. 以反恐、反大规模杀伤性武器扩散、反"无赖国家"为名，通过"先发制人"战略，在伊拉克等国强行实现政权更迭，建立美式民主国家；

2. 根据布什总统去年6月提出的中东和平计划，巴勒斯坦自治权力机构必须改革，要有民主领导人，并解除巴恐怖主义组织对以色列的威胁；以色列则应终止在被占领土再建新的犹太定居点。在此基础上，巴以签订最后框架协议，巴勒斯坦在2005年建国；

3. 贯串前两项计划及此后阶段的是对阿拉伯世界的改造，即哈斯讲话中所宣称的"美阿新型伙伴关系"，"致力于推动对阿拉伯世界的进步至关重要的三个方面的发展：经济、教育和政治改革"。

很显然，布什政府的中东政策在打完伊战之后，还将继续贯彻推行，因为在美国开列的"无赖国家"名单中，还有别的中东国家。在尽可能"架空"了阿拉法特之后，美以还将联手对付哈马斯、伊斯兰圣战组织和真主党武装，而且在渐次建立伊拉克民主政权、巴勒斯坦国的同时，还要对阿拉伯世界实施"经济、教育和政治改革"，这无疑是一个极其宏伟的单边主义设计蓝图。

美国要实施上述中东政策，仅凭它打赢伊拉克战争是远远不够的。这取决于它能否调动地区人力、物力和财力资源，取决于它是否能得到中东多数国家政府和人民的支持，取决于它对源远流长、群众基础浓厚的阿拉伯伊斯兰文化和历史有多少了解和研究，取决于2.7亿阿拉伯人民对美国出台的计划是否认同。尽管哈斯明白，"如果美国或其他国家企图把民主强加给某个国家，那么结果既不会民主，也不会持久，只有内部自主的民主才能够生根"，但在美国单边主义气焰方炽之时，它是否还有耐心听取理性的分析呢？

对话:经济之手敲开中东和平之门?[1]

- **主持人**:本报记者陈瑜
- **嘉宾**:朱威烈(上海外国语大学中东研究所所长、教授)

主持人:眼下,中东局势再度牵引世界眼球。明天,在约旦召开的世界经济论坛特别年会上,阿拉伯各国将与美国商谈一个特别计划:建立美国—中东自由贸易区。阿有媒体评价该计划是"经济帝国主义的特洛伊木马"。在"和平路线图"前景扑朔迷离之际,动用经济杠杆,可否算是白宫推进中东和平之路的破冰之举?

朱威烈:回望历史,我们能从海湾战争中找到先例。1991年2月,多国部队将伊拉克赶出科威特。同年10月底,美俄在马德里拉开中东和谈的序幕。三年后,美国主导的中东、北非经济首脑会议举行,克林顿任期内极力倡导建立"中东大市场",试图在该地区推行零关税政策。战争开路、政治谈判、经济合作,2003年历史翻版。伊拉克战争3月20日开打,4月30日小布什抛出"中东和平路线图",5月初又在南加州大学首次提出,计划用10年时间建立美国—中东自由贸易区。这并非历史的巧合,而是经验的传递。打一个巴掌后,送上一颗蜜枣。白宫深知,单靠军事和政治,缺经济这只手,中东的动荡停不下

---

[1] 本文载于《解放日报》,2003年6月20日。

来。一定要把阿拉伯国家拉入现代化、全球化的轨道,才能确保美国改造中东伊斯兰世界的宏大计划不落空。但是在中东,经济杠杆不可能成为万能的良方,它仅是白宫中东整体战略的一个组成部分。

主持人:抛开民族情绪,若美国—中东自由贸易区真能建立,必将给阿拉伯民众带来实惠。约旦就是一个样板,去年成为美国自由贸易伙伴后,一年内对美出口增长80%。无疑,自由贸易区着实有其诱人的一面,但中东时刻充满变数,"以经促和"究竟能走多远?

朱威烈:"以经促和"谈何容易!90年代的中东北非经济首脑会议声势不算小,第一届就吸引60多个国家,签署了一系列合作协议。可中东每当和平曙光乍现,马上就阴霾密布。不久,拉宾遇刺,利库德集团上台,巴以双方再次爆发流血冲突,"中东大市场"不了了之。这一次,小布什重起炉灶:欲施人以惠,平息阿拉伯人对美的愤懑,用自由贸易带来就业机会,消除国家间意识形态和政治的壁垒,以经济一体化保证软性的帝国优势。但美国开列的条件十分苛刻,要求阿拉伯国家先进行政治改革、打击恐怖主义并取消对以色列的联合抵制,才有资格跨进自由贸易区的大门。一些阿拉伯国家并不会吞下这个诱饵,它们要求美先解决巴以冲突、巴勒斯坦难民、巴以边界、犹太人定居点和耶路撒冷归属等长期悬而未决的核心问题,都很难取得实质性突破。其次,阿拉伯各国间经济互补性差,22国中有十来个尚未"入世",中东地区贸易壁垒比世界上任何一个地区都多,建立这一横跨大西洋并涉及北非和亚洲国家的自由贸易区面临着许多障碍。

建立美国—中东自由贸易区,欧洲大国也不会乐观其成。受地缘政治影响,欧洲与阿拉伯国家的经贸合作更为密切。早在1995年,欧盟就和地中海沿岸的阿拉伯国家达成在2010年建立欧盟–地中海自由贸易区的协议,陆续发放了70亿欧元的贷款,还决定成立欧洲–地中海银行。白宫在此背景下出笼自由贸易区的构想,显然试图阻截欧盟与阿拉伯国家的传统联系,而且也必将侵占俄罗斯的利益。

领土、民族、宗教、政治体制、冲突双方背后的外部势力……诸多矛盾交织的中东，没有人能明确预言将来。当然，不排除美国选择各个击破的战术，培育第二、第三个约旦，最终推进整个区域合作。

主持人：如果中东只盛产胡萝卜的话，根本不会有海湾战争。拥有全球2/3石油、1/3天然气储量，中东无可替代的战略资源地位，对美国的重要性不言而喻。重塑地区格局，掌控能源命脉，是否也是小布什手中的一张经济牌？

朱威烈：绝对是。端掉萨达姆政权开启了美国改造中东的新时期。伊拉克战后重建，布什政府会一抓到底。伊拉克还有1/3的国土未勘探，美国对此早已了然于胸。加紧伊拉克石油生产，一旦接近沙特日产量，美国就能直接影响石油输出国组织，拥有对全球石油定价、供应和流向的话语权。飘红的经济成绩单当是小布什争取连任的一枚重磅砝码，令其不致重蹈老爸的覆辙。

今年11月美国大选序幕即将拉开，小布什政府的关注点一定会转向国内。届时，美国要兼顾以犹太人为主的新保守主义的资金和选票，很难继续向沙龙政府施压。对他来说，中东和平进程维持动态就行。目前，美国—中东自由贸易区仅是纸上的一幅经济蓝图。

> > > > > 中东研究管见 > > > >

专访：巴以局势堪忧[①]

以色列内阁11日做出的驱逐巴勒斯坦领导人阿拉法特的决定，使当前岌岌可危的巴以局势再次陷入令人担忧的困境。昨晚，记者就"逐阿"一事采访了上海外国语大学中东研究所所长朱威烈教授。

记者：您怎么评价这件事？

朱威烈："逐阿"是一个非常不智的决定，使本来就紧张的局势面临失控的危险。巴以局势可谓雪上加霜，路线图更加没有实现的希望。

现在最需要的是双方都冷静下来，尤其是以色列沙龙政府应想一想：以色列追求的和平与安全是通过这样的方式能够达成的吗？

记者：国际社会对此都是普遍反对，连以色列的盟友美国也立即表态不赞成。

朱威烈：因为这将对中东局势造成严重后果，也是对四方会谈和联合国制定的路线图计划的破坏。至于美国的态度则是从它中东政策的利益出发的：总统大选临近，布什政府希望路线图计划能成功实施，为美在伊拉克失分不少的中东外交增些光。此外，美国认为，每次以色列对阿拉法特的"攻击"，最后却都成为阿拉法特的外交舞台。因此美国认为，目前情势下"逐阿"不妥当。

---

① 本文载于《解放日报》，2003年9月13日。

记者：最早有关驱逐阿拉法特的建议是去年4月由当时的以国防军总参谋长莫法兹提出的。当时以军入侵拉姆安拉，炸弹数次投向阿拉法特官邸，使其身处险境。现在，建议已经变成决定。阿拉法特是否面临更大挑战？

朱威烈：此次情况可能更加危急。以色列强硬派甚至扬言，在"逐阿"过程中就是置阿拉法特于死地也在所不惜。上次由于美国向以色列不断施压，才制止住了态势的恶化。但如今美国一心扑在伊拉克重建上，无暇顾及巴以，而阿拉法特本人又坚持不愿离开，双方僵持，稍有差池，就可能造成无可挽回的悲剧。

以色列暂时还未采取具体行动，也有可能做出收回成命的决定。这要靠国际社会尽快加大调解力度，而美国更应担当起巴以和平进程主导者的责任。

> > > > 中东研究管见 > > > >

准确把握机遇,积极参与伊战后重建[①]

2003年5月22日联合国安理会通过了1483号决议,决议提升了联合国在伊拉克战后重建工作中的地位和作用,使之进入一个相对有序的进程。当前的伊战后重建,是令世界各大国和地区都怦然心动的大市场,如何认清形势,把握机遇,积极参与,也是我国政府、大企业集团和商家最为关注的一大课题。

伊战后重建是一项长期任务,伊要达到沙特、卡塔尔等产油气周边邻国的发展水平还需经历相当长时间。因此,企业商家应树立长远的战略观,记取苏东欧剧变后一些商家盲目拥入,用假冒伪劣商品败坏我国声誉的教训。近期的伊重建工作包括梳理战前遗留项目和组建实施新建项目两个方面,头绪纷繁,任务艰巨。我国与俄、法、德等国的情况比较相似,在经济领域大致要应对四项工作:清偿伊前政府拖欠下来的46亿—47亿美元的债务;落实"石油换食品"(MOU)计划中已获批准但尚未执行的近千个项目;保全中石油与伊前政府1997年6月签订的合作开发艾哈代布油田协议并付诸实施;争取伊重建工作开始后的项目。

对债务问题国际社会与主要债权大国已基本达成共识,推后讨论。艾哈代布油田相当于1.5个大庆,原协议规定伊解除制裁后即可开

[①] 本文载于《世界机电经贸信息》,2003年第6期,第7页。

采、出口，情况与俄、伊签署的西库尔纳油田相似。此外，伊新政权若取消合同，也会引发复杂的国际法律诉讼纠纷。因此，中俄之间存在共同利益有可能通过加强协调，力争保全协议的有效性。

这里要强调的是，面对美国坚持主导伊战后重建和至少在伊驻军一年的现实，伊重建工作将主要是在国际形势急剧变化过程中各有关政府间的经济行为，充斥着激烈复杂的外交斗争。因而是一个非常特殊的市场。前面提到的四项工作也都只有待我驻伊官方机构进伊并恢复正常运作后，才能与伊"三驾马车"（美英联军当局、联合国特别代表办公室和预计7月能搭建起来的伊临时政府）打交道，逐步开展起来。

眼下的重点，要放在MOU已批准项目和争取重建项目上。我国现有的MOU项目，总标的约为25亿美元。要想在六个月内全部兑现，无论是从美英方面还是从联合国方面都不太现实。我们应从大处着眼，努力争取其中的中国机械设备总公司、四川东方和上海电气集团等高标的合同能尽早落实。

争取伊重建项目，当前应强调政府主导，明确指导思想，为我大企业集团、商家构筑必要的平台，并尽快形成一些使企业、公司间相互协调、合作共赢的机制。这一方面是为了防止盲目拥入扰乱市场，影响我政治声誉；另一方面也为避免美英或其他中间商利用我急于求成的心理乘机盘剥。只要定位准确，凭借我在商品、技术和劳务的质量、价格上的优势，从解决伊迫切需要的民生项目着手，如在建材、电力、中低档机械设备、汽配、水泵、挖掘机特别是民用家电、五金工具、小商品等领域还是有较大空间的。美英当局虽会攫取这块重建"大蛋糕"的最大份额，但它们初期的重点在石油、通讯和IT产业等方面，尚无力垄断所有土建、水坝、交通、铁路运输、机场、港口、市政建设和农业等方方面面。它们不可避免地需要物色有优势的合作伙伴，存在与我合作可能，我有望在争取二包、三包尤其是供货合同方面占得先机。而且我国的一些中美、中日合资企业，如贝尔公司的电话交换机、中国日立的挖掘机等，本身就有实力和条件直接争取项目。此外，1996年MOU计划启动以来，我国不少公司曾积极参与，对伊的情况比较熟悉，形成了一批有经验的专业人员和较可靠的伊方代理，他们是目前我们值得信赖的重要资源之一。

参与伊战后重建，既符合我实施"走出去"的战略方针，更是构筑我中东战略的需要。因此，只有重视政治，强调政府的主导和统筹，才能保持清醒和有序，也才能有利于准确把握和利用当前的战略机遇期。

中东之变[1]

2003年3月19日，改变了中东。这一天，小布什政府对伊拉克发动了名为"伊拉克自由"的军事行动。随着战事全线告捷，华盛顿全面推出了以"反恐、反大规模武器扩散和反'无赖'国家"为核心的中东政策，重点是主导伊战后重建，推动对中东伊斯兰社会的改造；抛出路线图计划以缓和巴勒斯坦、阿拉伯国家和穆斯林的反美情绪；加大对伊朗、叙利亚等国的遏制打压，巩固美对中东的全面控制。

随着美国的中东变奏曲进入高潮，中东各国的政策也都在出现微妙变化。与美国关系密切的温和国家各自调整步调，以配合美国在中东的行动——埃及不断地推动巴勒斯坦各派签署停火协议，约旦在协助训练伊拉克的情报人员和军队，沙特则加大了反恐力度，并展开民主改革的讨论。而一贯态度强硬、也因而被华盛顿归为"无赖"一流的伊朗、利比亚和叙利亚，近日也表现出"柔顺"的一面，以缓和与美国的紧张关系——伊朗于12月18日签署了《核不扩散条约》附加议定书；利比亚20日宣布放弃大规模杀伤性武器计划后，又表示也将签署《核不扩散条约》附加议定书，并准备在下周接待国际原子能机构巴拉迪主席率专家团的访问和检查；大马士革在小布什12月12日签署美《清算叙利亚》法案后，反应非但不火爆，反而通过各种途经缓和

---

[1] 本文载于《东方早报》，2003年12月25日。

叙美关系，以期华盛顿不断推迟法案的实施，就像对惩治伊朗、利比亚的《达马托法》那样。

中东之变，无疑令华盛顿备感振奋。然而，这样的变化固然由美国的新中东战略所推动，却在更大程度上反映了中东国家内部日益高涨的改革呼声。在变化了的国际环境下，在风云际会的中东，这些国家的有关政策已经滞后过时，为了生存和发展，它们必须审时度势，及时调整，跟上国际社会的共识。固然，美国可以将这些变化视作其中东政策的胜利，但事实上，华盛顿在关键的伊拉克战后重建和路线图计划的实施上，仍困难重重；反恐形势依然严峻，中东国家普遍的反美、仇美情绪也更趋高涨，美国并未能从根本上改变它在地区的孤立处境。目前，阿拉伯国家虽然顺应美国的要求，着手教育和社会等改革，但它们始终强调变革必须与阿拉伯民族主义和伊斯兰教的核心价值观相符合，而不是依照美国民主、自由、人权的范式。即便是签署了《核不扩散条约》附加议定书，伊朗最高安全委员会主席哈桑·鲁哈尼仍一再强调"中止核试验是暂时的，核开发是伊朗的天然权利"。

由此来看，中东有关国家政策取向上的变化，乃是内外因素推动所致。其中，谋求自身安全和发展的动机更为突出。在调整过程中，无论是伊朗还是利比亚、叙利亚，又都借重欧洲国家的作用和影响，反映出中东国家当前明显的亲欧疏美倾向。小布什政府固然因捕获萨达姆和上述国家的政策变化而在民意调查中得分，但却不能就此证明美国的中东政策已得人心。中东难题众多，美国欲凭持一己之武力，改造一个矛盾错综复杂、价值观念与已迥异的伊斯兰世界，只怕是说起来容易做起来难，其新中东战略前景莫测，实在不必太早举杯欢庆。

后萨时代:伊拉克前景未卜[①]

萨达姆被捕后,伊拉克的局势发生了微妙而复杂的变化。后萨达姆时代的伊拉克将往何处去?

本报记者:美国以反恐名义进行的伊拉克战争,似乎不仅没有消除恐怖主义,反而在中东地区触发了新一轮的恐怖主义袭击浪潮。与"9·11"恐怖袭击事件前的国际恐怖主义活动相比,这新一轮的恐怖活动有什么新的特征?

朱威烈:当前在伊拉克及中东地区出现的动荡不安、错综复杂的局面确实是这场伊拉克战争留下的后遗症。目前活跃在伊拉克的反美武装力量,主要由三种势力组成,一是萨达姆前政权的支持者,他们没有得到美英联军占领当局的妥善安置,甚至被美国人推向了对立面,"萨达姆敢死队"和被美英联军占领当局"废黜"的阿拉伯复兴社会党就是其中的主要力量;其次是具有爱国主义精神的自发组织起来进行抵抗的伊拉克群众,他们不甘心国土被占领,要求恢复伊拉克主权和领土完整;第三股力量是乘机渗入伊拉克的恐怖分子。伊拉克战争导致伊拉克边境失控,使境外的"基地"等恐怖主义组织的成员得以进入伊拉克,并与伊境内的反美力量结合在一起,使伊拉克变成了攻击

[①] 本文原载于《文汇报》,2003年12月25日。

剿杀美军的战场。

事实上，美国当时绕开联合国、一意孤行对伊拉克发动战争，反而使得恐怖分子获得了更大的活动空间，使恐怖主义活动有扩大化、复杂化和继续增长的趋势。比如，"9·11"恐怖袭击事件发生之前，恐怖分子的活动主要集中在阿富汗地区，现在开始向沙特、土耳其、摩洛哥等国家蔓延；"9·11"之前，国际恐怖分子的主要袭击对象是美国，现在美国各盟国在中东的设施、人员都成了恐怖分子袭击的对象，甚至连联合国这样的国际机构都不能幸免。尤其是恐怖主义向东南亚、中亚等地区的蔓延，使我国的周边也成为一个高危地区，这必须引起我们的高度重视。此外，也不排除伊有内战的可能性。

本报记者：推翻了萨达姆政权并活捉萨达姆后，出现的权力真空会不会引起、甚至激化伊拉克的内乱？比如，为争权夺利而进行的派系斗争？美国人最终会帮助建立一个怎样的伊拉克政府？以什叶派为主，还是以逊尼派为主？还是建立一个以什叶派、逊尼派和库尔德人的联合政府？

朱威烈：关于美国最终会支持建立一个怎样的伊拉克政府，目前很难说，美国人正处于进退维谷的尴尬境地。在由美国帮助建立的伊拉克临时管理委员会中，其成员是按照教派和民族成分占人口总数的比例来分配的，但是在未来的伊拉克政府里是不是还维持这个比例，现在还有变数。因为，拿现在最突出的矛盾看，如果按照美国人标榜的要为伊拉克建立一个民主政权看，那么通过全国大选建立伊拉克政府是必需的手段。然而，如果以普选方式成立政府，那么占伊拉克人口60%多的什叶派毫无疑问会当选。那样，伊拉克就会出现一个类似于伊朗的宗教政权，这是美国人所不愿意看到的；但是，如果美国人反对进行普选，那么，这又与他们对外宣称的为伊拉克建立民主政权的目的背道而驰，无法向盟国和国际社会交代。

本报记者：美国发动伊拉克战争的原因，除了其标榜的人所共知的所谓消除大规模杀伤性武器威胁、帮助伊拉克人推翻萨达姆独裁政权建立民主政权，以及控制伊拉克的石油能源等之外，还有没有更深层的原因？

朱威烈：有的。中东有一种观点认为，美国希望通过在伊拉克建立一个亲美政权来帮助安置消化350万巴勒斯坦难民，以解决这个以巴和平进程中最棘手的问题。

我们不能局部地孤立地看待伊拉克战争，而必须把它放到整个中东局势的大背景下，并与美国中东政策联系起来观察。很明显，美国现在的中东政策已经全面展开，一是通过主导伊拉克战后重建来推动对中东地区伊斯兰国家的改造；其次是推动中东和平"路线图"计划，这实际上是为了平息阿拉伯世界越来越强烈的反美情绪而采取的举措；第三就是要进一步打压对美的强硬派国家，如伊朗。目前看来，美国的中东政策取得了一些进展，比如伊朗签署了《不扩散核武器条约》附加议定书。但是在关键问题上，如伊拉克战后重建问题以及中东和平"路线图"等问题上，美国不仅没有取得进展，反而使形势变得更加复杂。

事实上，这两个关键问题是相互联系的。巴以和谈进程中最棘手的症结就是如何安置几百万巴勒斯坦难民。克林顿政府期间，美国在戴维营和谈中曾提出巴勒斯坦难民由其寄居国就地消化的建议就因为受到有关各国的强烈反对而无果而终。现在，环视中东各国，美国认为只有伊拉克有能力消化这些难民：伊拉克只有2500万人口，石油资源在全世界数一数二……如果美国能在伊拉克建立一个听话的亲美政府，那么，伊拉克就能帮助美国解决这个最棘手的问题，为巴以和谈取得突破性进展做出贡献。但是，事实证明，美国要想在伊拉克建立这样一个听话的亲美政府非常困难，而且极有可能失败。

本报记者：伊拉克战争给中东国家带来了怎样的影响？

朱威烈：伊拉克战争给中东国家造成了巨大的震动。他们已经开始全面反省自己的内政外交政策，并提出了进行有阿拉伯特色的改革的口号。

我今年12月4日至5日在黎巴嫩出席了一个高规格、大规模的"阿拉伯思想论坛"研讨会。会上，阿拉伯各国的首脑、专家和学者集中探讨了阿拉伯世界的政治、经济、文化的发展前途及对外关系，包括阿拉伯世界与美国、欧洲、亚洲、非洲的关系。他们不断地审视这些问题，富裕的阿拉伯国家为什么经常挨打？今后该怎么办？如何整合阿拉伯世界的人力、物力、财力和智力，拓展与世界各国的交往？阿拉伯国家已经准备励精图治，进行符合时代潮流又有阿拉伯宗教文化特色的改革和发展，并公开接受民主、人权等国际社会通行的口号。此外，一个很值得我们重视的现象是阿拉伯国家反对恐怖主义的态度非常明确，那就是必须把伊斯兰教和恐怖主义严格区分开来。伊斯兰教义所主张的"宽容、公正和中间主义"、"反对极端"已经成为中东地区各国政府的重要价值取向，中东各国正在以它们自己的方式反对恐怖主义。

以巴谈判:"路线图"计划起步阻力多[①]

伊拉克战争主要战事结束后的4月底,美国正式抛出了由美、俄、欧盟和联合国商定的"路线图"计划,要求以巴停止暴力冲突,恢复和谈,最终在2005年建立独立的巴勒斯坦国。

一 "图"出来多方赞同

"路线图"糅合了2002年3月下旬阿拉伯国家首脑会议一致通过的沙特王储阿卜杜拉亲王提出的和平倡议中的要点,具有较大的合理性和可行性,因而受到国际社会和地区国家的欢迎和赞同。为落实"路线图",今年6月下旬,布什总统作了他上任以来的第一次中东之行,分别会晤了阿拉伯国家领导人和以巴总理。此后,美又采取敦促、资助、派员斡旋等多种措施,频频与沙龙总理和巴第一任总理阿巴斯沟通、会谈,竭力推动路线图计划起步。但时近岁末,我们看到沙龙总理迄今还未与巴新总理库赖会谈,双方间的暴力冲突依然时伏时起。

[①] 本文载于《新民晚报》,2003年12月31日。

一 "路"受阻原因复杂

半个多世纪来，巴勒斯坦问题一直是阿以冲突中的核心问题。进入新世纪以来，人们更认识到，不解决巴勒斯坦问题，中东就不可能有真正的和平、安全和稳定，反恐也不可能做到标本兼治。"路线图"问世八个月来进展甚微，原因颇多，如沙龙政府仍坚持强硬政策，不停建隔离墙，不拆除非法犹太定居点，不撤出它近年重新侵占的巴土地；巴各激进组织则不愿在以方未放弃"定点清除"政策的情况下签署"免费停火"协议，也不愿现在就授权库赖政府代表它们与以谈判；对以巴温和派在瑞士签订的"日内瓦倡议"文件，阿拉伯有关国家对其中巴难民的"就地安置"内容，反对态度甚是激烈，等等。

一心促"和"还靠多方

然而，我们也应看到，国际社会和埃及等地区国家最近在不断加大推动"路线图"计划的力度，以巴、以埃的内阁级官员已开始接触，12月10日在罗马召开的14国援巴国际会议上，意大利外长代表欧盟要求以巴尽快落实"路线图"计划第一阶段（原定到今年5月底结束）的目标，世界银行代表允诺将向巴自治权力机构2004年度的财政提供6.5亿美元，另还将资助4亿美元，作为人道主义和发展援助，美国中东特使伯恩斯称，美将对巴援助2.5亿美元。这些举措和进展，对巴权力机构整合内部各派，推动路线图计划都是有利的。眼下的关键在以方，即要看沙龙政府能否协调以内部的舆论，尽快决定停建隔离墙，停止对巴袭击，不背离"路线图"另搞一套。

伊拉克战争已使中东的焦点转向伊战后重建。"路线图"计划作为世界绝大多数国家都支持的解决以巴冲突的基本方案，尽管今年因缺乏必要条件和信任而举步艰难，但只要国际社会特别是美国和地区国家坚持共识，逐步推进，新的一年中是可能会有起色和进展的。

阿盟改革提上日程
倡议众多尚待协调[①]

从今天起，阿盟将在埃及开罗尼罗河畔的总部召开成员国外长会议。它实际上是定于3月29日在突尼斯举行的阿拉伯国家首脑会议的预备会议，主要议题是：在当前形势下，这个成立于1945年3月、拥有22个阿拉伯国家的区域性组织应如何进行改革。外长会议将拟订方案，交首脑会议讨论。

伊拉克战争后，美国为进一步巩固它在中东的主导地位，一面坚决主导伊拉克的政治、经济、文化重建；一面迅速拉开"改造中东伊斯兰社会"的序幕。前不久，美国向阿拉伯国家提出了名为"大中东"的民主改革计划，既规定目标任务，也许以物质利益。此外，欧洲国家如英国、德国也对阿提出了建议。

可以说，阿拉伯国家面临的压力已越来越大。它们虽不甘心听任美国摆布，对美的颐指气使也强烈不满，但通过伊战，对照东盟、欧盟的发展和"非统"向非盟的转变，毕竟也深感已滞后于全球化的进程，意识到只有改革才能图强。去年12月上旬，阿盟秘书长穆萨就曾在贝鲁特召开的"阿拉伯前途"研讨会上公开表示阿盟必须改革，还讲述了阿盟的困难、问题和改革的建议。在这次外长会议前，阿盟已

---

① 本文载于《解放日报》，2004年3月3日。

准备了一套改革方案和9份附件，内容包括建立阿拉伯议会或协商会议、阿拉伯安全委员会、阿拉伯法庭，调整阿盟决策和实施机制等。

从披露出来的情况看，目前除阿盟的方案外，还有"沙特—叙利亚—埃及三国方案"、"海湾合作委员会方案"以及埃及外长单独提出的"四点方案"。这些方案的共同点是：1.都强调要跟上世界发展的潮流，认为有必要继续政治、经济、社会的现代化进程；2.强调改革应源于自身的需要，而不接受由外国强加的特定模式，但表示愿意在改革过程中开展与美欧的对话；3.强调改革要符合阿拉伯文化、宗教传统和开明的民族主义价值取向，要保证公正，结束对巴勒斯坦的占领，建立独立的巴勒斯坦国，并维护阿拉伯各国的主权和领土完整等。

但阿拉伯国家之间又存在着各种分歧和矛盾，如"沙叙埃三国方案"就反对利比亚提出的建立阿拉伯联盟，认为这并非发展而是要取代现在的阿盟（阿拉伯国家联盟）；海合会国家感到建立安全委员会的提议无法落实，因为目前卡塔尔与巴林、也门与沙特的边界及科威特与沙特之间的中立区等问题都还未解决；又如，海合会要求也门和巴勒斯坦首先应对当年海湾战争时曾支持萨达姆侵占科威特向科正式道歉，或举行消除紧张关系的磋商；而科威特、卡塔尔、也门等一些国家因与美国签有反恐协议，又对沙叙埃提出的建立阿拉伯集体安全保障体系持保留意见。

预定要开两天的阿拉伯外长会议，除利比亚仅派常驻阿盟代表参加外，其他各国外长应都能参加。阿拉伯世界国家众多，地域广阔，又各有特点和利益。在当前既要攘外又需安内的形势下，能将改革提上日程，求同存异，努力协调彼此的立场，以加强阿拉伯的共同行动，无疑是一个良好的起点。但阿盟改革殊非易事，不可能一蹴而就，只有沿着正确方向走下去，才会逐步取得成效。

解读伊通过"临时宪法"[1]

2004年3月8日,伊拉克临管会通过的《临时宪法》的正式名称,叫(过渡阶段)《国家管理法》,它构建起了未来伊拉克政权的基本形式,确定了2004年6月30日到2005年底前选举、立宪的时间表,也规定了公民享有的基本权利。这部宪法实际上3月1日就已形成,只因临管会内部存在分歧而推迟了签字,内容上并无改动。

民主获得保障 争议达成妥协

这部历经磨难的临时根本大法的诞生,为伊拉克人按照既定计划在6月30日接管政权扫清了主要障碍,是伊拉克政治重建道路上具有历史意义的一步。

首先,这一临时宪法确立了未来伊拉克自治政府的框架,规定了未来的伊拉克政府将采取总统与内阁总理分权的体制,为伊拉克恢复主权和建立民主政府奠定了基础。

其次,《临时宪法》还为大选设定了明确的时间表,从而弥合了各派的分歧。按规定,正式的大选应在2005年1月31日前举行,首次大

---

[1] 本文载于《新民晚报》,2004年3月12日。

选将选举产生一个全国委员会，然后由该委员会推举产生首届过渡自治政府，由过渡政府制定永久宪法。此后，伊拉克还将举行第二次大选，直接选举产生正式政府。

再次，新宪法明确规定了公民所享有的言论、集会等自由权利，为饱受战乱之苦的伊拉克民众描绘了值得期待的政治和社会前景。在《临时宪法》的60多项条款中，有关权利法案的条款有13条，这对渴望享有民主自由权利的伊拉克民众来说无疑是值得庆贺的消息。

同时，对于一些有争议、很有可能对伊拉克政治重建产生不利影响的敏感问题，伊拉克各派也初步达成妥协，并以基本法的形式体现了这一成果。比如，有关伊斯兰教在未来国家政治中的作用问题、有关联邦制的问题、有关库尔德民兵的去留问题等，《临时宪法》均有涉及并做出了一定的规定或安排。

国内：最大派别不满意

伊内部目前还存在着较明显的分歧。在8日的签字仪式结束后，临管会成员、库尔德民主党主席巴尔扎尼说："库尔德人第一次感到他们（与伊拉克的其他民族）平等了。"他对伊拉克将实行民主联邦制、把库尔德语和阿拉伯语并列为伊拉克官方语言等，都视为"令人满意的成果"。然而，占总人口60%的什叶派临管会成员的表现则十分令人瞩目。只派代表签字、自己拒绝出席仪式的伊斯兰革命最高委员会主席哈基姆说，《临时宪法》存在"重大缺陷"。临管会中的什叶派对《临时宪法》持保留态度的成员，从5名扩大到12名，他们发表声明，称这部宪法"反映的是假民主"，"掩盖了殖民主义敌人仍在图谋实现的用心"。什叶派精神领袖西斯塔尼更是把这部宪法称为全面"形成永久宪法的一道障碍"。临管会什叶派的5名成员还到纳杰夫去拜访西斯塔尼，以进一步听取指示。什叶派人抵制最强烈的是《临时宪法》中的两条：一是认为一个非选举产生的机构（指临管会）是不合法当局，怎么有权去行使未来选举产生的机构（指全国委员会）的职责；二是第三部分第61条的规定："如果不受三个省三分之二选民反对，永久性宪法草案公投便视为通过"，什叶派人士认为，这不啻给库尔德三省以否决永久性宪法草案的权力。

以上种种分歧，看来主要是伊境内的教派、民族对政府建构中的权力分配之争。但什叶派毕竟签了字，也表示不会组织新的游行，而是准备在今后解决关切的问题。

国际：各方都欢迎

对这部宪法，国际社会、地区国家和组织都已从不同的角度表示欢迎和祝贺。处于大选之年、深为伊重建步履踉跄所困的美国，尤为兴高采烈，因为它符合布什总统1月20日国情咨文中所作出的"准备在6月底实现向伊拉克全面交权"的承诺；其中的有关条款，如规定"伊斯兰教是立法的一个依据"，而非"主要依据"或"唯一依据"，这就保证了今后的永久宪法不会导致伊拉克出现一个像伊朗那样的政教合一政权；又如规定要"解散一切民间武装"，这不仅为消除眼下的伊反占领武装提供了法律依据，而且也将为取缔北方库尔德区的武装铺平道路，更令美国放心不少。

而俄、法、中、日等国和沙特、伊朗、巴林、约旦以及伊斯兰会议组织、阿拉伯海湾合作委员会也都先后对这部宪法表示肯定，认为它奠定了战后伊拉克的一个"法律基础"，有利于维护伊拉克主权和领土完整，也有利于它的战后重建和地区稳定。

自主意识明显　　未来悬念仍多

伊拉克战争爆发一周年了。从尽快帮助伊拉克摆脱战争后遗症，恢复社会秩序，人民能获得一个安全稳定的生存环境，重建自己的家园来看，这部《临时宪法》象征了伊政治重建的阶段性成果，已经受到伊拉克大多数民众、周边国家、大国、国际舆论和地区组织的支持，应是值得肯定的。

但与此同时，我们也看到，正当美国在向阿拉伯国家推行它的"大中东民主改革计划"的时候，伊拉克各阶层包括目前在行使职权的临管会，在讨论、通过这部《临时宪法》过程中，正越来越表现出挣脱占领当局意旨的束缚，力争自己当家做主的倾向，伊拉克固有的民族宗教文化价值观也越来越清晰地显现出来。当前，伊拉克和阿拉伯国家都不会排斥民主、改革、人权等口号，但却一定会强调这些概念的本土化，会坚持独立自主地主导其实施过程。

此外，从伊拉克《临时宪法》并未对6月30日美英占领当局向伊交权后的"临时政府"的组建方式、规模、权限等做出明确规定看，今年7月至明年1月31日期间的伊权力机构还很模糊。美军已通过换防，仍在伊驻有十多万兵力，它欲把军事占领转变为军事存在，是与伊的"临时政府"、明年1月的"过渡政府"，还是与明年年底产生的伊拉克"正式政府"商谈并签协约，也都还存悬念，有待人们继续关注。

一场不容再重演的战争[1]

去年的现在,美英联军终于背离了世界600多座城市一千多万人反战游行所代表的主流舆论和民意,抛开了联合国安理会这个管理国际危机的合法机构,发动了伊拉克战争。一年来,美军占领了伊拉克,抓住了萨达姆,取缔了执掌伊前政权的复兴社会党,也一直牢牢把持着伊战后重建的进程。然而,这毕竟是一场逆时代潮流而动、强加给中东地区的浩劫,一场缺失国际法理的军事行动。美英政府当时振振有词地宣称,伊前政权与"基地"组织有联系,拥有大规模杀伤性武器,但至今查无实据,这不仅导致了频频震撼美英两国政府的情报门事件,而且也在世界战争史上留下了极不光彩的一页。

一年中,美国全球战略中的首要任务"反恐",并没有由于美在伊拉克军事行动中的胜利而取得进展,相反,伊战倒给了"基地"组织以可乘和喘息之机。"基地"组织一面将触角伸入到社会秩序迟迟难以恢复的伊拉克,成为袭击联军当局、伊警察、平民甚至国际机构的主要武装力量之一;一面在沙特、摩洛哥、土耳其以及东亚和欧洲国家,不断地制造爆炸事件,殃及无辜,致使国际反恐形势更趋严峻,任务也更加复杂和繁重。

美在伊战事基本结束后的十个多月时间里,先后抛出了路线图计

---

[1] 本文载于《新民晚报》,2004年3月19日。

划，10年内建立美国—阿拉伯国家自由贸易区计划，中东伙伴计划，以及最近格罗斯曼副国务卿在兜售的大中东计划。这显然是想凭借战争的胜利，通过软力量的配合拉开"民主改造"阿拉伯国家、伊斯兰世界的序幕，目的是全面整合和控制中东。但是，无论是伊战后重建，还是"民主"改造中东，美国都遇到了巨大的阻力和困难，它已多次表现出寻求包括反战国家在内的国际社会和国际组织参与和支持的倾向。但是法、德、俄等大国，地区国家和联合国至今出言表态仍十分谨慎，因为伊战毕竟是美国在新世纪追求建立绝对安全和绝对优势的新帝国过程中，单边主义急剧膨胀的表现，美若不彻底改弦更张，仅仅出于国内大选的需要，想让别国出钱、出力、出军来为它的利益服务，岂非真的把自己当成了世界的主子，别人都成了仆从？何况，旨在解决中东核心问题巴以冲突的路线图计划，始终没有取得进展，阿拉伯国家、伊斯兰国家又怎会信任美国，去接受一个美国强加给它们的改革方案呢？

伊战标志着美国对外战略的重点已移至中东，美国与中东阿拉伯、伊斯兰国家间的打压与反打压，控制与反控制，强行改造和自我改革的矛盾和斗争，已经展开，并将长期持续下去。同时，伊战的实践也清楚地表明，单边主义、用武力更迭他国政权，不仅必然遭到国际社会的拒绝和谴责，就是在自己国内，也越来越难以得到民众的认同，因此，它决不应该也不可能成为一个今后可以沿袭的案例。

天方访旧雨[①]

学习阿拉伯语专业的人，没有不想到沙特去访问的，因为沙特阿拉伯不仅是伊斯兰教的发祥地，也是联合国通用语言——阿拉伯语的故乡。

沙特的伊斯兰圣城麦加，在我国史书上，称为"天房"。元代刘郁《西使记》载曰："报达（今译巴格达）之西，马行二十日，有天房……经文甚多……辖大城数十，其人富实。"天房，是阿拉伯语"克尔白"一词的意译，指麦加禁寺中的一座方形石殿。明代以降，始有"天方"一词出现，系由"天房"演绎而来。《明史·西域列传四》中记述："天方，古筠冲之地，一名天堂，又名默伽。"随郑和出使的费信在他的《星槎胜览》中，把天方称为天方国，泛指阿拉伯地区。我国《一千零一夜》旧译《天方夜谭》，当缘由于此。四十多年前，我进北大东语系学习，之所以选择阿拉伯语作为专业，也多少受了这本名著的影响。如今，如果要将"天方"一词还原成阿拉伯语，直译出来恐应当为"克尔白的国度"，主要指拥有麦加和麦地那两座圣城的沙特阿拉伯王国。

我曾有幸三度踏访沙特这个古名"天方"的国家。前两次的访问，都是由20世纪90年代中期沙特第二任驻华大使尤素福·迈达尼先生安排的。

癸未年末，上海市外经贸委受中国商务部委托，在沙特阿拉伯首

---

① 本文载于《新民晚报·新民环球》随笔专栏，2004年3月26日，第5版。

都利雅得举办"2003年中国商品展"。我有幸受邀,躬逢其盛。这次展会被沙方官员和中国驻沙大使誉之为"沙特国际展馆举办的最高水平商展","中沙建交以来的一次创举"。开幕式毕,因对接下来的商务洽谈不便置喙,遂抓紧时间去看望了沙特的几个朋友,其中特别令我欣慰的是与尤素福·迈达尼先生的重逢。

我与迈达尼大使的第一次见面,是他1995年到任后不久,由他多次来电预约的。

迈达尼大使与许多阿拉伯上层人士一样,见面是见面,宴请另约。那次见面,从上午10时谈到近12时,主要是他问我答。除介绍一些中国阿拉伯语言教学的情况外,还说了不少"坦率"的意见,如中沙间的交往应包括政治、经济、文化等各个层面,而不应限于宗教;中国学者对沙特不甚了解,不仅因为缺乏文化、教育的沟通渠道,而且连基本的图书杂志都看不到。迈达尼大使个头不高,但很精神,待人态度和蔼,也很诚恳。他一直微笑着听我侃侃而谈,不时提些问题。他最后表态说:"看来,我们失责了,我想做个务实的大使。沙中关系十分重要,希望能得到中国学者的帮助和合作。"

大使约我第二天共进午餐,我说要赶航班恐怕时间上来不及。他说就安排在机场旁的餐厅,饭后由他送我上机场。那次午餐,他还请了中国社科院、北大、北外三位教授作陪,都是我北大的学长。午餐中,我特地谈到了我们共同的老师马坚教授,说马先生是一生致力于阿语教学、翻译和研究的先驱人物,我参加了当年6月北大举行的纪念马坚先生90诞辰会后,见到过马师母和孩子们,他们依然是那么清贫。马坚先生翻译的《古兰经》沙特也已出版,但他的家属却未拿到任何酬劳……大使当时很感动,说"我从你们几位身上,懂得了什么叫中国'师道'。我一定会为马坚先生的家人做点事。"

我后来听说,大使专门请马师母到使馆,不仅代表沙特表示了心意,而且承诺出版马坚先生全集。此后,他又几次委托过我组织中国阿拉伯语教授和学者去参加沙特王储举办的"杰纳迪里亚文化遗产节",我也曾两次接待他来沪赠书。我到京只要被他知道了,就得去坐坐。沙特要人来沪,甚至是沙特农业水利大臣访问杭州,大使都要我作为沙方客人参与。

迈达尼大使对推进中沙两国的全方位合作,确实做了许多有意义的事。迈达尼是军人出身(少将),早在中沙建交之前,就是中沙有关合作项目的沙方组长。他是沙特王室为推进中沙双边关系特地从外交部系统之外遴选的大使。在他任内,中沙元首实现了互访,两国建立起了战略合作关系。只是,他寄希望于我推动的山东炼油厂项目、中国电力公司参与沙特五省电力联网项目投标、翻译出版《阿拉伯全球大百科》等工作,因各种原因而未能如愿。

迈达尼大使离任回国后,任沙特协商议会议员,曾于2002年陪同议长访华,到沪时我正好要上机场,是拖着行李箱到新锦江匆匆见过一面。这次,我到了利雅得,总算有机会可以一叙别后。

大使先到我下榻的万豪饭店来看我,一身黄色阿拉伯长袍,依然步履沉稳,精神矍铄。他先邀我晚上到他寓所用晚餐,然后谈了近一个小时。他详细询问我的近况,他熟悉的中国教授、学者的情况,流露出真挚的关切、思念之情。晚上,他换了一身装束来接我。

利雅得入夜,华灯通亮,街上车水马龙,看不出恐怖主义骚扰的迹象。他的家坐落在一个高级住宅区,我问他是什么街几号,他笑着边走到对面邻居家门前去看门牌,边说:"我真的不清楚。"倒是他的司机告诉了他。沙特人的名片上,只有信箱,没有地址。邀请家访,只能派车接送,打的除非自己认路。

大使的寓所像个小城堡,有好几个客厅。他首先领着我参观一间80平方米大小的中国厅,里面满是中国陈设:两套红木座椅,一旧一新,书橱、茶几、景泰蓝和大小瓷花瓶、地毯、织锦缎靠垫等等,都是地地道道的中国货。显然,他出任驻华大使后,是真的喜爱上了中国文化。他很得意地说:"我请亲戚朋友到家里来,都坐这间客厅。"他特别珍视与我国领导人的合影,有的放大了装在镜框里;省市领导人送他的一些礼物，如木雕、刺绣画等，也一一精心摆放。这些照片和物件，想来都已在他的脑海里留下了一段段愉快的回忆。

我们边吃边谈，海阔天空，从家事、国事到天下大事，虽有轨迹，又无边际。

他有六个孩子，自称是标准的沙特家庭，大的三男一女都已成家，陪同用餐的两个儿子，一个读大三，一个读高一，都彬彬有礼。大使本人毕业于英国桑彻斯特军事学院，他的老三却是法国的军事学院毕业生，他解释说，可能今后与法国的军事合作倒会加强。

对于沙特的政治、经济形势，大使持乐观态度，认为尽管反恐任务艰巨，但政府的态度很坚决。我则称赞沙特当局已意识到清真寺教长演讲的重要性，因为清真寺乃是伊斯兰社会最重要的基础，演讲是弘扬和平、正义、宽容和中间主义，还是主张暴力、激进和极端，是关系到反恐能否做到正本清源、标本兼治的关键问题之一。在对单边主义、强权政治、伊拉克的安全和稳定等方面，我们的看法很相似。最能形成的共识的，是要加强中沙双边和中国—海合会国家的双边合作。他说，他的工作现在转到政治委员会，可以更多地关注国际事务，就他本人而言，在对华关系上应能做点事。我告诉他，上一日沙特费萨尔国王伊斯兰研究中心秘书长请我在内志饭店午餐，建议举办沙中关系研讨会，希望迈达尼大使和沙特现任驻华大使参与，他是否同意？迈达尼笑了，说："怎么会不同意？到时候不是又能与你见面了吗？"他的中国情结溢于言表。他又说，明天将带两个儿子去参观中国商品展，就是不买东西，看看中国朋友和中国的发展和进步也好，何况他这两个儿子都在北京生活过，都对中国怀有美好的印象。

出门之时，已是满天星斗。大使又坚持要带着儿子送我回饭店。算起来，我与迈达尼大使的交往已逾八年，这次真可谓是他乡遇故知。临别时，我对大使说："上海市周禹鹏副市长说了，今后还要率更大的商务团来沙特。中沙的经贸、能源合作前途广阔，相信我们一定会有机会在中国或沙特再见的。"

> > > > 中东研究管见 > > > >

开辟能源之路[①]

伊拉克战争后，由于世界经济复苏，各国对能源的需求大幅度增加。据国际能源署估计，今年发展中国家的石油需求，将达到1997年以来的最高水平，特别是中国、印度、泰国和越南。面对发达国家和发展中国家激烈的资源争夺，如何充分利用国际市场，积极拓展发展空间，特别是加强与中东国家的能源合作，也已成为保障我能源安全的重要课题。

我国2003年进口原油9113万吨，扣除出口800多万吨，净进口为8299万吨，约占总消费的36%，已居世界石油消费国的第二位。今年2月10日欧佩克在阿尔及利亚开会时做出决定，从4月1日起减少原油日产限额100万桶，并削减现超额生产的150万桶，总计减少原油生产250万桶，致使今年一季度的国际原油价格始终在高位震荡不下。对此，我国今春以来，已大大加快了应对。一方面积极研讨，如2月26日—27日北京举办了"2004中国石油市场研讨会"，邀请20多家中外石油企业、银行和科研机构对我主要油品的市场需求和供应，进行分析和预测，并积极酝酿部署开设国内石油期货市场，参与国际石油期货交易，以规避油价波动的风险，争取今后在国际石油定价上拥有一定的发言权；另一方面，也切实采取措施，正式启动了我国已论证多

[①] 本文载于《东方早报》，2004年4月29日。

年的石油战略储备计划，预定到明年底建成相当于35天原油进口量的战略储备，到2010年增至50天。在4月26日胡锦涛总书记主持的政治局会议上，更是明确把"煤电油供应趋紧"列入了"必须高度关注和妥善解决的发展中的矛盾和问题"。深入一点看，为实现全面小康社会的战略目标，能源保障已成为一个"瓶颈"，能源安全已直接关系到我全面、协调和可持续发展的国家核心利益层面。

如何把握和构筑我国在世界石油市场（包括勘探开发市场）的发展战略，我国不少专家都强调石油进出口（包括油品、来源地和进口方式等）的多元化乃是一种经典式的安全策略，同时也都认为，结合现实需求和国际形势的变化，中东尽管动荡多事，却仍然是我国石油来源的战略重点。

从去年我原油进口来源的结构看，俄罗斯占5.8%，哈萨克斯坦占1.3%，亚太地区占15.2%，大头是在中东（50.9%）和非洲（24.3%）。如果把从中东国家进口的5288.09万吨加上非洲阿拉伯国家中的苏丹625.84万吨，利比亚12.89万吨和阿尔及利亚12.85万吨加在一起，那么，我国从阿拉伯国家和伊朗的进口总量就达到了58%。

进入21世纪以来，中东国家面临着愈来愈大的美国压力，一直在努力加强发展与欧盟和中国的关系，以求得平衡，保持稳定。阿拉伯国家在"9·11"事件发生后不久，即倡议设立"阿中合作论坛"。经过两年多的研究，胡锦涛主席在今年1月30日访问阿盟总部时，已正式宣布"中阿合作论坛"成立，并提出了发展中阿新型伙伴关系的4点原则。其中第2点"以共同发展为目标，密切经贸往来"，所涉及的经济内涵，实际上就包括了能源合作层面。2003年我国与阿拉伯22个国家和地区的贸易额为250多亿美元，比10年前增加了10倍，比2002年增加了43.33%，阿拉伯国家已成为我第6大贸易伙伴。正是在中阿双方政府、民间团体如友协、商会等的大力推动下，我国企业已开始把中东视为我实施"走出去"战略的重要地区，我石油企业与沙特、阿曼、苏丹、也门、阿尔及利亚等国的能源合作正不断取得进展，并保持着良好的发展势头。

90年代中期以来,我国为强调中东地区在我外交中的重要性,曾将其定位为"我周边战略的延伸"和"我大周边战略的组成部分",只是今天来看仍具有一定的模糊性。当前,如按照国家利益划分为核心、重要、一般三个层面来做界定,那么,就能源对我实现现代化建设第三步战略目标——全面建设小康社会所具有的分量和影响而言,中东在我外交中的地位应还需作进一步提升。

专访：伊拉克局势[①]

进入2004年4月以来，伊拉克反美抵抗运动声势炽盛。临近6月30日美军交权前的两个多月里，伊拉克局势扑朔迷离，美国会按时交权吗？联合国会介入吗？今后是两支军队还是一支军队？临时政府的组建方式、规模、权限是什么？谁来推举总统候选人？是由目前临管会和各省临管会派代表吗？什叶派为何发泄不满？有没有可能由逊尼派和库尔德人组建联合政府？美国对逊尼派的态度是否有所改变……日前，本刊记者采访了上海外国语大学中东研究所所长、资深学者朱威烈教授。在同朱教授交谈中，他思考的这些问题也成了我们关注的问题。

6月30日美国会交权吗？联合国会不会介入？

如果不出现重大事件，美军6月30日交权应该没有问题，因为这直接关系到布什总统能不能取信美国选民。从伊拉克战争结束到现在，美国的单边主义表现出一些弱化的趋势，而不是在进一步强化。布什

[①] 李巨川："伊拉克局势——6月30日前后值得关注的……——与朱威烈教授一席谈"，载《世界知识》，2004年第9期，第32—34页。

政府由于至今找不到发动伊拉克战争的证据，已在国内陷于被动，在这种情况下显然有追求多边合作的需求。美提出请北约参与对伊拉克的维和行动，还希望联合国尽快接管伊拉克的维和工作，近日又决定派美国驻联合国大使内格罗蓬特接替驻伊拉克的最高文职长官布雷默，都证明布什政府在加快调整部署。

人们普遍关注安南秘书长的特使卜拉希米所制定的伊拉克临时政府组织方案能不能在联合国安理会上通过，成为一份新的决议，这关系到今后在伊拉克存在的是两支外国军队（美英联军和联合国维和部队）还是一支？如果是两支部队，它们如何分工，谁领导谁？当然，不能排除将来北约部队进入伊拉克的可能，如是那样，美国会把它的联军部队跟北约部队合二为一。毕竟在北约组织里美国一直占据主导地位，至于总司令是谁，美国不会太计较。眼下联合国安理会对这一决议已经进入磋商阶段。这份协议应会反映安南的意见，也会考虑周边国家的意见、联合国五常的意见，以及国际舆论。

从安南秘书长最近的表态看，他认为美英联军当局有责任维护伊拉克的社会治安，也有责任保护伊拉克的平民。这是否说明在美军没有解决好伊社会治安之前，联合国并不愿意把它组建的维和部队派进去？至于6月30日的交接仪式，我认为联合国是极有可能派代表参加的，这一过程需要联合国的见证，联合国也有责任去观察美国是否真的将权力交到伊拉克人民手中。何况，将来国际社会要听的是联合国的表态，而不是美英联军当局的表态。

有哪些不确定因素？

按照临时宪法确定的时间表，伊拉克在美英占领当局于6月30日交权后将先后出现三个政府形态：今年7月7日至明年1月31日——临时政府，明年2月1日至明年12月31日——过渡政府，2006年开始后——正式政府。后面两个政府都将通过选举产生，不存在问题。现在的关键在于，临时宪法对临时政府如何产生，即临管会如何过渡到临时政府，没有做出明确规定；临时政府的组建方式、规模、权限是什么，也不明朗。现在普遍认为是在临管会的基础上，扩大它的规模，再增加它原来所缺乏的社会阶层，如党派、宗教派别。临管会成员目前的比例结构是13∶5∶5∶1∶1即十三名什叶派代表、五名逊尼派代表、五名库尔德人、一名基督教徒、一名土库曼人。以后是否按这个比例进一步放大10倍或20倍，然后选出总统、副总统和内阁？临时宪法规定，未来政府实行总统与内阁总理分权的制度，设一名总统、两名副总统，由总统任命内阁和总理，但是两名副总统必须有权对总统的权力进行限制。问题是由谁来推举总统候选人，是由目前临管会和各省临管会派代表吗？还是联合国？这点并不清楚。如何选副总统、部长，也没有明确规定。目前临管会里主要负责起草宪法的人叫阿德南·巴加吉，他是不是已在起草一个包括程序、规模在内的文件，值得关注。所以说，6月30日的交权仪式在很大程度上象征意义将大于实际意义。至今，美方已把卫生部、教育部的权力交了出去，接下来可能还会移交几个部，保持一种它愿意交权的姿态。

距6月30日交权日期还有两个多月时间，我认为很难作乐观的预判，因为伊拉克民众的民族情绪、什叶派的权力要求是否能够控制得住，是否能够得到满足，这些都还要看。

什叶派为何不满？

进入4月以来，伊拉克的抵抗运动势头明显上扬。其实，什叶派的不满由来已久。3月8日伊拉克临时宪法通过以来，虽然什叶派的代表——13名临管会成员都在上面签了字，但在签字仪式后立即对临时宪法表示不满。什叶派认为，临时宪法没有保障占伊拉克人口60%

的什叶派在今后伊拉克政治生活中的权位，临时宪法的条款明显向拥有三个自治省的库尔德人倾斜，如将库尔德语和阿拉伯语并列为国语（官方语言），伊斯兰教仅作为立法的一个依据而未能成为唯一的依据。此外，临时宪法规定的过渡政府设立一名总统、两名副总统，也与什叶派曾希望设立的四名副总统有差别，什叶派希望有更大发言权的企图没有实现。

什叶派长期处于社会底层，遭受伊拉克前政权镇压，现在他们的要求究竟有多高，今后的安排如何适应或基本满足他们的要求，是个难题。什叶派、逊尼派和库尔德人之间的权力如何协调，在内部能否达到一个平衡点，也是难题。美国方面十分担心的是，如果什叶派掌权的话，伊朗的影响会凸显，在这一地区会出现两个什叶派国家，临时宪法不把伊斯兰教作为立法的主要依据或者唯一依据，就是为了避免再出现一个政教合一的政权。如果伊未来政府权力结构按照等值的比例扩大，什叶派会占有优势，不过即使是什叶派人当总统，临时宪法规定的两位副总统也是有实权的，它要分掉总统相当一部分权力。

目前，伊拉克境内无论是食品、药品供应或其他的生活状况，并不低于萨达姆统治时期。另外，原来预测的一旦美国发动伊拉克战争将会造成伊数百万难民外逃的情况，也没有出现。相反，在伊战结束以后，已有120万伊拉克境外难民回到了国内。这说明武装抵抗不是出于经济原因，而主要是政治层面上的问题。不过，当前从伊拉克人民的根本利益着想，即使有分歧意见，也不应采取暴力手段来解决他们的参政要求，因为毕竟伊拉克人民最需要的是国内的稳定和安全，是美军尽快把权力移交到伊拉克人民的手里。这应该成为我们看问题的一个基本出发点。就此而言，手段的选择很重要，暴力手段在当前显然不如谈判更合时宜。目前的这场抵抗运动或会随着月日的临近而逐步趋缓。但可以预见的是，伊拉克民众的各个派别跟美军之间的矛盾、冲突、分歧肯定会长期存在，会此起彼伏。

对逊尼派的态度是否改变？

谁最有可能当总统，依照传统，会是逊尼派掌权，但从人口比例看，又应由占人口多数的什叶派掌权，这里要看怎么把握。美军在这次平息武装抵抗运动的过程中，曾派出一个营的刚训练好的伊拉克警察部队，但其中约有20%到25%人不配合，引起美英联军的极度不满。今年1月上旬美国国防部长拉姆斯菲尔德访问伊拉克的时候，这支约22万人的伊拉克部队还受到过表扬，被称为是伊拉克的骄傲。对这次让美军很"失望"的行为有两种看法，联军当局认为主要是这些警察胆怯、恐惧、害怕；而伊拉克士兵认为，任务不明，军队的任务是保卫边疆，警察部队的职责是维护治安，分工必须非常明确。事实上，其根本原因就是伊拉克人不愿意打伊拉克自己人。在这之后，联军启用了一些前政权的高级军官。这说明伊拉克战争刚结束时美军把原有的伊拉克军队全部解散，把所有的复兴党员都推到对立面去的做法，现正在作一些调整，反映了对原来处于领导地位的逊尼派人的态度也在发生一些变化。这或许预示着在今后的权力结构中，逊尼派仍有可能占据比较重要的地位。

维持伊拉克原有权力传统的话，逊尼派应占据主要领导地位，但也有可能为了体现临时宪法规定的"联邦"色彩，将来在内阁部长人数或有关机构负责人的人数方面，须让什叶派占的比例多一些，使什叶派感到确实已改变了原来的历史状况，从长期处于被统治的社会层面翻身了。这些都很值得我们关注。

要关注哪些人、哪些党派？

一般来说，将来的总统人选应该是与前政权的瓜葛比较少、很早就离开了伊拉克、和伊拉克人民没有历史恩怨的人。从党的系统来看，在复兴社会党被取缔以后，伊拉克境内目前比较有影响的党是伊拉克伊斯兰党，其领导人是穆赫辛总书记，他跟阿卜杜勒·阿齐兹·哈基姆领导的什叶派之间的关系比较密切，在民众当中的支持率已超过五成；教派方面，哈基姆担任主席的伊拉克伊斯兰革命最高委员会也值得重视，他还拥有一支约一万人的武装。沙拉比虽是美国方面很看重的人，曾任伊拉克国民大会的主席，但他有一些历史旧账，声誉不佳。总统人选现在看还不知道能否由库尔德人担任，但是库尔德爱国联盟和库尔德民主联盟都是很有影响的派别，不容轻视。

美国选择怎样一个国家做样板？

从目前来看，中东国家在伊拉克战争后已经出现了不同于过去的价值取向，它们愿意改革，但不希望强加，当然也有一部分国家可能会保持他们原有的意识形态选择，像伊朗、叙利亚、黎巴嫩等。总的来讲，中东国家都在发生变化，似可称之为处于转型期。中东国家的社会转型是被动的还是出于自觉，这说来话长，重要的是它们在发生变化，改革已成为它们的一个主要话题。围绕改革，地区的各种变量会不断显现，改还是不改，改什么，触动执政权力还是不触动，是跟着美国改还是自己改，它们面临很多选择，但也有很多的机会。国际社会也好，美国也好，欧洲也好，都已经表示要推动这次改革，愿意提供必要的资源来支持进行改革。在这一过程中，中东社会正进入一个变动的过渡期。

美国当然希望伊拉克在这个变动过程中成为美式改革的样板，能不能如美国之愿，我看很难。因为对伊拉克民众的复杂性，美国了解得不多也不深。事实上，伊拉克恰恰是一个比较难搞的典型，它不是一个地区小国，而是一个地区大国，是一个有光荣历史的地区大国。

在阿拉伯历史进程中，阿拔斯王朝的时间很长，从公元750年到1258年，历时五个多世纪。在这期间阿拉伯文化达到鼎盛，创造出了灿烂的阿拔斯文化。伊拉克的民族自尊心、荣誉感都很强，一直有当地区领袖的愿望。伊拉克在第一次世界大战后始终不平静，现在要搞一套西方式的民主，实际上是对过去的强人政权、强权统治反其道而行之，是否能被伊拉克人民接受并适应，能否保持社会稳定，看来都会有很大的难度。

巴以和谈变数犹存[①]

2005年1月10日，巴勒斯坦人民终于选出了第二任民族权力机构的主席马哈茂德·阿巴斯。这是一个令人鼓舞的起点——他将继承阿拉法特的遗志，肩负起与以色列刚刚完成重组的沙龙政府谈判的重任，最终实现巴独立建国的宏伟目标。选前，地区国家和国际社会都对阿巴斯—沙龙恢复和平进程寄予厚望，他俩也都认同了对方的谈判伙伴身份。可以说，巴以重启谈判的基本条件业已具备，在接下来的日子里，能否逐步形成谈判成功的充分条件，要看巴以双方是否拥有克服重重困难的决心、勇气和智慧，看地区国家和国际社会是否能及时提供必要的支持和保障。

巴勒斯坦问题已持续半个多世纪，由于始终得不到全面、公正、持久的解决，而使中东地区长期处于剧烈的动荡之中。阿巴斯出任主席后，人们势必将高度关注他对实现中东和平和巴建国提出怎样的设想和部署——他对巴内部各派力量的整合，与谈判对手以色列的协调和较量，以及如何争取阿拉伯国家、世界大国特别是和平进程主导者美国的支持。

---

① 本文载于《人民日报》，2005年1月11日。

巴内部对以态度难一致

相对巴其他领导人,阿巴斯明显具有资历、经验、声望等方面的优势,但还未达到阿拉法特在世时那种一言九鼎的权威地位。要让巴内部主战、主和两种势力趋于团结,元老派和青年一代齐心协力,他都得做大量工作,特别是怎样对待哈马斯和杰哈德等激进组织,更是不容忽视。在选举过程中,阿巴斯曾提出"终止起义军事化"(即"非暴力抵抗"或"停战")的主张。哈马斯、杰哈德和巴解中的"人阵"等坚持通过武装抵抗建国的组织均持异议,就连他任总理期间的内政部长达赫兰也表示"这个理念不符合巴勒斯坦实际","起义中巴人做出的牺牲、遭遇的破坏,虽不应夸大其成就,但从战略上看,对巴是有利的"。可见,在巴处于被占领状态下,要说服坚持武装斗争的派别单方面停火,仍十分困难。同时,阿巴斯在开展对以谈判之际,必须设法大力改善巴境内的经济状况。据世界银行评估,连续四年的巴以冲突已使巴经济濒于崩溃,巴人年均收入减少了约1/3,失业率由原先的10%上升至25%。对巴的国际援助,每年仅5亿美元,另有9亿美元须在巴方终止暴力活动和进行内部改革的条件下才能到位。此外,以方仍无意解除对加沙地带和约旦河西岸的封锁,这使巴人的行动和商品流通都严重受阻。巴人在上学、就医、打工等正常活动方面都无自由,经济又无望改善的情况下,又怎能意见一致地支持阿巴斯去与他们心目中的敌人谈判呢?

阿巴斯过多让步不容易

当前不少舆论把巴以恢复谈判成功的希望寄托在"阿巴斯会做出

重大让步"上。这其实是个认识误区。阿巴斯虽被公认为是巴方温和派领导人，但他也是一位成熟老练务实的政治家和谈判高手。当年他曾是"奥斯陆协议"谈判的巴方首席代表，这份协议既没有损害巴人的根本利益，也没有使以色列总理拉宾、美国总统克林顿感到过不去。

不久前，阿巴斯曾表示"接受巴以和平过渡协议"，但鉴于当前已无望回到2000年7月美巴以戴维营谈判达成的共识基础上，他与沙龙谈判的起点，看来只能是已被美国认可的作为"路线图"计划组成部分的以"撤离计划"（即沙龙2003年年底提出的"单边行动计划"），内容是以军撤出加沙地带和约旦河西岸北部，拆除加沙地带全部、西岸四个犹太人定居点，将7000名犹太人迁回以境内。阿巴斯得争取先有所得，以巩固自己的谈判地位。眼下沙龙联合政府已占据以议会过半席位，他的撤离计划已有望通过，只是四年来以色列的媒体和议会讨论、各种选举及民意测验的结果都表明，大多数以人对巴方缺乏信任，这份计划能否顺利实施，仍存变数。如果阿巴斯主席要求直接展开包括耶路撒冷地位、犹太人定居点、巴难民回归和永久边界四难题在内的最终协议谈判，那么，不仅阿巴斯的回旋、妥协空间极其有限，而且沙龙是否有意准备予以考虑，就更难说，因为对"路线图"计划本身，沙龙和以色列方面一直持保留态度。因此，对巴以谈判的艰难性和不确定性，实在不容低估。

国际社会支持仍是关键

截至目前，阿巴斯已基本获得了阿拉伯国家的支持，包括当年阿拉法特在海湾战争中得罪过的科威特和对他1993年单独与以签约曾深感不快的叙利亚和黎巴嫩。阿拉法特去世后，美、欧、俄、中等大国都派出高级官员与阿巴斯接触、沟通，并对他表示支持。主要问题在于布什政府虽多次表示支持巴建国，但也对恢复巴以谈判列出了条件，一是巴方停止一切反以暴力，镇压一切反以势力；二是建立一个美以可以接受的民主政府；三是进行彻底的教育改革，停止对青少年的反以宣传和教育，消除他们对犹太人的仇恨。巴以冲突由来已久，这些高门槛的条件显然是任何一位巴领导人都难以应允的，阿巴斯也不会贸然犯险。因此，阿巴斯将怎样处理巴美关系，布什政府在深陷伊拉克困境的情况下是否能对巴以谈判给予必要的重视和充分的支持，赖斯任国务卿后是否会对巴以双方执行一种相对平衡的政策，这些动态都很关键，值得人们关注。

新年伊始，巴以谈判即将重新启动，虽然前面仍然荆棘载途，但人们仍应祝愿巴以双方在国际社会的配合下，为缔造中东和平和建立起与以色列和平共处的巴勒斯坦国而营造气氛，务实努力，不断取得进展。

专访：中埃合作必须改变低效投资结构[①]

《21世纪商业评论》：胡锦涛主席去年出访埃及，签订一系列经济合作协议。中国为什么这么重视埃及？

朱威烈：加强中埃经贸合作既是培育外贸新市场的需要，也为中国企业"走出去"提供了便捷的通道。中美贸易额去年达到1600多亿美元，短期内上升空间不大，而阿拉伯国家已超过澳大利亚成为中国的第六大贸易伙伴，双方经贸合作存在广阔的发展空间。埃及具有优越的地理位置，又是区域大国，对周边国家的经济有很大的影响力。在中国政府鼓励企业"走出去"的战略规划中，阿拉伯世界和黑非洲都是重要地区。中埃政治关系友好，交易安全有保障，埃及的经济法律法规较完善，当地人对华人也比较友好，所以中国企业可以在埃及建立海外根据地。

《21世纪商业评论》：政府之间的交流是不是对中埃经贸合作起着决定性作用？目前中埃经贸合作的整体水平如何？

朱威烈：两国政府签订的一系列合作协议提供了稳定的政策环境，中埃经贸合作在今后几年内将进入一个稳定的上升期。2004年埃及政府改组之后，高层官员的年轻化趋势进一步明朗，开始有一些民营企

[①] 本文载于《21世纪商业评论》，2005年5月5日第9期，第145页。

业家担任部长，学者型官员也在增加，他们会为双边经贸合作提供稳定的政策支持。

不过，目前中埃经贸合作主要还是集中在简单的货物贸易，只有量的增加，双向投资非常少，缺乏质的飞跃。目前中国在埃及有限的几个投资项目基本都是由政府推动国企完成的，虽然近年来广东和浙江也有一些民企的考察团去过，但也都是由政府组织的。直到去年，惠通聚酯技术有限公司才开了中国民营企业进入埃及投资的先例，签订了1475万美元的聚酯成套设备项目合同。

《21世纪商业评论》：中埃经贸合作要想有大的突破，应该采取何种措施？

朱威烈：一方面应该增加双向投资的比例，另一方面必须优化投资结构，充分考虑双方产业的互补性。

中国现在有6099亿美元的外汇储备，2004年引进外资为600多亿美元，可对外投资只有30多亿。这么多的外汇资本不能白白闲置。反过来看，中东产油大国目前至少拥有8000亿石油美元，我们也应该考虑在一些大型项目上引进它们的资金。

目前中国对埃及的出口中工业制成品占90%以上，而埃及也在大力发展自己的制造业，两者之间难免会有一些冲突。从技术层面看，我们比他们先进些。如以家电产品为例，一般的电视机他们可以生产，但是纯平和液晶就不行，所以中国企业应该走高端路线，要充分考虑双方产业的互补性，避免恶性竞争。

《21世纪商业评论》：如何才能保证这种结构性调整尽早实现？

朱威烈：这需要国家和企业两方面的努力。从国家角度看，应该在埃及设立一个投资办事处为企业提供市场信息，提供资金和法律咨询方面的服务，同时加大宣传力度，加强双方企业间的交往沟通。

对企业来说，首先要转变思想，并非一定要到欧美投资设厂才算国际化，到发展中国家投资也一样是国际化的表现；其次要改变长期来打一枪换个地方的习惯，要有长远的发展考虑。从操作层面上看，企业在形成全球化的视野和意愿之后，还要有一支产研结合的队伍，要重视把资金投入到市场调查和产品研发中去，还要开展金融、保险、商品维修等配套服务，以期带动生产、设备和原材料采购的稳定增长。

单边行动后,是和谈还是冲突?[①]

以色列沙龙政府2005年9月中完成加沙撤离计划后,人们都在评估或揣测,这是否意味着持续多时的以巴冲突自此峰回路转,将进入和谈的轨道?然而,近一个月的现实表明,以巴双方和路线图计划的主要推导者美国,似乎都还没有做好准备。

单边行动赢得了美国的赞誉和国际社会的肯定,在伊斯兰国家和阿拉伯世界也掀起了一波"与以色列关系正常化"的浪潮。至今消息涉及的国家有巴基斯坦、印尼、马来西亚、卡塔尔、阿联酋、利比亚、摩洛哥、阿尔及利亚、也门和伊拉克。虽然这些当事国官方都竭力解释、澄清或否定,但以色列外长已表示,今年年内将实现正常化,因而被阿拉伯舆论认为是一场席卷阿拉伯世界的"海啸"。

凭借单边行动产生的地区和国际影响,沙龙挫败了利库德集团更强硬派内塔尼亚胡要求提前进行党内选举的挑战,巩固住了自己的地位。目前的问题在于,沙龙政府虽然撤出了加沙的犹太人定居点,但并没有宣布结束占领。实际上,以军依然控制着加沙的领空、海岸线和边境人货进出口的检查站,继续在实施"定点清除"政策。沙龙甚至下令"没有任何限制"地"利用一切手段"打击巴武装分子,同时又将工作重点转移到扩建西岸的犹太定居点方面,这就进一步增加了

[①] 本文载于《东方早报》,2005年10月19日。

日后以巴在西岸领土谈判中的困难。因此,沙龙在明年利库德集团大选之前能否再次做出新的符合路线图计划的表态,是大有疑问的。

巴勒斯坦虽然收回了加沙,法塔赫在新一轮的加沙地方选举中也以大比率胜出哈马斯,但阿巴斯面临的难题成堆:他既得约束巴各派别的示武行动,早日启动巴以峰会,推动落实路线图计划,又得在千疮百孔的加沙着手经济、行政的重建,并维护社会治安。

这些任务绝非易事。哈马斯、杰哈德等激进组织无不把以军撤离加沙视作是坚持武装斗争的胜利,接下来的目标是"解放"西岸和耶城。因此,他们不仅难以实现从军事组织向世俗政党的转变,而且也不会停止对以的袭击活动。

阿巴斯重建加沙,主要依靠的是外部援助,但治安不恢复,美国不牵头,充分条件就不具备。在当前情况下,他还得小心应对"建国"的议论,因为他作为巴勒斯坦主席一旦认同了这种议论,那么,未来的巴勒斯坦国版图就将可能仅限于加沙这个地块,西岸、耶城、难民回归等许多棘手问题也势必被边缘化,涉及阿拉伯民族和伊斯兰教圣地的巴勒斯坦问题将成为巴以双边问题,阿拉伯国家和伊斯兰国家与以关系正常化的步伐也许会大大加快。

因此,阿巴斯当前最关切的是加强与地区国家和国际社会的沟通,特别是要争取布什政府的支持。他预定于10月20日的访美,客观上已成为人们关注的焦点。

总体而言,在乏善可陈的美国中东政策中,沙龙的单边撤离行动可算得上是个进展。但布什政府是否会及时积极介入、推动中东和平进程,仍在未定之天。这倒不是说美方对实现路线图计划缺乏决心,或美国的智库和官方对恢复以巴谈判没有做过预案。相反,今年阿巴斯当选巴主席后,布什政府曾表示祝贺,并改变了一味排斥前任(阿拉法特)的做法,于5月邀请阿巴斯访美。同时,布什在伊拉克局势、伊朗核问题和中东民主改革等方面仍屡屡受挫,在国内的民意支持率不断下跌,除了设法恢复以巴和谈、执行路线图计划外,还真的找不到其他能为他加分的途径。

美方对路线图计划的态度也并非只是谈谈。今年2月美国莱斯大学著名的詹姆斯·贝克研究所曾提交了一份题为《开创美国领导下的路线图执行进程》的政策建议报告,为以撤出加沙后如何将单边行动转化为多边行动方案,促成以巴重启谈判制订了相当详尽的计划,可操作性也很明显。

只是,目前的布什政府被国内的反战声浪和飓风袭击所困,第一任期内针对中东的行动目标,又依然相距甚远,眼下如果倾力推动以巴谈判,关系到阿巴斯能否整合巴内部各派力量,沙龙政府和美国内犹太人是否会配合等各种因素,能否如愿尚很难断言,因而颇感踌躇,委决不下。

当前,以巴局势处于关键阶段,能推动和平进程的主要还是美国。在阿巴斯访美期间,布什总统应会做出一些积极的表态,但实际行动和客观效果,恐怕还得届时再看了。

沙龙：以色列的中间派？[1]

2005年11月21日，沙龙退出利库德集团，三天后另组新党，定名为"前进党"。以色列一直以来由工党、利库德集团轮流执政或联合执政的局面，开始出现变数。

从来，沙龙都被认为是不折不扣的强硬派。早年，他便是"大以色列"计划的积极鼓吹者。1970年，时任以色列南部军区司令的沙龙曾制订过"200号计划"，准备从以占领的苏伊士运河东岸攻入运河西岸。1977年，利库德集团首次在议会选举中获胜，他曾出任贝京内阁的农业部长，一项重要工作是在约旦河西岸大力扩建犹太人定居点。1981年成为国防部长后，沙龙迅速控制了以色列国防军，乃至操纵对外政策。1982年震撼中东的以色列入侵黎巴嫩，即由他一手策划和指挥。其"推土机"的外号也由此而来。

进入1990年代，以巴签署奥斯陆协议、分阶段推进和平进程，沙龙一直持反对态度。2000年7月美以巴三方戴维营谈判未果之后，担任利库德集团主席的沙龙强行进入了耶路撒冷的阿克萨清真寺，引发以巴新一轮流血冲突。翌年，沙龙出任总理，坚持对巴实行定点清除的暗杀政策，将阿拉法特围禁在拉姆安拉多年直至去世，并大量新建、扩建犹太人定居点。

---

[1] 本文载于《东方早报》，2005年11月29日。

如今，这么一位鹰派人物竟演化成以色列政坛的中间派了吗？

答案还得从以政治生态变化中去寻找。通常，工党和利库德集团被解读为以色列的左派和右派。这是因为工党在20世纪90年代由其领袖拉宾与巴解签署了奥斯陆协议，外长西蒙·佩雷斯撰写了著名的《新中东》一书，他俩还与阿拉法特一起获得过诺贝尔和平奖。

不过，自1948年5月以色列建国至1977年利库德上台，工党及其前身一直是执政党。换言之，四次阿以战争，以色列的主要领导人都是工党成员。而说利库德强硬，当年主持与埃及媾和，直至促成两国建交的，却正是该党的贝京总理。事实上，从保持以色列的军事优势、维护以色列的安全、坚持不在耶城地位和巴难民回归等核心利益问题上让步等方面看，两党并无明显区别。

至于目前两党政治，工党新主席佩雷斯提出的竞选主题是经济、社会问题；利库德更强硬派内塔尼亚胡反对沙龙撤离加沙21个和西岸4个犹太人定居点的行动，而已加入利库德集团主席竞选的现国防部长穆法兹和外长沙卢姆，则都是单边撤离计划的拥护者和执行者。

可见，以色列三党的主题比较分散，左右翼之间界限已经模糊。在提前到来的大选中，鹿死谁手，最终仍将取决于谁能回应以色列人最重视的安全关切，谁有能力与巴勒斯坦真正实现和平。

近日，沙龙身边的一位人士透露，沙龙将提出一份巴勒斯坦问题最终解决方案作为他竞选的基本纲领，其主要精神将遵循美国主导的路线图计划，但作部分调整，以满足以色列人对安全的诉求。例如以将不会撤出耶路撒冷东城和西岸犹太定居者密集的大型定居点，而仅撤出西岸零星分散的犹太人定居点，约占西岸犹太人定居点的1/3，条件是未来的巴勒斯坦国必须是一个法治且有秩序的国家。

除沿袭他过去凡重大行动均首先与白宫沟通并取得支持的做法外，沙龙还自诩别具优势：有经验，有信用，也有明确的和平使命感。此外，他也小心地不挑战奥斯陆协议的"土地换和平"原则，仅加上了"安全"一词，即"土地和安全换和平"，以避免刺激巴勒斯坦和阿拉伯方面。

目前，沙龙已在国内的民意测验中领先。为改变工党攻击他搞一人政党造成的负面形象，他正积极罗致各类人士，包括议会中的阿拉伯议员和有影响的阿拉伯社会活动家，以尽可能使前进党拥有较广泛的代表性。

可以说，沙龙正在从一个纯粹的军人向政治家转变，开始比较善于提出自己的施政纲领、整合可利用的政治资源，但这并不表明他已减弱了一贯的强硬色彩。比如，他近日就表示将继续对巴实施定点清除政策。说他走中间道路，只是相对而言。

从实际情况看，不管沙龙怎样努力，要想在120席的议会中占据半数，大非易事。他能争取的只是让前进党通过选举成为第一大党，握有组阁权，然后再从工党、利库德集团或其他政党中选择伙伴，组建联合政府。

沙龙退出利库德集团，以色列提前进入大选，加上巴立法院明年初也将进行选举，导致以巴局势变数陡增。停滞的中东和平进程能否再次启动，只能待双方选举结果来揭晓了。

中东局势与阿拉伯世界改革[①]

近一年来，中东局势发生了引人注目的变化，归纳起来大致有：

一、中东，美国的战略重点

美国对外战略重点仍在中东，对大国合作需求仍将持续。布什总统进入第二任期前后，对中东政策有所调整，表现在与欧洲盟国进行磋商，尽力拉拢它们在主要热点问题上协调行动，并注意争取包括我国在内的世界大国和地区温和国家的合作与支持，而不是延续其第一任期那种一味单干、蛮干的做法。对推动中东北非地区的民主改革，也已由2003年提出"大中东倡议"时采用的高压、命令方式，转变为经由2004年6月八国集团会议通过的《旨在进步和共同未来的大中东和北非地区伙伴关系》和《八国集团支持改革计划》两份文件，对中东阿拉伯、伊斯兰国家采取了区别对待的政策，有鼓励、有打击，主要通过各种援助手段，灌输美国、西方价值观，并力图扭转或缓解地区民众强烈的仇美、反美情绪。从今年2月初美国发表的四年一度的《防务评估报告》（QDR.）看，美国锁定的三大安全威胁：恐怖主义、

[①] 本文载于《第一财经日报》，2006年7月28日。

大规模杀伤性武器扩散和潜在的大国崛起,其中列在一、二位的威胁主要来自中东。因此,至少在布什任期结束之前,美国的全球战略重点仍在中东,主要放在伊战后重建和解决伊朗核问题上。

二、与美对峙新势力的崛起

去年夏天以来,以伊朗艾哈迈迪·内贾德当选总统为标志的地区伊斯兰激进势力,通过美国竭力鼓吹的民主选举程序,明显出现了一波上升态势:真主党在黎巴嫩议会选举中进一步巩固了自己的合法地位;埃及穆兄会在去年11月的国民议会选举中,赢得了88个席位,在埃及政治生活中的影响在扩大,引起了埃及执政党民族民主党的忧虑;今年1月下旬巴勒斯坦立法会选举,哈马斯在132席中取得了压倒性的74席,不仅成为立法会的多数党,而且第一次组建起了没有巴解组织参加的政府。与此同时,在伊拉克的美英联军处境日益窘困。美国从2003年5月1日至今,已死亡2500多名军人,投入了3190多亿美元的费用,不算死亡军人抚恤费和受伤军人医疗费,大致每天为2亿多美元,而且已深陷其中,即便已组建起了伊拉克正式议会和政府,培训了一支20多万人的军警队伍,仍无法帮助联军当局摆脱困境,更不可能成为地区的"民主样板",改变阿拉伯—伊斯兰社会对美的负面印象。而以伊朗现政府和哈马斯为代表的伊斯兰激进势力,已自视为伊斯兰世界主流力量的代言人。它们与美紧张对峙的态势,在今后相当一段时期内不可能轻易缓解。

三、地缘政治结构重组

地区的地缘政治结构正在发生变化。6月以来的以巴、以黎冲突的根源，是处于半个多世纪阿以冲突核心地位的巴勒斯坦问题被美、以故意漠视和处置不当造成的。2003年6月，美正式向以巴提出了由四方委员会制定的"路线图计划"，得到了巴勒斯坦、阿拉伯国家和国际社会的普遍赞同，但被以色列沙龙政府在表面上勉强通过后，又用"单边撤离计划"取而代之。三年多来，以巴并未恢复和谈。阿巴斯主席接替阿拉法特后，多次要求重启和平进程，均遭美国拒绝。今年1月，哈马斯在巴立法会选举中获胜，组建起政府后即遭美、以、欧从政治、财政、经援等方面全力封杀；阿巴斯主席通过对话争取与哈马斯共签"狱中协议"的努力，也被美、以否定。巴激进组织劫持以士兵的行为，正是在这样的背景下发生的。然而，以色列政府却借机大打出手，实施过度报复，造成了巴加沙地带大量平民死亡，水电、路桥、办公楼、民宅被毁，人道主义状况急剧恶化。美对地区国家和国际社会不断敦促有关各方保持克制、尽快停火的大声疾呼置若罔闻，反强调以有自卫权，终于又导致了7月12日黎真主党的介入。

以巴、以黎的这次冲突一方面表明，美欲利用以色列来铲除或重创它定性为恐怖主义组织的哈马斯和真主党，遏制、打压它在中东的主要对手伊朗、叙利亚；另一方面，地区温和国家则警觉地感到，在地区民众高昂的反美、反以声浪中，一条伊朗—伊拉克—黎真主党—叙利亚阿拉维派—巴勒斯坦哈马斯的伊斯兰什叶派新月地带正在悄悄形成。这对以逊尼派为主体的阿拉伯世界来说，无疑构成了巨大的政治压力。总的来看，以巴、以黎冲突尚不致进一步扩大化和长期化，但美、以若不正视巴勒斯坦问题的重要性、敏感性，继续将路线图束之高阁，那么，这样的突发事件今后仍将会不时出现。

四、保持自身文明属性　追求全球化改革

地区国家寻找大国力量平衡和适合自己的改革道路的诉求呈现上

升趋势。在伊斯兰激进势力出现反弹的情况下，不少温和国家更加担心被国内民众视作亲美政权，而倾向于加大与世界其他大国和地区的交往与合作。我国当前与海合会国家关于自由贸易区谈判的顺利进展，用海合会国家官员的话来说，是因为双方在民主改革、人权等问题上始终保持相互尊重的态度，而海合会与欧盟的谈判已长达十多年，至今反比中国慢，原因是欧盟在价值观问题上设置了许多海合会国家难以接受的条件。在伊核问题被炒得沸沸扬扬的情况下，阿拉伯国家也在进行反思。

伊战以来，设有美在海湾地区空军指挥中心、并驻有6540名美军的卡塔尔，近年也在尽力淡化它的亲美色彩。今年4月多哈论坛第六届年会上，卡塔尔国埃米尔在巴勒斯坦问题上就不点名地批评了美国在巴以问题上的双重标准；在伊核问题被递交安理会讨论，美伊对抗趋于激烈之时，埃米尔反出访德黑兰，与伊朗签署了相关协议，卡与伊改善关系以求自保之心，显而易见。可以说，中东阿拉伯国家既不愿与美走得过近，又生怕伊朗激进势力谋求伊斯兰世界的领袖地位，重演什叶派革命输出，危及地区安全和它们自身政权稳定的一幕。它们与欧洲大国的交往更趋频繁，同时也明显重视与东亚、南亚的主要国家加强沟通和合作。

阿拉伯、伊斯兰国家的改革已势在必行。各国最关切的是如何在保持政局稳定、自身文化文明属性不变的前提下，实现经济增长和现代化。其中，最突出的是怎样维护他们的核心价值观即伊斯兰教信仰和民族属性。2002年约旦皇家伊斯兰思想研究院第一次倡导伊斯兰中间主义以后，阿拉伯国家政府都在政策宣示中强调伊斯兰教温和、中间主义的层面，以摒弃暴力和极端主义的思想倾向。这实际上不是一场纯粹的宗教学术讨论，而是涉及在全球化形势下，伊斯兰社会开展、实现改革应当确定怎样的指导思想，可谓事关重大。目前，约旦已建立起了"中间文化论坛"，定期举行学术研讨，成为宣传中间主义文化的一个主要平台。阿拉伯国家和伊朗（哈塔米总统在位时期）都发表了不少论述中间主义的论文，逐步在形成一股弘扬伊斯兰中间主义的社会思潮。

事实上，阿拉伯—伊斯兰国家对自己落后于时代发展的现状，是清楚的，也有进行改革的意愿和追求。它们拒绝外国强加的改革，是因为改革只能从它们的实际需要和可能出发。美国传媒把伊斯兰教、穆斯林都套上原教旨主义的帽子，进而妖魔化，对中东改革有百弊而无一利，只能造成障碍。因为中东国家的改革，不可能离开《古兰经》和圣训，关键在于选用怎样的经文章节和如何做出符合时代发展的解读。从客观上看，这方面的工作虽已开展，但尚不普及。

除改革的理论依据和指导思想外，中东阿拉伯国家也十分关注可参照的发展模式，如马来西亚模式就很受叙利亚当局的青睐，东亚模式、中国模式、印度模式、俄罗斯模式等，也都已进入它们研究的视野。与这些国家与地区加强交流、合作，汲取可资借鉴的经验，正越来越成为中东国家官方和知识精英的共识。

试论美国对伊新战略及其对中东地区的影响[①]

布什总统2007年年初提出伊拉克新战略，明确描述了本届美国政府在今明两年处理伊拉克乱局的基本思路和对策，也涉及美国在应对伊朗挑战，解决巴勒斯坦、黎巴嫩等问题方面的立场和态度。这项广受美国国内诘难但仍将付诸实施的新战略，势必对中东热点问题的发展、地缘政治格局的演变造成重大影响，进而导致大国关系出现不同程度的调整。客观地看，中东问题已不仅仅是地区性问题，还关系到国际体系转型、国际政治经济秩序重构等全球性问题。

一、美国的伊拉克新战略

几经磋商、反复权衡之后，美国布什总统在1月10日的电视讲话中提出了解决伊拉克问题的新战略。[②] 称之为"战略"，是因为布什认为，美国武装力量在伊拉克进行的斗争，"将决定全球反恐之战的走向

---

① 本文载于《外交评论（外交学院学报）》，2007年第2期，第68—73页，人大复印资料《国际政治》2007年第7期全文转载。

② 唐勇：《美国对伊新政策做"最后赌博"》，载《人民日报》，2007年1月12日。

以及我们在国内的安全",即事关"9·11"事件以来美国主导的全球反恐斗争大局和美国国土安全;所谓"新",布什解释说,这"将改变美国在伊拉克的行动路线,并将帮助我们在反恐斗争中赢得胜利",是"一场新的、决定一个新世纪前进方向的斗争"。

尽管布什总统表示,对这项新战略可以"做出改进"和"调整",但其主要目标和原则业已确定,当不会变,即美国决不会"将伊拉克的未来让给极端分子",而是"将与已选择自由的伊拉克人民站在一起"。布什承认,"即使这份战略完全按计划展开,致命的暴力事件仍将继续发生,必须有准备看到有更多的伊拉克人和美国人伤亡",基于他的研判:"在伊拉克失败将是美国的灾难",而又"没有在伊拉克取得成功的万能方案",因此美国新战略目标定位是"更接近胜利"。至于这种"胜利"的内涵是什么,布什先是用排除法说:"胜利将不会是我们的父辈或祖父辈所取得的胜利,将不会有在战舰甲板上的投降仪式",然后把"伊拉克的胜利"笼统地归结为"给阿拉伯世界带来新意",即"一种有效的民主政体,维护自身治安,坚持法治、尊重基本自由人权,对人民负责"。但布什也承认这个目标很遥远,并不容易实现,因而话锋一转,称"民主的伊拉克不会完美无缺,但它将打击而不是庇护恐怖分子,并将有助于为我们的子孙后代创造和平和安全的未来"。这是为他的新战略要实现的胜利目标设定的最低标准,即伊拉克政府应与美国站在一起反恐,应在和平与安全问题上与美国保持一致,简而言之,应是一个亲美的政权。

布什总统这项新战略,包含军事、政治、经济和外交等多个层面的内容。军事是主要任务,一是不撤军反增兵,这符合布什入主白宫以来的思维逻辑和处事风格,也符合尼克松总统以来美国追求"体面撤军"的传统做法。重点地区只锁定有限目标:首都巴格达(部署五个旅)和"基地"组织在伊拉克的庇护所安巴尔省(增兵4000人)。二是改变提供帮助的方式,美军不再事必躬亲代替伊拉克部队出战,而是改为向伊军增派顾问,要求与伊军结成伙伴关系,即组成美伊联军，美军最重要的安全使命是加快训练伊军，使之规模更大、装备更优良，并将拥有更加灵活地使用经济援助资金的权利，以便能够"在2007年11月前担负起伊拉克所有省份的治安责任"。

政治上，布什政府已经意识到目前的伊拉克马利基政府尚无能力控制和驾驭全国的政局，因而明确表示"为了使地方领导人获得所需的权力，伊拉克计划在今年晚些时候举行省一级的选举。为了使更多的伊拉克人重新参与国家政治生活，政府将改革清除复兴党的法律，建立修改伊拉克宪法的公平程序"。

经济上，布什总统说："为促使每个伊拉克公民都能从本国经济中受益，伊拉克将通过使全体伊拉克人民能分享石油收益的立法。……伊拉克政府将从本国财政中拨款100亿美元用于重建项目和基础设施项目，创造新的就业机会。"这实际也是布什政府听取了驻伊美军将领的意见，向伊拉克人提供短期工作，向小企业提供小额贷款，向伊拉克地方官员提供更多资金以扩大就业，减少对美军的袭击。只是美国不出钱，而是待新石油方案通过后，由伊政府拨款。布什总统这样安排，也含有平息美国国内不满舆论的意图。因为伊拉克的新石油方案是一份产量分成协议，美英石油公司（埃克森、壳牌、BP等）将获得在伊30年的石油开采权，在收回开发成本前，75%的利润归石油公司，即便在成本收回后，石油公司仍可获得总利润的20%。①

通过上述三个方面的努力，布什设想的愿景是："伊拉克人民的日常生活将得到改善，对本国领导人的信心将会增强，政府将会得到在其他重要领域谋求进展所需要的喘息空间，而且，伊拉克逊尼派和什叶派的多数人想要和平共处，而巴格达暴力的减少将有助于使和解成为可能。"

至于外交上，则分两个层面，一是继续将伊朗和叙利亚视为对立面，认为"这两个政权让恐怖分子和叛乱分子利用其领土出入伊拉

---

① 王辉："布什拟向伊增兵，国会山反应冷淡"，载《解放日报》，2007年1月8日。

克",特别是伊朗想要"获得核武器和在地区称霸",美国"将打击(伊朗的)这种攻击","将切断伊朗和叙利亚提供的支持","将追踪和摧毁向我们在伊拉克的敌人提供先进武器和训练的网络";二是"利用美国各种外交资源在整个中东地区争取对伊拉克的支持",其目的是要组建起任务明确的盟国阵营。布什提到的地区国家有土耳其、埃及、约旦和海湾国家,他还承诺"赖斯国务卿将前往中东地区,为伊拉克争取支持,并将继续开展有助于中东实现和平的紧迫外交"。这里主要指的显然是推动巴以谈判和解决黎巴嫩政局动荡的问题。

总的看,布什的新战略,客观上仍是一厢情愿,要收拾伊拉克战争打开的潘多拉盒子,靠增兵或多投钱,都不可能在短期内奏效。已经引发的暴力活动错综复杂,犬牙交错,有反美占领的抵抗活动,有境内外极端分子和恐怖分子组织的暗杀、袭击,更有盲目血腥的教派冲突。13.5万美军无法解决的难题,16万、18万兵力也很难有胜算。布热津斯基把美国在伊拉克的失败,归结为布什政府"对中东到底发生了什么事以及美国应当在那里扮演何种角色的错误判断",[1]亦即对中东问题的实质不甚了了就诉诸武力,凭借唯一超级大国的地位就把自己想像成了全世界的救世主。但布什总统提出的以解决伊拉克安全困局为核心的中东新战略或新方案,也不可谓不全面。尽管遭到了国内民主党、舆论和民众的反对,但他毕竟是出于维护美国国家利益、修补国家形象的现实需要,而且强调"在整个大中东地区出现的挑战并非只是军事冲突",而"是我们时代的一场决定性的意识形态斗争",从而占据了维护美国核心价值观的高点。即便今天在台上的民主党领袖们,对2003年他们曾坚决表示支持的伊拉克战争所酿成的恶果,也并无应对良策,提不出可以取代布什新战略的有说服力的取代方案来。希拉里在明确表态参与2008年大选后说,如她当选总统将从伊拉克撤军。这只能视作竞选语言,当不得真,除非美国彻底放弃它自冷

---

[1] "布热津斯基认为伊战或是美国最大外交失败",载德国《时代周报》,2007年1月18日。

战至今最基本的中东战略利益——确保它对地区主要事务的主导权、维护中东对全球特别是美、欧西方国家的能源供应和保持以色列在地区的安全和优势。因此，布什的新战略势必会付诸实施，也势必对中东局势产生重大影响。

二、伊朗对其新战略的挑战

值得注意的是，在2006年美国中东政策严重受挫，出现了布什所称的与其愿望"适得其反的局面"的同时，伊朗通过核计划、以巴冲突、以黎战争等一连串地区热点问题，影响已明显上升，成为当前挑战美国在中东地区主导权的主要力量。

执政已近两年的伊朗内贾德政权，是半个多世纪来中东阿拉伯—伊斯兰国家谋求崛起——它们称之为复兴：阿拉伯复兴、伊斯兰复兴——的最新尝试。在政治主张方面，它宣扬民族主义（对伊朗国内）、追求政教合一的伊斯兰教义（对什叶派占人口多数或主导地位的国家）和强调伊斯兰文化认同（对广大的伊斯兰国家），也有强烈的反以、反犹、反美倾向，不仅公开宣称要将以色列从地球上抹掉，质疑二战期间犹太人惨遭纳粹德国屠杀的史实，而且还试图在全球组建反美同盟。其真正目的是欲掌握伊斯兰世界的话语权，充当伊斯兰价值观的代言人，成为中东伊斯兰国家的盟主。在发展道路方面，内贾德政府充分利用了国际能源价格飙升的机遇，打能源牌，也坚持不停止铀浓缩活动，打核开发牌。阿拉伯国家虽有伊拉克萨达姆政权和利比亚核计划失败的教训，但也有伊斯兰国家巴基斯坦成功拥核的案例。这对铀矿资源丰富且已积累了十多年核发展经验的伊朗来说，所具有的吸引力是不言而喻的。

伊朗内贾德政府的政策走向，以挑战和对抗美、以为主线，同时实际上也形成了对地区秩序和现有国际体系的冲击。这在2006年表现得尤为突出,伊朗先后两次拒不接受联合国安理会通过的要求它停止铀浓缩活动的决议,三次举行军事演习,今年又接连三次,以显示它有能力在遭受外来攻击时向以色列和美国在海湾国家的军事基地发起还击;在哈马斯政府面对美、欧、以的全面制裁、以色列连续袭击加沙期间,伊朗是地区国家中最先也最坚决向哈马斯提供精神、物质和资金援助的国家;持续34天的以黎战争,伊朗对真主党的支持更是不遗余力,因而被地区舆论称之为美、伊的"代理人战争"。伊朗不仅一次次否认以色列在该地区存在的合法性,而且从2006年底起开始用欧元取代美元作为外贸结算货币,还鼓动叙利亚、委内瑞拉等效仿。不久前,伊朗又与委内瑞拉一起出资20亿美元成立反美基金,推动拉美一些国家共同构建反美同盟,还着手组建天然气输出国组织,拉俄罗斯、阿尔及利亚、利比亚等国参加。[1] 可以说,哈塔米执政期间,伊朗执行的是重经济发展、重改善周边和国际处境的相对务实、开明的政策,而内贾德政府则放弃了在核问题上的软对抗立场,遵循的是公开挑战以色列,广泛插手伊拉克、巴勒斯坦和黎巴嫩等地区事务,利用能源供应、伊斯兰会议组织、不结盟国家会议甚至联合国大会等各种平台,直接对抗美国的中东政策和在全球霸主地位的路线,成为当前美在中东的最主要威胁。正因为此,布什在伊拉克新战略中已经明显地把伊拉克安全困局的责任,推诿给伊朗,强调"伊朗为攻击美国军队提供物质支持","什叶派极端主义分子组成了屠杀队,其中一些人得到了伊朗的支持"。对美国而言,伊朗不但要获得核武器,而且还要"在该地区称霸"。美国有理由担心,在今后开始大规模撤军后,伊拉克现政权将倒向伊朗,担心伊朗不断在地区内扩大政治影响和什叶派的意识形态,会将两伊、黎巴嫩、叙利亚和巴勒斯坦集聚在一起,构成一个什叶派新月地带,直接影响美国地区盟国政权的稳定,影响中东能源的稳定供应,影响以色列的生存安全。如果说美国今年1月在

---

[1] "德黑兰敦促莫斯科建立'天然气'欧佩克",载俄罗斯《独立报》,2007年1月30日。

海湾增派一个航母战斗群,是旨在对伊朗实施威慑,"以消除友邦和盟国的担心",那么,在伊朗内贾德政府仍"继续插手伊拉克内部事务"的情况下,美国决不会坐视不管,从逮捕伊朗在伊拉克的外交人员,进而发展到加快部署从东、西、南三面对伊朗的军事包围,是完全有可能的。

美伊当前的冲突和对抗是否会最终失控?美国是否会对伊实施它早在2005年就由切尼副总统指示五角大楼制订的"传统以及核打击计划"?[①] 这看来将取决于伊朗内贾德政府的政策是否超越布什政府的忍耐底线。从伊朗方面看,2006年年底的专家会议和地方议会选举结果,反映了以拉夫桑贾尼前总统为代表的温和保守派和改革派势力有所上升。伊朗专家会议(或称长老会)有权推举最高宗教领袖,使内贾德总统及其背后支持他的库姆派大阿亚图拉势力心存顾忌。在伊核问题上,伊朗虽还未停止铀浓缩活动,但已恢复了与国际原子能机构的来往,也没有宣称正式退出《核不扩散条约》,对一度宣布要新装3000台离心机的计划,伊朗当局现正在作模糊化处理,以减少其刺激性。因此,总的说来,美国国内、伊朗国内、中东地区和国际社会反对或不相信美国会向伊朗动武的声浪很大很强,客观上制约美国动武的因素也很多。就目前而言,外交谈判仍是最有利于地区稳定和各有关方的选项。只是也应看到,随着美国增兵伊拉克和海湾,新的战争阴霾正在出现。美、以都有攻伊计划且已见诸报端,而伊朗则也公开声称做好了应战准备。一旦伊朗触犯美国设定的底线,或布什政府出于政治需要欲用一场新的军事胜利来掩盖其在伊拉克的失败,特别值得关注的是,如果以色列为维护自身的生存权和尊严而对伊朗展开先发制人打击的话,美伊交战便将很难避免。

---

① "美国前五角大楼工作人员丹尼尔·埃尔斯伯格访谈录:我们需要吐露真相的人",载德国《时代周报》,2006年12月20日。

三、美国伊拉克新战略对中东地区的影响

布什伊拉克新战略的出台和美伊对抗的加剧，已对中东地缘政治格局产生明显的影响。虽然阿拉伯国家的舆论对美国增兵伊拉克普遍持批评态度，对美国打击索马里的伊斯兰法庭组织、偏袒以色列袭击加沙的哈马斯武装和向真主党开战等，也多有抨击，但绝大多数阿拉伯国家政府其实并不愿意美军迅速撤离伊拉克。因为伊拉克的暴力活动，已经并非单纯出于抵抗美军占领，伊战结束后近四年来的事实证明，它夹杂着大量杀害伊平民的恐怖行为，2006年春天以来更发展成为一场带有明显教派冲突色彩的内战。伊拉克什叶派主导的政府与伊朗在信仰、历史渊源和传统上有着千丝万缕的密切联系，缺失了强有力的外力制约，两伊政府必然越走越近。占据中东中心地位的两伊，人口近亿，石油蕴藏量分别位居世界第二、第三，一旦两国政权均由什叶派教义所主导，这不但是美国中东政策的彻底失败，而且将大大改变中东地缘政治的格局，逊尼派阿拉伯国家的传统影响将严重受到挤压——沙特的伊斯兰世界盟主地位、海合会国家的君主政体和能源通道，都将变得岌岌可危。因此，在2006年以黎战争之后，埃及、约旦和海合会国家已明显加大了对伊拉克政局、伊朗核计划以及巴勒斯坦内部争斗和黎巴嫩问题的关注程度，一方面加强与美国的配合，与欧、俄、中等大国的沟通，劝说美国重视伊拉克的逊尼派力量，支持安理会遏制伊朗核计划；另一方面，为防止伊朗拥核成功导致地区力量进一步失衡，它们也先后宣布了自己的核计划，[①]并积极对真主党、哈马斯施加影响，避免这些组织彻底倒向伊朗。

---

① 梁平安：《试论伊朗核问题对阿拉伯国家的辐射效应》，载《阿拉伯世界研究》，2007年第1期。

此外，布什政府较其执政初期对巴勒斯坦问题有了更多的感性认识和实际体验，而以色列面对伊朗咄咄逼人的反以攻势，又经历了对黎战争的挫折，已将伊朗列为头号对手，因此美以对巴勒斯坦甚至对叙利亚态度都有一定调整，从而使巴以谈判开始出现转机。奥尔默特总理2006年12月与巴勒斯坦阿巴斯主席共同宣布停火并会面，赖斯国务卿去年夏天以来频频出访巴以和中东国家，今年2月初制订路线图的四方委员会为推动巴以谈判举行了华盛顿会议。这些迹象表明，美国终于意识到了实施路线图的重要性，有意恢复巴以谈判了。只是要把这种愿望变为现实的充分条件，现在还不具备。当前的主要障碍，是巴方存在着两个权力中心、两支安全部队，尚难形成统一的意志和政策。法塔赫和哈马斯虽都有组建民族联合政府的意愿，但在具体条件方面，特别是在承认以色列、承认已签订的巴以协议和在安全、财政、教育等关键性职位的分配方面，还谈不拢。它们下属的一些组织又各有利益追求，冲突不断，颇难驾驭。因此，尽管沙特、埃及等地区国家和国际社会都在参与调解，巴勒斯坦两派从弥合分歧到达成协议已具可能，但要认真恪守并通过阶段性的进展满足四方委员会的基本条件，则还需要经历相当长的一段时间。

黎巴嫩在安理会1701号决议颁布后，政局持续动荡，总统、议长、真主党以及其他反对派都坚持要亲西方的西尼乌拉政府下台，游行示威已长达两个多月。其后面的外国背景十分明显。黎政局的动荡虽不致影响周边和整个地区，但要恢复稳定，从外部条件看，必须正视叙利亚的因素。叙利亚长期被美国视为"无赖"国家、"邪恶"国家，主要是因为叙复兴社会党执政以来所选择的发展道路，阿拉伯民族主义意识形态色彩浓烈，对美、以一贯持强硬立场，因此不见容于现存国际体系。叙曾做出过努力，参加了1991年海湾战争的多国部队，但在战后按照《大马士革宣言》组建起6+2的海湾安全架构后，叙仍被美国等排斥在外，因而始终是一个特立独行的阿拉伯国家。在2006年的以黎战争中，叙备受美、以指责，认为伊朗武器是通过叙黎公路输送到真主党手中的，但对叙收留了数十万黎逃难人员所作出的贡献却视若无睹。然而，叙毕竟是中东一个政治、外交和军事大国，具有举足轻重的地区影响。叙国内虽面临着严峻的改革和发展任务，但就解决黎巴嫩、阿以冲突问题而言，有着切身利益关系的叙利亚的参与，却是一个必备条件。近半年来，叙与欧洲国家、俄罗斯的外交互访趋于活跃，欧、俄都强调叙对解决黎政局和中东和平进程的作用不可或缺。至于伊朗企图构建什叶派新月地带，将叙包括在内的设想，其实很难如愿。因为叙1800多万人口中，80%以上的居民信仰的是伊斯兰教逊尼派，属什叶派阿拉维派的仅12%，[①] 他们虽位居领导核心，但世俗化程度较高，从来就不认同政教合一的政体，执政的复兴社会党的纲领也与形形色色的伊斯兰复兴运动的主张大相径庭。客观地看，叙与伊朗关系密切，不仅是受国家利益驱动，更是为美、以的敌对态度所逼。叙在布什伊拉克新战略中虽仍与伊朗并列受到打压，但其他大国却在积极开展对叙外交，以色列也透露出愿与叙恢复谈判的意向。[②] 叙在美解决伊拉克安全困局、伊朗与逊尼派阿拉伯国家的博弈中，作用将进一步凸显，很值得重视。

美国决定增兵伊拉克前后，欧、俄、日等大国都已根据自身的情况和利益需要对各自的中东政策做出了程度不一的调整。今年大国围绕中东热点问题相互关系又将出现新的变化。曾与布什总统联袂出兵攻打伊拉克的英国首相布莱尔，今年面临大选，被国内的反战呼声和鬻爵等事件困扰，本已决定5月从伊南部巴士拉省撤军，正好与布什的增兵部署相悖，是否会改弦易辙，将取决于他对国内工党竞选形势的评估。一般说来，英、法、德等欧盟主要国家，在推动巴以恢复谈判、遏制伊朗铀浓缩活动等问题上，立场相似。但多年来，它们强调解决巴勒斯坦问题的重要性并未能得到布什总统的认同，布什一向坚

---

① 严庭国：《当代叙利亚社会与文化·前言》，上海外语教育出版社，2006年版。
② "叙以秘密会晤达成和平共识"，载以色列《国土报》，2007年1月16日。

持把反恐、推动大中东民主改革与巴勒斯坦建国割裂开来，现在对巴问题的重视程度有所提高，但偏于就事论事，孤立处理，能否与欧盟主要国家保持同步和一致，还有待观察。对待伊朗核问题，目前安理会决议已经从主张通过外交谈判解决转向适度制裁以迫使伊朗停止铀浓缩回到谈判道路上来。在伊朗强硬拒绝安理会1737号决议后，是增加制裁的强度或像美国一样对伊采取军事胁迫手段，美欧之间或美欧与俄中之间，意见还有分歧。至于对伊实施"传统以及核打击计划"，则包括英国在内的欧盟国家应该都不会赞同。一向跟随美国亦步亦趋的日本，近来频频出现防卫长官和外相批评美国伊拉克政策的声音，反映了这届日本内阁已着眼于2008年美国大选，开始注意与反战的民主党套近乎，有意与布什政府适当拉开距离。

俄罗斯的中东外交近年来颇具特色。2005年，在伊朗核问题陷入僵局之际，俄提出两国在俄境内建立铀浓缩联合企业的建议。继2005年4月普京总统访问埃及、以色列和巴勒斯坦期间提议在俄罗斯召开中东问题国际峰会之后，今年2月初拉夫罗夫外长再次重申召开让叙利亚参加的更大范围的中东和平进程会议，这与赖斯国务卿主张的在奥尔默特总理与阿巴斯主席之间进行调解的局部外交大不相同。此外，俄一直不顾美欧压力向伊朗、叙利亚出售武器，即便在以色列、美国均传出有对伊朗进行空中打击计划的报道之时，俄仍向伊出口了29枚"道尔—M1"型防空导弹，价值7亿美元。[①] 俄与叙、黎领导人联系密切，在对待伊朗、叙利亚和巴勒斯坦哈马斯的态度，以及解决中东热点问题的方式、路径等方面，与美、欧都不一致。俄为抵御美欧大肆在东欧地区挤压其战略空间的行动，有意主动积极介入中东事务，握有颇具影响的话语权，已成为中东舞台上不容轻视的重要角色。

总之，新世纪以来，中东地区由于集聚着国际反恐、防扩散、能

---

① 顾亚美："俄罗斯向伊朗出售29套防空导弹，美强烈反对"，载《环球时报》，2005年12月5日。

源以及由此衍生的宗教极端主义、海湾通道安全等世界大国都普遍关注的问题，因而已成为大国关系互动——竞争、对抗、配合、合作——的重要舞台，其走向将主要取决各大国在中东的政治、经济、能源等领域的利益定位和实力大小。应该说，在维护地区安全和稳定、保障能源可持续的生产和供应，以及推动阿以和平进程等重大原则性问题上，大国已拥有较多共识，合作是主流；具体到实际问题，大国又各有定见和诉求，摩擦甚至冲撞将很难避免，但通过交流与磋商仍有可能使之处于可控范围。

> > > > 中东研究管见 > > >

中东：美国严重受挫
伊朗强硬挑战①

  2006年的中东局势，内外矛盾交织，冲突热点纷呈：伊拉克战后三年，秩序、安全依然缺失，流血事件接连不断；巴勒斯坦、以色列都通过选举组建起新一届政府，但冲突不止，和平进程曙光未显；真主党武装劫持以士兵，以政府实施过度报复，酿成战争，持续月余，双方损失惨重，余波迄今仍在冲击黎巴嫩国内政局；伊朗核问题成国际焦点，安理会两次通过决议，均遭伊强硬拒绝，前景尚难预卜。细究这种种动乱、动荡的背后，可看出两条明显的轨迹，一是美国的中东政策一误再误，伊战后遗症导致的暴力活动仍在持续，而且引发了激烈的教派冲突，并正向整个地区扩延；二是伊朗激进的保守势力在核问题上进一步挑战现有国际体系和地区秩序，且竭力扩大地区影响，中东地缘政治已出现新的变化。

美国中东政策严重受挫

  中东地区多年来的持续动荡，从内部看，是地区相当一部分国家

---

① 本文载于徐敦信主编：《世界大势与和谐世界》，世界知识出版社2007年版。

由于各种原因，政治、经济、社会的发展明显滞后于全球化的进程，各种固有矛盾进一步激化；从外部看，长期对中东局势发挥"主导作用"的美国，其政策严重失衡，不仅不能缓解原有的地区问题，反而引发了新的矛盾和冲突。

伊拉克问题。2006年11月上旬的美国国会中期选举，共和党输掉了参、众两院的多数党优势，其原因可以概括为一个词："伊拉克！"这实际上是美国中东政策的代名词。因为伊战是布什总统任内采取的最大一次军事行动，堪称是他及其依靠的新保守主义团队最主要的一项"业绩"。布什政府不惜绕过联合国、违反国际法准则发动这场倒萨战争，其目的是想把伊当作美在中东反恐、防扩散和推进西方式民主的切入口，将伊树立为美式秩序的样板。然而三年多时间过去了，美国虽然按照时间表于2006年组建起了伊正式议会和政府，培训了一支伊军警队伍，但都还不能按照一个正常国家建设的标准发挥应有的作用，而美却已付出了沉重的代价：从2003年5月1日至2006年底，美军已有近3000名军人死亡，投入了3000多亿美元，不算死亡军人抚恤费和受伤军人回国后的医疗费，大约每月要花费84亿美元。伊战时，美国投入的兵力为25万，而今为支撑伊现有局面，其驻军仍占当时的一半以上。面对国内和地区不断高涨的撤军呼声，布什政府仍无法宣布撤军时间表。可以说，伊拉克的暴力活动现已成为一种文化，在美军驻留的情况下，武力袭击美军不会停止；一俟美军大部撤离，伊并不稳定的权力结构内部和利益取向各异的派别之间，矛盾和冲突都将更加显露，伊朗也将更易施加影响。2006年2月22日伊什叶派阿里·哈迪清真寺遭袭，拉开了逊尼、什叶两派间武力冲突的序幕，至今仍在蔓延、扩展。不少地区国家领导人和国际观察家都认为，伊实际上已处于内战状态。年前，布什政府面对伊安全困局，是增兵还是撤军，是留还是溜，举棋不定的背后，显然既有国家利益和国家形象等战略层面的考量，也有应对国内民主党和舆论压力的现实需要。但客观地看，美要做出政策调整，并不会从根本上改变它以反恐、防扩散为重点的全球战略和以伊拉克为重点的中东政策,其幅度和程度都将是有限的。

巴以问题。2003年伊战后的6月初,布什总统第一次出访中东时曾仿效其父1991年初打赢海湾战争后即于10月底推动马德里中东和谈之举,向巴以双方提出了路线图计划。然而,时至今日,这份由美、欧、俄、联合国共同制订的、也已被地区国家和国际社会广泛接受的计划,已成明日黄花。主要原因是布什政府在反恐、防扩散和推行大中东民主改革计划时,都坚持不把解决巴勒斯坦问题视作前提或先决条件,致使巴以和平谈判久久未能重启。2006年1月巴立法会选举后,哈马斯组建起了政府,随即遭到美、欧、以的全面封堵和制裁,造成巴境内人道主义状况急剧恶化。巴权力机构和哈马斯政府之间在建国路径、安全控制等方面存在分歧,经过各方努力,阿巴斯主席与哈尼亚总理于6月25日原则签署了由关押在以监狱中的巴各派领导人起草的"狱中协议",但2天后即发生了巴激进组织劫持一名以士兵事件,以军遂对加沙和西岸发动袭击和搜捕,以巴冲突再起。直到安理会解决以黎冲突的1701号决议颁布,阿巴斯才又恢复与哈尼亚的磋商,研究组建民族团结政府来取代哈马斯政府,但双方各有坚持,都不肯轻易相让,又缺乏地区国家、国际社会特别是美国的实际、有效配合,致使谈判多舛。阿巴斯主席已于12月提出提前进行立法会和主席大选,但遭到哈马斯领导人的拒绝。岁末年初,以色列奥尔默特政府面对伊朗咄咄逼人的挑战,已在调整对巴政策,如主动与巴一起宣布停火,会见阿巴斯主席,允诺向巴转交部分税款,开始撤除西岸和加沙的路障等,但巴以谈判的主导方美国显然还有待认同地区绝大多数国家、包括英国布莱尔首相在内的大国领导人都强调的巴勒斯坦问题的重要性,真正体察到全面、公正地解决巴勒斯坦问题与反恐、消除暴力文化之间的关联性。而美国如不采取积极有效的措施来推动中东和平进程,则解决巴勒斯坦这个本身是历史上由国际因素造成的难题,就无法取得实质性进展。

以黎冲突。2006年7月12日由黎真主党劫持以2名士兵引发的以黎战争,用真主党领导人的话来说,是"为了声援巴勒斯坦人民的抗以斗争"。战事初起,布什总统即在会见伊拉克马利基总理的讲话中,把以军的过度报复纳入了"反恐战争"范畴,并且不顾世界各国一再的停火呼吁在安理会坚持袒护以色列的立场,直接导致了许多国家公开批评"联合国无所作为",损害了联合国的权威和地位。正是由于美国对这场冲突的定性和所持态度,使战事拖至8月14日安理会通过1701号决议始告结束。战争对黎造成约2000人丧生,近百万黎平民离家逃难,道路、桥梁、水电设施等破坏严重,直接经济损失超过了30亿美元。而以色列在这次战争中,无论是军队方面(119名士兵死亡、70多辆坦克损毁),还是平民方面(40多人死亡,近50万人转入地下掩体或逃离家园),损失的比重也都很大,以国内舆论纷纷要求追究总理和国防部长的责任和执政能力。结果是伊朗支持的黎真主党趁机大事宣扬"取得了历史性的胜利",影响陡然上升,进而在国内掀起了持续至今的推翻西尼乌拉政府的浪潮。

伊朗地区影响明显扩大

伊核问题是2006年最令人瞩目的热点问题之一。它反映了伊朗自2005年夏天大选以来,对外政策已由哈塔米前总统主导的努力改善伊在地区和国际社会中的处境,争取融入现存国际体系,转向了现政权挑战国际核不扩散机制,扩大伊朗和什叶派在地区内和国际社会中的影响,谋求地区大国和伊斯兰世界代言人的地位。

伊核问题。伊朗发展核能,始于20世纪90年代。作为油气储量均占世界第二位的能源大国,它开发核能的客观理由,是目前伊生产的石油约40%须用于内需,以2005年为例,伊日产原油390万桶,其中250万桶得出口换汇。伊官方称,5年后其内需原油比例将达到85%。

伊朗作为主权国家，有权开发它蕴藏丰富的铀矿，以满足国内的民用能源需求。引起美国疑虑、也是国际社会担心的，是伊朗发展核武的倾向。2006年围绕伊核问题，安理会于7月31日和12月23日分别通过了1696号、1737号两份决议，但均遭伊朗拒绝。虽说，伊朗始终声称它追求的是和平利用核能，其浓缩铀浓度也一直限制在5%以内，但行动上，却在迅速增加离心机数量，且不愿暂时中止浓缩铀活动，也不让国际原子能机构人员充分检查、了解现场铀浓缩的实际状况。由于美国政府始终把伊朗视作"无赖"、"邪恶"国家，长期声称也要对伊实施"先发制人"打击，实现"政权更迭"，因此伊现政府反复强调的和平利用核能权利、掌握核技术权利，实际上不能排除是为今后拥核预留了空间。

伊核问题的解决，不外乎军事摧毁、制裁、外交谈判三种选择。从2006年安理会的两份有关决议内容看，已从主张谈判发展到了施加适度制裁以推动继续谈判。接下来事态发展的前景，一要看美国是否会对伊做出政策调整，从敌视、威慑转向接触、对话，与伊朗直接沟通，在增加相互了解的基础上形成双边谈判；二要看伊朗能否认真回应国际社会对维护核不扩散机制的关切，加强与国际原子能机构的合作。从维护地区安全和稳定看，多边和双边谈判，无疑是最合理也最可取的选择。

伊朗对美国、以色列的挑战。从舆论层面看，伊朗总统内贾德从2005年下半年起就开始强势挑战美、以。他曾写信给布什，后又致函德国默克尔总理、法国希拉克总统，既批评美国的中东政策，又详细阐述伊斯兰文明文化的价值观。同时又多次扬言要把以色列从地球上抹掉，以色列国应迁到欧洲去，2006年底甚至还发起召开国际研讨会，重新讨论二战期间纳粹德国屠杀犹太人的史实。

从行动层面看，伊朗2006年在对抗美、以的地区重大事件中，参与度明显加大。7月爆发的以黎战争，以色列之所以敢于出动3万兵力大举入侵黎南部地区，是受到了美国在安理会的保护和美直接的武器和资金支持；而黎真主党本身，则是伊朗在1982年黎内战期间亲手组建的一个武装组织，它的资金和军事装备长期靠伊朗提供。以黎战争期间，以军多次宣称，在黎武装人员中有伊朗人的加入。因此，地区舆论称，这场战争是"代理人战争"，亦即实际上是美国通过以色列、伊朗借助真主党所进行的一次较量。此外，从哈马斯的背景看，早在2006年1月25日巴勒斯坦立法会选举前，伊朗领导人就曾访问叙利亚，会见了设在大马士革的巴各派组织，其中包括哈马斯政治局主席哈立德·迈沙勒，表示了支持。此后，在哈马斯政府遭受美、欧、以封堵、资金断绝的情况下，伊即表示资助5000万美元。12月哈尼亚总理访伊，伊又允诺向哈马斯政府提供2.5亿美元。哈马斯的伊朗背景已变得越来越明显，它在与阿巴斯主席领导的法塔赫之间的谈判，也越来越受到伊朗的影响。

伊朗方多次表示，新世纪初美国发动的阿富汗战争和伊拉克战争，推翻了伊朗的死敌——塔利班政权和萨达姆政权，对伊朗是有利的。伊朗不想与美为敌，但美国支持以色列，而以色列是伊朗唯一不愿与之接触的敌人。伊朗同时认为，当前能代表中东伊斯兰世界价值观和利益的是它，而不是那些与以建交、执行亲美政策的其他地区国家。因此，对美、以长期敌视、孤立、遏制伊朗的政策，内贾德政府采取的是强势回应的对策，不仅在核问题上坚不让步，而且一年之中三次（3月31日、8月19日和11月1日）举行大规模军演，以展示新武器、新实力，在伊拉克、黎巴嫩、巴勒斯坦等问题上，也都大力施加影响，成为中东逊尼派国家担心的构筑什叶派新月地带（伊朗—伊拉克—叙利亚阿拉维派—黎巴嫩真主党—巴勒斯坦哈马斯）的强大推动力。

伊朗的政策走向当前已成为人们关注的重点之一。虽然在伊朗年前的专家会议和地方议会选举中，务实的温和派势力均取得了进展，但这是否足以促使伊政府在对外政策方面做出某种程度的调整，尚很难作出断言。

中东地区动荡仍将持续

中东成为举世瞩目的热点地区，历时已久。进入新世纪以来，由于相继爆发的一系列震撼全球的重大事件都与中东直接有关，中东终于在美国的全球战略中占据了最显著的地位。2006年中东局势的发展和变化，依然是在美国与阿拉伯—伊斯兰世界之间控制与反控制、改造与反改造的激烈较量的轨道上演进。一方面，阿拉伯—伊斯兰国家虽都在努力探索复兴之道，但政治、经济、社会等领域的改革受到内外各种条件的制约仍难以全面、深入地展开；另一方面，也更重要的，是美国布什政府的中东政策惯性力很强，已不可能改弦更张、重砌炉灶，即便要作政策调整，也必须符合美国全球利益的定位和美国历来的决策思维逻辑。

从二战结束至后冷战时期，美国在中东无论是遭遇苏联的争霸，还是应对地区大国谋求崛起等各种挑战，美国出台的名目不一的中东政策，其背后始终盘旋不去的战略考虑，是确保中东地区对全球特别是西方国家稳定的能源供应，确保以色列的安全和地区优势，确保美对这块重要战略地区主要事务的控制和主导权。布什政府实施多年的以反恐、防扩散和实施民主改革为标榜的中东政策，与历任美国政府相比，其战略内涵也并未出现实质性变化，要说有什么新特点，那么，留给世人印象最深的，恐怕就是其莽撞、失衡的单边主义和更趋浓重、鲜明的意识形态色彩。

2007年1月10日，布什总统在听取了国会"伊拉克问题研究小组"及军方、情报界和有关智库等各种报告和意见之后，终于作了电视讲话，第一次承认他对在伊拉克所犯错误负有责任，公布了他以增兵伊拉克为主要内容的新政策。布什这次新政策一出台立即受到了美国国会和国内舆论的抨击和质疑。布什也知道，实际上增兵2.1万多、再请款68亿美元肯定"不能立即结束伊拉克的暴力冲突",仍然"还会有更多的人员伤亡",但新政策客观上毕竟符合美国维护其国家利益、修补其国家形象的需要,符合布什总统本人的思维逻辑和行为方式,符合自尼克松总统以来美国追求"体面撤军"的传统,而且有助于缓解伊拉克现政府与周边逊尼派阿拉伯国家对伊安全失控、危及自身的担忧。因此,尽管亡羊补牢,为时已晚,但布什总统却不能不如此行事,以尽力保全美在伊拉克和中东的战略利益,挽回一点业已严重受损的颜面。

从已成为美国、以色列主要对立面的伊朗政策走向看,伊朗国内的务实派和知识精英们对伊现行政策固然有这样那样的不满和批评,但居于权力中心的宗教领袖集团、革命卫队和行政领导班子对内贾德总统在核问题上高举维护民族权利的旗帜,敢于强硬挑战美国,并在阿拉伯国家、非洲国家、伊斯兰会议组织成员国以及不结盟国家中大力扩大影响,大都是认同的,甚至还有自豪感。指望布什总统继续排斥和打压伊朗、叙利亚的新政策来软化、改变伊朗现行立场,那显然是不现实的。而伊朗内部状况的变化,按照美国情报总监内格罗蓬特1月11日向参议院提供的评估报告所说:"创纪录的石油收入和债务处于可控状态表明,伊朗经济目前能够经受住打击。"鉴此,是否可以说,推动伊朗政权进行政策调整的内外条件都还缺失,伊朗对外政策仍将持续。在这种情况下,更有可能出现的态势,是美国增兵伊拉克既是要减轻伊安全困局对美造成的压力,也是为了增加对伊朗的震慑,并做好以色列一旦对伊动武,美国必须配合的准备。

在上述地区背景下,巴以谈判能否恢复,黎巴嫩局势能否保持稳定,阿拉伯海湾合作委员会成员国、埃及、摩洛哥、阿尔及利亚、突尼斯是否会正式启动它们的和平利用核能计划,苏丹达尔富尔问题是否可能由非盟维和过渡到联合国维和,索马里的过渡政府能否在摩加迪沙站稳脚跟等等,都还存在变数,有待在新的一年里继续跟踪和观察。

> > > > > 中东研究管见 > > >

一个伊朗人在巴格达[①]

内贾德访问伊拉克，传达的信息是伊朗并不孤立，伊朗也不想为适应美国主导的现有国际体系而在自己的体制上改弦易辙。就此而言，伊核问题实际上是伊朗与美国的关系问题。

在伊拉克战争爆发将近五周年之际，3月2日，伊朗内贾德总统对伊拉克进行了两天访问。两伊主流媒体在报道中，都称之为是"历史性的访问"。因为自1979年伊朗伊斯兰共和国建立以来，这是伊朗总统第一次出访伊拉克。内贾德几乎会见了伊拉克的全体政要，双边会谈"极其友好、积极"，涉及政治、安全、交通、能源、经济、关税、教育等广泛领域，签署了七份正式协议和一批意向书，两国总统称这次访问"取得了积极成果"、"掀开了两国关系的新篇章"。

然而，从地区和国际社会的视角看，对已成为全球热点的内贾德此行，更应关注的是透过访问来评估两伊关系，及其对地缘政治和国际政治的影响。

内贾德访伊确实改善和加强了这两个伊斯兰什叶派大国的关系，伊朗对重建中的伊拉克影响力进一步提升。但两国关系还未达到应有的深度和广度。

比如，伊拉克的逊尼派对伊朗、对两伊领导人贬责伊拉克前政权

---

① 本文载于《东方早报》，2008年3月5日。

的言论都表示不满,伊拉克费卢杰逊尼派聚居区还出现了举行游行、烧毁伊朗国旗事件。从内贾德总统访问期间,伊拉克当局采取严密安全措施看,双方对逊尼派反伊朗势力都不敢稍有懈怠。

又如,对1975年在阿尔及尔签订的两伊有关阿拉伯河分界的协议,伊拉克一直表示不满,三年前两国的巡逻艇还曾在河上发生冲突。这个关系边界划分的敏感问题,这次两伊在会谈中却并未涉及。

此外,对伊朗关注的反政府组织"伊朗人民圣战者组织",伊拉克总统塔拉巴尼虽明确宣布其为恐怖主义组织,"将尽力予以清除",但伊拉克方面也表示,从宪法角度看,尚难以将滞留在伊拉克境内的该组织约四千名伊朗人(其中包括妇女、儿童)驱逐出境,而且,也没有国家愿意接受他们。

因此,两伊关系中,仍有不少不确定因素,内贾德总统的访问还不足以使伊拉克成为美国最担心的"亲伊朗政权"。

两伊的这次走近又一次表明,自内贾德2005年当选总统以来,伊朗的对外政策在不断导致中东地缘政治格局的变化。不说2006年初的巴勒斯坦立法会选举哈马斯胜出,与法塔赫分庭抗礼,年中的以黎战争等事件背后的伊朗因素,即以最近两三个月的地区大事而言,伊朗对周边国家的影响也决不容小觑。

2007年12月初,阿拉伯海湾合作委员会成员国在卡塔尔多哈举行峰会,伊朗总统首次与会。内贾德和沙特国王手携手进入会场的大照片,刊登在许多海湾报纸的头版。接着,他又应沙特之邀赴麦加朝圣。布什总统1月的中东之行,在沙特、科威特、阿联酋、巴林访问时都要求这些海湾国家认清伊朗的威胁,但没有一个国家做出正面回应。科威特在接待布什到访后不久,反而立即派外交大臣赴伊朗访问,签订了有关水和能源的协议,强调两国的友好睦邻关系。

事实上,阿拉伯的逊尼派国家,特别是君主制的海合会成员国,已成为美国、伊朗努力争取、笼络的主要对象。它们都是美国的盟国,对伊朗的拥核崛起和在巴以问题、黎巴嫩国内政局中扮演的角色,确实是疑虑重重。美国向伊朗施压、围堵和实施制裁的政策，它们不会持反对态度，但也不愿搞坏与伊朗这个强邻的关系。

从中东地缘政治的当前及未来的走向看，伊朗的作用与影响已经凸显，是否会形成以沙特、埃及等逊尼派国家与以伊朗为首的什叶派国家相对峙的宗教政治格局，则还有待观察。其中，两伊是否联手，则更是一个重要看点。

内贾德总统访伊本身，针对美国的色彩十分突出。他在讲话中指出，伊拉克人不喜欢美国，是美国给伊拉克带来了恐怖。他要美国停止指责伊朗，认为是美国在地区制造问题。3日，安理会通过了对伊朗制裁的新决议。

内贾德总统访伊，显然是伊朗坚持我行我素的最新反映，它传达的信息是伊朗并不孤立，伊朗也不想为适应现有国际体系而改变国体。就此而言，伊核问题实际上是伊朗与美国的关系问题，它将继续是国际政治生活中备受关注的热点问题之一。

希拉里更和平吗?[1]

希拉里的工作重点很可能在推动热点问题的各有关方进行谈判方面。实事求是地说,能用外交谈判进程来取代穷兵黩武,也就是很了不起的"改变"了。

这里先稍作一下回顾。冷战后的美国中东政策始于老布什总统1991年初主导的多国部队打赢的海湾战争和同年10月底美主持召开的马德里中东和会。克林顿总统在他的八年任内,奉行的是"东遏两伊,西促和谈"的中东政策,与前任政府奠定的基础保持了连续性。由于中东地区内外矛盾错综复杂,克氏的政策实施虽不尽如人意,但中东毕竟未发生重大战事,和平进程也取得过阶段性进展。2001年小布什入主白宫之初,其新保守主义色彩浓烈的团队一心谋划的是美国全球战略东移,对中东问题则持"相对超脱"态度,实际上是对前任民主党政府的中东政策不屑一顾。及至"9·11"事件发生,小布什政府这才如梦初醒,迅速改弦易辙,确立起了"反恐、反大规模杀伤性武器扩散、反无赖国家"的国家安全战略;在打完阿富汗、伊拉克两场战争,进入第二任前后,又稍作改动,变为"反恐、反扩散、民主改造伊斯兰社会"。其全球战略重点始终定格在中东,这已成为历史事实。

以"变革"为口号展开竞选的奥巴马团队,一开始就抓住布什政

---

[1] 本文载于《东方早报》,2008年12月17日。

府中东政策的"败绩"不放，可称收效显著。客观地看，布什团队中的新保守主义对中东推行的单边黩武政策，具有明显的极端主义倾向，不仅在实践上屡屡受挫，而且极大地损害了美国的软实力，成为美国共和党败选的重要原因之一。因此，奥巴马执政后，必须在其中东政策上做出不同于布什政府的改变，总的趋势是会弱化那种动辄用武的极端色彩，并尽可能地修复和推进与中东传统阿拉伯盟国的关系，对现政府确定为对立面的国家，则侧重沿用克林顿政府的接触、遏制的政策。

具体到中东最突出的热点问题上，如从伊拉克撤军、伊朗核问题、巴以和平进程和苏丹达尔富尔问题等，奥巴马想要做怎样的"改变"或他能"改变"什么，则既取决于美国的利益需求，也要看当事国家和地区形势的变化。比如，奥巴马曾宣布要在就职后的16个月内从伊拉克撤军，后又改口为"分阶段撤出大部分美军"，"还会留下一支部队，继续打击'基地'组织"。这与布什政府11月17日与伊拉克签署的2011年12月31日前美军完成撤离协议，时间上虽还有差距，但不会放弃美国已投入巨大人力、物力、财力的伊拉克这一基本立场，已明显趋同。又如，奥巴马近日宣布与伊朗进行直接接触，实行"胡萝卜加大棒"的政策。这与布什政府只在伊拉克与伊朗谈判有关伊拉克的安全问题，避不涉及伊朗核问题的做法，是进了一步。但如果伊朗方面像内贾德总统曾在2007年9月20日接受美国CBS《60分钟》节目记者专访时那样，再次宣布"伊朗不需要核弹"，"伊朗不想打仗"，而在停止铀浓缩问题上仍坚持既有立场不变，奥巴马又将如何处置？是继续推动对伊制裁，还是用武力相威胁？在巴以问题上，布什政府想在今年底之前让双方达成协议的计划已成泡影，四方委员会炮制的"路线图"计划，从内容到时间表都只是一纸空文。奥巴马真的会以2003年阿盟首脑会议提出的"阿拉伯和平倡议"为基础，重新启动巴以、阿以谈判吗？这些年来，以色列一直在围困、打击加沙地带，巴勒斯坦内部两派又至今难以形成统一声音，再加上伊朗支持哈马斯和黎巴嫩真主党，不断发展导弹、隐形飞机等高端先进武器，已对以构成威胁，这些事态都导致中东热点问题始终不见有降温迹象。明年的奥巴马总统和希拉里国务卿会有足够的耐心、时间和资源来逐一化解纠葛、满足各方的基本要求，推动巴勒斯坦这个历时半个多世纪的老大难问题走向解决吗？因此，奥巴马要改变布什政府偏于极端的政策，固然令人鼓舞，但中东关系到美国的全球战略，关系到投票支持奥巴马当选的约八成美国犹太人的故土安全，关系到世界各大国在那里的利益，他一旦身居高位、大权在握之时，当必须瞻前顾后，再三权衡利弊得失，在总体上相信仍会保持美国政策的连续性，因为真的要作"改变"，恐怕要比打个竞选口号难多了。

  不过，奥巴马总统仍然值得期待。他毕竟有自己的理想，也已组建起了一套精英班子，希拉里又是一位熟悉外交也很了解中东事务的国务卿。从分工上看，留任的盖茨国防部长也许将主要负责阿富汗、巴基斯坦等南亚国家的反恐行动和从伊拉克撤军的部署，而希拉里的工作重点则很可能放在推动热点问题的各有关方进行谈判方面。实事求是地说，能用外交谈判进程来取代穷兵黩武，也就是很了不起的"改变"了。

> > > > 中东研究管见 > > >

中国与阿拉伯世界需消除认知误区[①]

半个多世纪来，相对西方大国与阿拉伯国家的关系，中阿关系一直具有互相尊重、平等相待的友好传统，是中国对外关系中的优势和亮点。但在中阿关系不断取得长足发展，双方相互依存度日趋紧密的过程中，也还存在着一些不容忽视的问题，其中除利益摩擦外，更有认知问题。

不少阿拉伯国家舆论都已把中国称为"超级大国"，西方炮制的"中国威胁论"、"中国责任论"在当地也有市场。而中国对阿拉伯国家的分析评论依据的资料大多来自美欧国家，西方国家惯用而伊斯兰国家却颇为反感的"政治伊斯兰"、"伊斯兰原教旨主义"等术语，在中国也很流行。

因此，在中阿关系进入巩固政治互信，加强战略合作的新阶段，双方都面临的首要任务之一，是准确理解对方的文明体系和核心价值观。

通过深入开展中阿文明对话，消除认知误区是中阿关系深入发展的一项重要基础性工程。尤其值得一提的是，加深中阿文明交往，有利于消除一些阿拉伯国家对中国的反恐、维稳和打击分裂势力的认知误解。

[①] 本文载于《环球时报》，2010年5月14日。

相比阿拉伯方面一直在探索中国的经济发展经验、发展模式和外交政策，中国方面对阿拉伯国家的研究则显得有些不足和滞后，比如，我们对阿拉伯国家当前流行的伊斯兰中间主义思潮就知道不多。

我第一次听说伊斯兰中间主义，是在1995年赴约旦皇家伊斯兰思想研究院参加年会期间。当时担任王储的哈桑亲王在致辞中提出"要为伊斯兰教正本清源，正面阐述伊斯兰教主张的宽容、和平、仁慈、中间主义和公正等信条，开展文明对话"。2002年，该院举办"新世纪伊斯兰教的前途"研讨会，又听到埃及裔学者尤素夫·盖尔达维博士作的主旨发言，题目是《从偏激颓废转向中正温和》。我问他是否有论文集或专著，他告我还只有论文。想不到2009年他到中国来参加研讨会，带来了相关著作，而且还让我们了解到，这股方兴未艾的伊斯兰中间主义思潮已成为许多阿拉伯国家政府政策宣示的内容。它已成为阿拉伯国家、伊斯兰国家应对恐怖主义祸害的一条治本之道。阿拉伯国家的学者和精英从自己的伊斯兰信仰本身着手，重构具有时代精神的核心价值观，以杜绝宗教极端主义这个思想源头。这不但有利于铲除流行西方多年的"伊斯兰威胁论"，改善伊斯兰教和穆斯林的形象，而且也有助于他们适应当前的国际体系转型和加快现代化建设的步伐。

尽快组织力量翻译和研究伊斯兰中间主义思潮的著作，已是我们当前开展对阿拉伯国家公共外交和人文外交的现实迫切需要。更何况，中国有10个信仰伊斯兰教的民族、2000多万穆斯林，引进主张宽容、温和的伊斯兰中间主义学说，也能纾解国内少数穆斯林的偏激片面情绪，对推动宗教和谐、民族和谐，无疑都是大有裨益的。

> > > > > 中东研究管见 > > >

"和平发展"是中国制造的公共产品[①]

中国在世界处于大发展、大变革、大调整历史阶段的重要时刻，再次发表和平发展白皮书，不仅对中国、特别是对中国改革开放三十多年的实践经验作了系统全面的总结和提炼，将其上升到理论和战略高度，而且对国际社会而言，它准确反映的中国理念与中国主张所具有的代表性、均衡性和务实性，也是中国提供的公共产品，对当前世界经济结构的深刻转型、国际治理的深刻变革和国际政治经济秩序的重建，都具有积极的促进作用。

首先是有利于增进政治互信。伴随国际体系转型和国际秩序重建全过程的，是要推进国际关系的民主化，基础条件是各国在政治上的相互尊重、平等协商。中国实行改革开放政策以来，经济政治社会文化等各个领域均取得长足进步，影响力不断扩大，已经成为国际政治舞台的重要角色之一。但西方国家炮制的"中国威胁论"却始终充斥视听，它们至今仍在质疑中国的防御战略目标具有模糊性，说中国发射国际空间站是追求"制太空权"，把中国与非洲国家的经济合作定性为"侵略"，是"新殖民主义"等等。这些言论一方面是为它们遏制中国的军事、外交政策制造口实，另一方面也旨在歪曲和损害中国的形象。对此，作为当今国际体系的参与者和建设者，中国一直坚持立

[①] 本文载于《文汇报》，2011年9月12日，第6版"文汇学人"专栏。

足于多做工作，通过对话而非对抗，用事实来澄清是非，以正视听。多年来，我们已连续发布中国人权白皮书、国防白皮书等权威性报告，回应国际社会的关切。而今第二次通过和平发展白皮书对中国外交战略和政策作进一步的正面阐述。这对我们方兴未艾的公共外交、人文外交而言，无疑是一份具有重要文献意义的指南。

其次是有利于加强发展合作。国际政治经济秩序的重建，是在当前世界经济结构转型和全球问题治理的过程中逐步推进并实现的。在经济全球化深入发展的21世纪初期，加强经济上的相互合作，优势互补，朝着均衡、普惠和共赢方向发展，正越来越成为大小国家的重要共识。这份白皮书，对中国和平发展道路的特征作了明确界定，即科学发展、自主发展、开放发展、和平发展、合作发展、共同发展，其中的合作理念，寓于其他各类发展之中，是中国和平发展的最主要的关键词之一，在中国与其他国家和地区的双边关系中均已凸现。中国强调合作，包含了同舟共济、互利共赢、惠及全球等内涵。白皮书所做的政策宣示，明确规定了我国对外合作的这些原则，国内的部门、企业、个人都应恪守，而且其实践效果也必然经得起国际社会的检验，为丰富国际合作内涵做出自己的贡献。

第三是有利于促进人类文明繁荣进步。白皮书强调"各国国情千差万别，世界上不存在最好的、万能的、一成不变的发展模式，只有最适合本国国情的发展道路。"中国选择和平发展，是基于中国的文化文明传统、中国的国情和中国的理想追求。世界上存在多种文明，都有自己的历史、传统和长处，它们也都会选择自己的发展道路。因此，处在转型期间的国际体系，在制度改革、权力结构调整和机制创新方面，对世界文明体系的核心国家和组织，都应持开放包容的态度，因为只有重视文化上的相互借鉴、求同存异，尊重并维护世界的多样性，才能创造和平安全的国际环境，促进人类社会的进步和发展。中国在反恐政策上坚持不把恐怖主义与特定的民族、宗教挂钩；在对阿拉伯国家政策上强调相互尊重，加强人文合作，促进文明对话，深化教育、新闻、青年、旅行等领域的交流合作等，是正在谱写中国和平发展道路上中华文明与阿拉伯、伊斯兰文明交流互鉴的新篇章。中国对阿政策的实际意义已超越了双边关系，在国际体系转型过程中各大国都必须面对的一个重大课题上做出了自己的选择：即正确处理好与阿拉伯国家、伊斯兰世界的关系，让这个数量众多的国家群体在现存的国际体系中发挥作用和影响。

中国的这份白皮书包含着丰富的人文理念和政策主张，成为可供借鉴、共享且不具排他性的经验和原则，今后还将得到进一步的丰富、发展和完善。可以相信，将有越来越多的人会体察到它所具有的公共产品的价值。

《南风窗》专访：
阿拉伯转型阵痛与中国角色[①]

今春以来，阿拉伯多国政治动荡经久未歇，9月下旬宁夏回族自治区却成功举办了第二届中国—阿拉伯国家经贸论坛，22个阿盟成员国悉数派高阶代表团与会，凸显中阿关系热络的一面。近日，就此番阿拉伯变革的动因、潜在影响及中国的相关角色等问题，本刊记者走访了中国阿拉伯研究的重镇——上海外国语大学中东研究所，求教于所长朱威烈教授。

"社会转型期的阵痛"

记者：2011年可谓阿拉伯变革年，您如何估计这场变革的深度、广度？历史上有类似的变革潮吗？

朱威烈：这次中东的变局，应该是一场具有历史意义的标志性事件，不仅触动了处于伊斯兰世界核心地位的几个阿拉伯国家，而且波及整个伊斯兰文明体系。伊斯兰会议组织1969年成立，到今年6月28日在哈萨克斯坦开会时改名为伊斯兰合作组织，现有成员国57个，人

---

① 本文载于《南风窗》，2011年第21期。

口10多亿，因此对它的影响是个全球的问题。

回头看，阿拉伯世界在20世纪五六十年代有纳赛尔革命、伊拉克革命、也门革命等，出现了一个民族主义浪潮，很多国家独立，或摆脱殖民统治，或推翻封建王朝；最后一个是利比亚革命，1969年卡扎菲推翻了伊德里斯王朝，成立了利比亚大民众国。第二波政治浪潮发生在70年代，即1967年第三次阿以战争之后，伊斯兰复兴主义抬头，标志性事件是1979年霍梅尼革命，推翻了巴列维王朝，成立了伊朗伊斯兰共和国。

最近这次，是第三波浪潮，从突尼斯开始到埃及、也门、利比亚和叙利亚，波及面非常广阔，从来没见过。性质也不是反对外来侵略，而是内部的民主、民生等问题。根本问题是政经领域的发展模式还没有确定下来，导致社会贫富差距悬殊，管理方面弊病丛生，大众对伊斯兰价值观的认知产生了分歧，主流的意识形态无法建立。所谓的变革就是针对这些问题的。

过去，中东国家往往把所有的国内问题都推在外因上，归咎于以色列占领、美国侵略等等，而不是自己想办法往前走。工业化、现代化建设进程，中国在改革开放之后跟上了，阿拉伯国家、伊斯兰国家却没跟上。所以它们当前的转型，从群众运动到武装起义有多种表现形式，反映的都是民众要求改变现状，试图让本国跟上经济全球化所带动的现代化建设进程。当地媒体用"艰难的分娩"来形容，我则称之为"社会转型期的阵痛"。转型不会一帆风顺，而要付出痛苦的代价。

记者：相比其他地区，阿拉伯世界更容易给人以"乱世"的感觉，这是为什么呢？

朱威烈：第一是因为国家多，现在的热点问题都集聚在这些国家。比如，利比亚的战争从3月份开始到现在半年多了，卡扎菲还没抓到，叙利亚的问题又出现了，也门的问题也没解决，一个接着一个。埃及从年初解放广场事件（当地人称为"1·25革命"）到现在，还在进行对穆巴拉克的审判,在准备议会选举;巴勒斯坦在申请加入联合国。热点问题都产生在这个地区,矛盾集中,各种各样的问题众多,大家有这么一个印象其实也不奇怪。

再有,就是平民的正常生活受到了冲击。无论"突尼斯革命"那样的和平方式,还是利比亚的朝野冲突加上北约的军事干预,抑或也门恐怖主义组织的浑水摸鱼,都会造成民众的灾难和损失,从而给人留下"乱世"的感觉。

多面,难于一统

记者:阿拉伯富国里,卡塔尔、阿联酋似乎走的是开明专制路线,贸易、金融、媒体、体育,都搞得风生水起。相反,沙特遭人非议的地方就比较多,像女性权利、选举权等等,但沙特与美英关系又特别好,是否就因为此它才缺乏改革动力?

朱威烈:我不想用专制、民主等概念做国家分类,而只能比较它们的开放程度。这几年,我差不多每年都去沙特,感到它变化很大,阿卜杜拉国王提出了对话观、和平观和接受异己观——不只跟穆斯林来往,也要接受他者,更具宽容和开放。伊斯兰的两大圣地都在沙特,它又是伊斯兰教的诞生地,它的宗教色彩比较浓是可以理解的。最近平息巴林教派冲突事件时,沙特就是领头国家。

卡塔尔跟阿联酋,开放度更高一些,特别是阿联酋的迪拜,想打造成海湾的香港。卡塔尔现在也动作频频,包括争取举办世界杯足球赛和奥运会,希望成为海湾的国际会展中心。卡塔尔大概一二百万人口,卡塔尔国籍的人不到30万,如果不算巴基斯坦、印度、斯里兰卡、菲律宾等外籍劳工的话,它的人均GDP肯定超过10万美元。卡塔尔是小国想办大外交,小国想做国际中心。这一次打利比亚,卡塔尔是最积极的国家之一,不但派军机,连士兵都进去了。卡塔尔的半岛电视台也非常活跃。

这些海湾君主国的富裕程度超过了一般的国家,而且都是逊尼派掌权。但现在中东特别是海湾地区出现了有7000多万人口的伊朗什叶派政权和拥有3000多万人口的伊拉克什叶派政权,这两个什叶派政权加在一起,对沙特来讲压力比较大——地缘政治的压力和教派格局上的压力。沙特跟美国很早就是盟国,现在也是相互倚重。不能说改革得由外部推动。沙特的改革开放是渐进性的,它大多数的精英都曾留欧、留美,人数相当多,各个部都有。它也在考虑起用一些女性高级官员,只是精英们在改革问题上态度很慎重。

记者:以前有些国家曾梦想阿拉伯统一,但在看到伊拉克侵略科威特的例子后才发现此路危险。现在还有人提阿拉伯统一事业吗?

朱威烈:阿拉伯统一是阿拉伯民族追求的一个理想,有这样的研究中心,也有名义上的阿拉伯联盟。从理念上讲,他们不会放弃,但要变成现实得考虑多方面因素,比如产油国、劳务输出国资源怎么整合,君主制、共和制怎么沟通,怎么融合等。卡扎菲之前曾一会儿想跟埃及联合,一会儿又想跟突尼斯联合,他做过很多尝试。但总体来说,要实现统一很困难,主客观条件都还不具备。

阿拉伯国家曾在1998年提出建立"大阿拉伯市场",互免关税,也通过了决议,但是讲得多,做得少。相比之下,六个阿拉伯君主国在1981年组建的海湾合作委员会,在安全、贸易上合作较多,但它们一直想建立的统一货币"海湾第纳尔",到现在也没实现。

北非受多方垂涎

记者:阿盟前后两任秘书长都是埃及人,但该组织受沙特等海湾国家影响大。卡扎菲在阿盟不得志,很多年前就把主要精力放在了非洲。这次利比亚战后,北非马格里布国家会否重新唯阿盟马首是瞻?

朱威烈：阿盟的秘书长由埃及人担任，这是一个不成文的规定，阿盟的总部就放在埃及，位于开罗解放广场旁边。埃及纳赛尔去世后，阿拉伯世界群雄并列，但始终没有定下来到底谁能服众。卡扎菲总想当阿拉伯世界的头，他跟沙特国王、已故约旦国王侯赛因的关系都很紧张，跟埃及的关系也紧张，甚至有一度他跟巴解主席阿拉法特的关系也紧张。

阿盟的议程，很少谈到北非怎么办，比较多的是关注伊拉克、巴勒斯坦。在这种情况下，卡扎菲就转向了，他要把"非统"变成"非盟"，然后就想当"非盟"的头。卡扎菲对举办奥运会、世博会等都没有兴趣，只对"非盟"有兴趣。他曾向撒哈拉沙漠以南不少国家提供过援助，所以当下好多国家都欢迎卡扎菲逃亡到它们那儿。利比亚反对派推翻卡扎菲的一个重要原因，就是卡扎菲把太多的资源投放到援助其他非洲国家上，而本国的民生却没有得到及时的关照。反对派们还有一句话说："利比亚成名的人物就是卡扎菲一人。"整个国家宣传机器也只宣传卡扎菲一人，对此他的身边人、利比亚的知识界，都不高兴。

北非这些国家，不管卡扎菲在不在台上，肯定还要参加阿盟。西北非有个阿拉伯马格里布联盟，共五个国家：利比亚、突尼斯、阿尔及利亚、摩洛哥、毛里塔尼亚。利比亚前驻华大使离职时我问他回去以后将做什么工作，他说去阿拉伯马格里布联盟工作。我说这个组织好像睡着了。睡着了，是说它没有作为。阿拉伯世界有三大组织：阿盟，海合会和马格里布联盟，这个马格里布联盟相对较弱，没有什么影响。

看到北非这一部分这么弱，法国1995年在西班牙的巴塞罗那提出了一个环地中海的合作。这个欧盟的"巴塞罗那进程"，目的是让环地中海国家联合起来，形成一个经济圈。现在卡扎菲倒了，接下来怎么发展，看欧盟有什么新招。如果欧盟提出的发展和治理项目合理，马格里布国家会向欧洲靠拢。

记者：土耳其总理埃尔多安最近去巴勒斯坦、埃及、利比亚、突尼斯，都是以前奥斯曼帝国的领地。他支持巴勒斯坦反抗以色列的占领，支持北非民主等，问题是，阿拉伯人买他账吗？土耳其民主模式适合阿拉伯国家吗？

朱威烈：土耳其在二战以后，跟伊斯兰世界比较隔膜，特别是近一二十年，一直在追求加入欧盟，但是欧洲国家可以接受它加入北约，却没有同意它加入欧盟。在多次碰壁以后，土耳其转弯了，还是回到中东来发挥作用，在伊朗核问题、叙以关系上，它都插手。土耳其在巴勒斯坦问题上的支持，阿拉伯国家是欢迎的，也为它叫好，因为它跟以色列的关系趋于紧张，包括它的人道主义救援船曾被以色列扣留，还死了9个人，今年它表示要援助加沙地带，又遭以色列拒绝。它跟以色列的外交关系已趋下降。

土耳其的发展道路，阿拉伯国家会不会认同，这不是一个小问题。奥斯曼帝国从16世纪开始，统治阿拉伯人好几个世纪。这一段的历史，阿拉伯教科书都称之为"衰落时期"，要阿拉伯国家认同土耳其的发展模式，从感情上不能接受。当然，土耳其跟沙特是G20仅有的两个伊斯兰国家，如果土耳其有一些成功的经验，阿拉伯国家也会借鉴，但不会简单地用"土耳其模式"来定义，那样说阿拉伯人绝不会接受。他们会采取自己的开放政策和现代化建设模式。一个大民族采取别的民族发展模式，感情上很难接受。

中国的角色

记者：有人认为，中国以往与阿拉伯世界打交道，主要是平衡与以色列的关系，现在却不得不在利比亚问题上站队，中国外交面临哪些得失？

朱威烈：我不同意这种提法，不存在中国站队的问题。中国跟阿拉伯国家于去年的5月17日在天津举办外长会议，温家宝总理做演讲，确定"全面合作，共同发展"的战略伙伴关系。对待阿拉伯国家，我们有"两个尊重"，尊重各国对社会政治制度的选择，尊重各国对发展道路的选择。在利比亚出现变局以后，我们对联合国安理会1970号决议投的是赞同票；对1973号决议即设立禁飞区，我们投的是弃权票。投票并不是押宝。我们出于尊重征求了阿盟和非盟的意见，阿盟和非盟两个秘书长都答复希望能设立。这跟我们的政策并不相符，我们一直主张通过和平方式解决问题，"金砖五国"会议也不主张采用战争手段。我们只是鉴于阿盟、非盟的要求投了弃权票，让这个决议过了，但这在客观上帮了反对派，被北约用作了军事干预的借口。

另外，当一个政权出现反对派的时候，我们必须看清楚人民最后的选择。在此过程中，我们可以与反对派接触。这里面不存在站队问题。现在，俄罗斯突然变脸了，中国则在逐步地妥善应对。我觉得中国立场将来是经得起历史考验的。如果我们经常变来变去，以后跟任何一个国家打交道，人家都会怕你。从最近的报道看，利比亚现在的执政当局，对中国还是强调加强合作，因为中国在它战后重建期间仍会起很大作用。我们之前在利比亚有50个项目，并不都是石油项目，其中很多是民生项目。

记者：有人说埃及变天标志着美国在当地霸权失落，中国可将埃及提到与伊朗同等重要的外交位置上，甚至可与"穆斯林兄弟会"这样的宗教力量建立联系。您觉得后穆巴拉克时代的埃及是中国外交的契机和商业的大舞台吗？

朱威烈：毫无疑问，埃及仍将是中东地区的重要国家，埃及宪法的修改，未来议会的选举，总统的选举，中国都高度关注。埃及是第一个承认新中国的阿拉伯国家和非洲国家，1999年穆巴拉克访华与中国建立战略关系也是阿拉伯国家中的第一个。后来我们又跟沙特建立了能源领域的战略合作关系，再接下来是跟阿尔及利亚建战略合作关系。到去年，中国跟所有的阿拉伯国家联盟建立了"全面合作，共同发展"的战略关系，这是个渐进的过程。

穆巴拉克下台后，过渡政府的官员也到中国来访问，这个互动没有停止过。将来在埃及建设过程中，中国仍会提供自己力所能及的帮助，也可以考虑跟西方国家或海合会国家一道帮助其重建。我们也可以鼓励中国企业家到埃及投资，问题是它的制度要完善，法律要健全，比如它的《投资法》《经济特区法》等。之前苏伊士运河搞了一个经济发展特区，我曾应邀去参观过，发现土地租赁只有20年免税，期限这么短，企业投资的积极性就不高。我们鼓励具备条件的企业走出去，但如果投资环境不好，鼓励不等于害人吗？

至于跟埃及在野党打交道，属于公共外交的范畴。我们跟美国打交道，不仅跟民主党打交道，也和共和党打交道。将来阿拉伯国家制度建立起来，党派比较稳定了，我们的交往面可能会宽一点，除了跟执政当局，也会跟合法的在野党打交道。增加我们的接触面，不光是要掌握信息，也须让它们了解中国的政治，中国的国情。它不能直接了解你，就通过西方了解你，往往你的形象就被扭曲了。

对话：穆巴拉克、穆兄会和埃及局势解读[①]

埃及局势持续动荡，穆兄会多名高级官员在逃离埃及时被捕；与此同时，前总统穆巴拉克获释后被软禁在医院。那么，埃及局势下一步会怎么发展？穆兄会是否会软化立场？本报记者齐旭对话著名中东问题专家朱威烈教授，朱教授对埃及局势做了详细的分析和预测。

穆巴拉克政治生命结束　如何评价似有信息传出

记者：临时政府为何要释放穆巴拉克？释放后又为何将其软禁？此举对埃及局势将产生怎样的影响？穆巴拉克今后将扮演一个怎样的角色？

答：穆巴拉克已经被拘捕了两年。埃及法律规定，在法院对全部指控做出终审裁决前，对嫌犯的羁押不得超过两年。因此，埃及释放穆巴拉克符合正常的法律程序。

但是，释放穆巴拉克并不意味着不再追究他所涉及的贪腐等问题。如果在当前局势下将穆巴拉克释放回家，就会给人以"复辟"的

[①] 本文载于《新民晚报》，2013年8月29日。

印象。因此在埃及法院22日宣布释放这位前总统后，军方决定将其暂时软禁在马阿迪军事医院，直到紧急状态结束。

对于今后穆巴拉克将扮演一个怎样的角色，我认为这位85岁高龄的老人的政治生命已经结束，其下台的命运不可逆转。但这一事件将引发人们的思考，即如何客观公正地评价穆巴拉克统治埃及的30年。穆巴拉克是埃及在位时间最长的总统，他1981年上台，2011年下台，在任长达30年。穆巴拉克下台主要有两点原因：一是专制。他在共和国体制下连选连任30年。二是腐败。穆巴拉克及其家族、身边高官掌握了大量国家资源。与此同时，埃及8000多万人口，失业率居高不下，官僚任人唯亲，民众的不满情绪非常强烈。尽管穆巴拉克因此而丢了总统宝座，但这并不意味着穆巴拉克时代的内政外交统统一无是处。穆巴拉克在任期间，恢复了埃及在地区中的大国作用和影响。30年里，埃及基本没有再卷入地区冲突。此外，在推动巴勒斯坦和以色列谈判、维持埃及同以色列的和约等方面，穆巴拉克也是有功劳的。

此外，穆巴拉克的民族民主党政府汇聚了埃及的精英，这30年的政府政绩不能因为穆巴拉克的倒台而全面否定。穆巴拉克政权的成员、民族民主党成员如果在过去30年内没有腐败劣迹，他们有理由也有可能在今后埃及的国家建设中继续发挥作用。穆巴拉克被释放传递出的这一信息，具有积极意义。

穆兄会执政有三大缺失　　因何下台需做深刻反思

记者：穆兄会到底有多大实力？在大批领导人被抓被杀后，该组织是否会软化立场或分化瓦解？

答：在去年埃及两次选举中的第二次，穆兄会的得票率达到51.9%。这个数据足以说明穆兄会的实力不容小觑。

在面对大批领导人被抓被杀，穆兄会究竟会如何行动，是继续强硬对抗还是会转变方式，则需要回顾一下它的上台经历。

直到2011年埃及爆发"1·25"革命，即第一次革命之前，穆兄会属于非法组织。"1·25"革命为穆兄会实现合法化和政党化铺平了道路，最终获得了革命的胜利果实。这是因为穆兄会改变了之前那种激进、暴力、恐怖的斗争策略。他们在埃及国内致力于做基层工作，利用基金会扶贫帮困，在国外发展地区影响力，其成员以个人身份参政。这种扎根基层，为穆兄会夯实了群众基础，而这也正是原先民族民主党所欠缺的。在一人一票的票选制度下，拥有牢固群众基础的穆兄会自然拥有更多胜算。在2012年初完成的人民议会选举中，穆兄会旗下的自由与正义党成为第一大党，而另一个激进伊斯兰政党萨拉菲派的光明党紧随其后，两个伊斯兰政党获得议会约70%席位。在6月的总统选举中，自由与正义党主席穆尔西成功当选。

穆兄会历经艰辛，终于靠埃及民众的支持而得以上台，他们原以为穆尔西一定下不了台，但现实却并非如此。一些数据可以说明穆兄会执政一年以来埃及的状况。2011年，埃及共爆发9000多次示威游行；而在今年7月3日之前，埃及每个月的游行示威就达到1100多次。去年，埃及的GDP是5%；而穆兄会上台后，截至今年上半年，GDP仅为1.9%。"1·25"革命前，埃及拥有360亿美元外汇储备，如今仅剩134亿美元。

我认为，埃及在"1·25"革命后继续衰退，是因为穆尔西及穆兄会执政有三大缺失。第一是缺乏上台执政的理论准备。穆兄会有夺取政权的理论，但没有治国理论。第二是干部准备不足。穆尔西是工程学教授，巴迪亚是著名的兽医专家，而他们的共同点是均非政治、经济精英出身。穆兄会聚集了部分精英，但缺乏治国理政所必需的政治、经济方面的专家。第三是舆论准备不足。穆兄会未能控制埃及的主要媒体，大量主流媒体与穆兄会对着干，与穆兄会关系良好的媒体仅为少数。

穆兄会此前赢得选举是因为低调，它选择了和平合法的方式，从参政一步步走来并最终实现执政。面对穆兄会现在的处境，它所需要的是认清现实，对下台的原因深刻反思，得出理性的符合实际的选择，亦即放弃一味的抵抗、暴力。这对穆兄会本身，对穆兄会组建的自由与公正党都十分重要。但穆兄会或许短期内还转不过弯来。它最终是会软化、分化，还是瓦解，取决于它的选择。

海湾国家资助临时政府　是因与穆兄会存在旧怨

记者：沙特、阿联酋等海湾国家为何公开支持埃及临时政府？

答：面对埃及的动荡局势，沙特在第一时间表明立场，并资助临时政府50亿美元。阿联酋、科威特随即跟上，分别资助30亿和40亿美元。这是因为：1. 这三国与穆兄会积有旧怨：1990年伊拉克入侵科威特时，穆兄会曾支持萨达姆政权，造成沙特、阿联酋、科威特等国的强烈不满。因此，当穆兄会取代穆巴拉克执政时，这三个国家的反应都很冷淡。2. 沙特、阿联酋等海合会国家都是君主制政体。对穆兄会这样一个激进的伊斯兰教组织，对其宣扬的阿拉伯革命有可能传播到海湾国家，都视为是巨大威胁，因此始终保持着高度戒备，并注意采取防范措施。3. 穆尔西上台后，即赴伊朗参加不结盟国家首脑会议，后又允许伊朗军舰通过苏伊士运河，还酝酿与伊朗恢复外交关系。这些举措也引起了视伊朗为心腹之患的沙特、阿联酋等国的警觉和不满。

是否停止军援正在评估　美国考量依据国家利益

记者：美国目前对埃及究竟持何种立场？对埃及政局的影响有多大？会不会最终停止军事援助？

答：美国国防部长哈格尔近日答记者问时表示："美国对埃及的影

响有限，埃及的事情还是要靠埃及来解决。"这一表态与奥巴马的观点一致。

美国对中东的战略正在进行调整。不仅要从伊拉克撤出，而且要从阿富汗撤出，同时又要保持对中东重大事务的主控能力。美国对中东的政治影响在减小，但仍然存在，它主要通过军事与经济援助、推进巴以和平进程以及舆论三条渠道施加影响。

美国国务卿约翰·克里曾就埃及局势说，埃及军方并没有干政，是军方维持了埃及的民主。这一表态十分重要，说明现在的埃及政府是一个世俗的临时政府，并非军政府，与第一次"1·25"革命时国防部长坦塔维代表国家主政的情况不一样。同时，美国不承认埃及的这场革命是一场政变。因为如果称其为政变，美国就不能对埃及进行军事援助，也就意味着美国将失去对埃及未来走向的话语权。因此，美国表示将与埃及临时政府继续保持合作。

对于是否会最终停止军事援助？美国战略与国际问题研究中心（CSIS）最近讨论的一些议题中，有一个就是对是否停止对埃及的军事援助逐项进行评估。原因是目前美国民众反对和支持向埃及提供军事援助的各占50%。对此，美国政府的考量是所有的决定都必须符合美国的国家利益。正因为美国目前的态度，造成许多国家对埃及的援助纷纷停下来。而军事援助是此前美埃用合作协议形式确定下来的。

局势主导权在政府军方　最终取决于穆兄会抉择

记者：请预测一下埃及下一步的发展趋势。

答：埃及下一步的发展主导权在临时政府和军方，但最终局势依然取决于穆兄会的态度和行为方式的改变。

埃及局势的恶化将导致中东地区局势进一步复杂化。埃及如发生内战，两派对立将更趋严峻，埃及的社会经济发展也将因此迟滞。这不仅对本国不利，对周边不利，对世界和平也不利。因此埃及的局势必须得到控制。

　　由于穆兄会的存在，这一事件不仅关系到埃及，还牵扯到周边其他国家。穆兄会的选择将明显影响地区局势。如果继续选择先前那种带有暴力、对抗的游行示威，穆兄会的处境将出现变化，甚至有可能演变为军事冲突、内战。在中东，小冲突会变成大冲突，大冲突也可能会变为局部战争。

叙利亚问题
源于阿拉伯国家改革诉求[①]

编者按：10月7日，禁止化学武器组织的核查叙利亚化学武器专家小组先遣队继续实地销毁化武工作。自今年8月发现叙利亚化武袭击事件以来，国际社会在一片强烈谴责声中先后召开了多次会议，紧急磋商应对策略。以美国为首的西方国家主张军事打击叙利亚，而俄罗斯、中国则坚持主张通过政治外交手段缓和叙利亚局势。随着近日叙利亚主动申请加入《禁止化武公约》，以及联合国安理会通过了销毁叙利亚化武的决议，国际社会终于达成了避免军事干预的协议，叙利亚局势暂时趋于缓和。叙利亚问题何以引起各方关注？上海外国语大学中东研究所名誉所长朱威烈教授与高校师生分享了他的看法。

目前，由叙利亚方面公布化武相关地点的第一阶段进程已接近尾声，专家小组已进入第二阶段的工作，即核查、拆解和销毁化学武器及相关设施阶段。

叙利亚问题是在什么背景下产生的？中国对叙外交政策是怎样的？9月26日，上海外国语大学中东研究所名誉所长、中国—阿拉伯国家合作论坛研究中心主任朱威烈做客"博雅讲堂"，讲述阿拉伯革命的源起、阿拉伯国家的基本国情以及中、美的中东政策。

---

① 本文载于《东方教育时报》，2013年10月16日。

叙利亚问题是阿拉伯革命的一部分，最大诉求是改革

最近的化武袭击事件成为叙利亚问题的"导火索"，只是历时近三年的阿拉伯革命的一部分，而中东地区的这场动荡，则是源于2010年年底开始的"突尼斯剧变"。朱威烈介绍，"突尼斯剧变"被西方称为"茉莉花革命"，从要求改善民生、反对突尼斯政权的抗议活动，很快演变为全国骚乱，总统本·阿里被迫下台，逃往沙特避难，突尼斯成为阿拉伯国家中第一个因为民众抗议而倒台的政权。紧接着，阿拉伯革命蔓延到了北非西亚地区的多个国家。在埃及强人穆巴拉克下台后，中东明显出现了"多米诺骨牌效应"。利比亚、也门、叙利亚、摩洛哥、约旦和巴林等国，各类示威抗议活动层出不穷，挑动着全球政坛的神经。

阿拉伯革命持续不断，构成了冷战结束后国际社会的又一重大历史事件。有观点认为，这些接二连三的政治运动是西方国家理念中的一场"颜色革命"，是为了拷贝西方国家的价值观和民主模式。对此，朱威烈并不完全认同。"尽管阿拉伯民众采取革命方式，但他们的最大诉求是改革。只是阿拉伯地区在进入社会改革的过程中，不像中国改革开放三十多年间，始终高度重视处理好改革、发展和稳定这三者的关系。缺失了社会稳定这个基础，其改革过程又被国家内部的权力斗争和外部势力的干预所干扰和误导，终于导致了中东的一场大动乱。"

"其实，中东地区对改革有着强烈的诉求，是因为阿拉伯国家面临的共同问题是国家发展和民族振兴，无论是经济的发展，还是政治、社会和文化等制度的建设，阿拉伯国家正处于从'前现代化'向'现代化'转型的过程之中。"朱威烈介绍，一百多年来，中东阿拉伯国家一直在追求"阿拉伯统一"、"伊斯兰复兴"这样的梦想，但实际上却始终处于动荡和战乱之中。进入新世纪，在"9·11"事件发生后，美

国先后发动了阿富汗战争和伊拉克战争。美欧国家企图用西方民主改造伊斯兰社会，但它们公开插手干预中东国家内政，非但没有消灭以"基地"组织为代表的恐怖主义势力，反而造成了一次又一次的人道主义灾难。阿拉伯革命爆发以来，美英法又借机轰炸利比亚，公然支持叙利亚反对派的武装力量，在叙境内已造成10万人死亡，200万叙难民逃往周边邻国，进一步加剧了地区动荡。迄今，伊朗核问题还未解决，伊拉克国内安全局势未获好转； 巴勒斯坦问题在历经半个多世纪后仍举步维艰，宗教极端主义组织、恐怖势力更是在强劲反弹，活动范围越出了中东，蔓延到了西非、东非……朱威烈认为，中国对国际形势的总体判断，是世界处在复杂深刻的变化中，和平与发展仍然是时代的主题，同时，世界仍然很不安宁。这也符合阿拉伯国家的形势，阿拉伯国家需要的是和平与发展，是稳定和安宁，而不是冲突、战争和外来干预。

内外合力让阿拉伯国家持续动荡

为什么阿拉伯国家的改革和发展问题会演变成一场场持续不断的动荡呢？朱威烈表示，这与阿拉伯国家长久的"内生性问题"和"外部干预问题"有关。

朱威烈说，阿拉伯国家的"内生性问题"包括民族、领土、宗教等历史遗留问题。中东四大民族阿拉伯人、犹太人、土耳其的突厥人以及伊朗的波斯人都有悠久的历史，千百年来，一直在中东土地上生存繁衍发展，既有和平相处的一面，也有因为争夺资源、领导权而冲突斗争的另一面。近年，库尔德人正在崛起，很可能成为中东的"第五大民族"。他们不时提出的各类民族诉求不断外化为国家内部和地区间的政治运动和争端。阿拉伯国家的领土问题则是因为一战后领土的划分，大多是欧洲列强为分割势力范围在地图上画线设定的，而非实际勘探调查的结果,这给中东留下了众多的后患。宗教问题在中东地区尤为突出,伊斯兰教、基督教和犹太教的发源地都在中东,各民族杂居的现实使宗教问题经常成为发生冲突的敏感原因。其中,伊斯兰教分为什叶派和逊尼派两大派,下面又有许多分支派别,教派斗争长期存在,不时加剧着地区的动荡。

内生性问题的另一部分,是阿拉伯国家内部的政治、经济、社会和文化等制度,在世界经济全球化、发展中国家加快现代化建设进程中,已经严重滞后,未能做到与时俱进,明显满足不了民众的需求。

"外部干预问题"从来都是造成中东局势动荡的重要原因。朱威烈介绍,国家和地区间经济发展不平衡的加剧,西方国家的霸权主义和强权政治,都让阿拉伯国家的和平发展诉求难以实现。"从二战结束到上世纪末,中东地区先后打过四场阿以战争,还有持续八年的两伊战争(1980—1988年),以及也门内战、黎巴嫩内战、海湾战争等,地区经济和人民生活都深受战争影响……在这些战争背后,都有外国的政治势力直接间接的操纵,通过经济支持、军事干预等手段,影响阿拉伯地区的局势,从中攫取它们的政治和经济利益。"

此外,阿拉伯国家社会还受到残存的部落文化中的血亲复仇等传统陋习影响,伊斯兰教教派斗争被极端主义和恐怖势力所利用等,都是阿拉伯国家现代化转型道路上的障碍。而其拥有重要战略价值的丰富油气资源,既凸显了阿拉伯国家内部巨大的贫富差距矛盾,又长期为西方国家所觊觎,成为各方势力插手和介入的诱因。朱威烈强调,"总的看来,处在欧亚非三大洲结合部战略要冲的阿拉伯国家,它们的和平与发展之路不会走得一帆风顺。"

对叙立场考验中国外交政策

叙利亚局势的紧张又一次引起了国际社会对阿拉伯问题的重视,

大国间不同的中东政策也再度成为各国关注的焦点。对此,朱威烈指出,中国秉持独立自主的和平外交政策,基于与阿拉伯国家间的长久友谊和全面合作、共同发展的战略关系,中国对叙外交是"原则性"和"灵活性"并重,即既要坚持不干涉内政、反对外来军事干预,反对暴恐活动,坚持政治解决为唯一合法途径,又要积极维护与阿拉伯国家良好的双边关系和经贸合作,尽力帮助阿拉伯国家和平转型发展。

"尽管美国多年来对中东的外交政策经历了克林顿政府时期的'东遏两伊,西促(阿以)和谈',小布什政府时期的'反恐、反大规模杀伤性武器扩散、反无赖国家',以及奥巴马政府时期的'巧实力外交',但无论政策怎么变,美国针对中东地区的三大基本原则并未改变,那就是确保以色列的绝对安全和与绝对优势,确保美主控中东主要事务的领导权,以及确保美国对中东油气流向的控制。"这实际上导致了美国对中东国家内政的干涉,严重阻滞了阿拉伯国家的发展。

中国在中东变局出现以来的应对是积极主动的。从利比亚危机开始,中国通过各种渠道展开灵活的外交政策,如加大与反对派接触,劝和促谈,努力推动他们国内政局的和平过渡等。中方虽曾因在叙利亚问题上三次在安理会使用否决权,一度遭到地区舆论的一些非议与不满,但随着时间推移与局势发展,这种声音已经明显下降,中方观点得到了越来越多的阿拉伯国家和民众的理解与支持,中国的立场经受住了历史的考验。

"应该说,中阿关系的基本面至今并没有发生变化,新世纪的双边关系已从互利合作提升到了全面合作、共同发展的战略伙伴关系。当前阿拉伯世界的主要关切,一是未来如何开展变革,中国的有关经验完全可以与之分享;二是重建过程中需要的基础设施建设,有关的商品、技术与设备,都是中国有能力提供合作的。"

中阿合作开拓新丝路[①]

中阿合作论坛10年发展,不但合作广度持续拓展,已涵盖政治、经济、社会、文化和生态文明五大领域建设,而且在2010年5月的《天津宣言》中,已将创建时的"新型伙伴关系"提升为"全面合作、共同发展的战略合作关系"。

反映中国外交战略新思想的"一带一路"(或称"新丝路"),为中阿双方战略合作关系全面发展提供了新前景,也创造了互利共赢的新机遇。

习近平主席去年秋天提出"丝绸之路经济带"和"21世纪海上丝绸之路"新倡议,不是古代丝绸之路的简单复制,而是赋予了它崭新的时代意义和丰富的建设内涵:不是由中国确定几个项目,单方独建,而是与亚洲、非洲、欧洲国家共建,要"以点带面,从线到片,逐步形成区域大合作",做到与共建国家"政策沟通,道路联通,贸易畅通,货币流通,民心相通"。[②]这既令人向往,也须在启动时与共建国家认真磋商,周详设计规划,以期切实达到合作共赢、实现共同发展繁荣的目的。

而新机遇的出现,源于中阿双方共同的价值取向和共同的利益

[①] 本文载于《经济日报》,2014年6月5日。
[②] 现改为"政策沟通,设施联通,贸易畅通,资金融通,民心相通"。

需求。

中阿双方在新世纪构建合作论坛时,在确定其宗旨、原则基础和各领域要达到的目标方面,理念高度趋同。在中阿论坛发展10年期间,历届部长级会议、高官会议、企业家大会、文明对话研讨会等十多个对话合作机制所发表的宣言、行动计划、会议纪要和联合公报等文件中,尊重、平等、公正、互利、增进理解、友好合作、加强沟通协调等这样的表述,比比皆是,清楚地反映出中阿双方基于各自传统优秀文化的共同理念和双方恪守《联合国宪章》、和平共处五项基本原则以及公认的国际关系准则的共同立场。

共同的利益需求则是由中阿双方的客观条件和现实状况决定的。面对国际霸权主义、强权政治和新干涉主义,政治上双方都需要也必须相互支持;经济上双方互补性很强,商品、原料、市场、资金、劳动力……既各有所长,又互有所需;文化社会方面,双方都主张包容互鉴、交流合作,以维护人类文明的多样性。事实证明,共同的利益需求是构建中阿合作论坛这个中阿两大民族命运共同体平台的重要基础,也是推动它不断发展的强大动力。

中阿合作论坛10年发展,不但合作广度持续拓展,已涵盖政治、经济、社会、文化和生态文明五大领域建设,而且在2010年5月的《天津宣言》中,已将创建时的"新型伙伴关系"提升为"全面合作、共同发展的战略合作关系",使论坛成为21世纪连接中阿人民在各层次、各领域合作具有广阔前景的战略平台。

论坛10周年和中阿第六届部长级会议召开之时,恰逢中国领导人提出"一带一路"外交新思想。因缘际会之际,双方的合作有着更为深刻的时代背景。阿拉伯国家经历了持续三年多的动荡,除个别国家还有战乱外,总体局势正在趋缓,改革发展再次成为它们经济社会主题。

阿拉伯国家处在亚非欧三大洲的结合部,是古代丝绸之路与中国交流交往最密切也最重要的合作伙伴,中国的四大发明就是由阿拉伯人传到西亚、非洲和欧洲的。即将召开的中阿部长级会议，相信既会带来阿拉伯国家对共建新丝路的良好意愿，也会与中方形成应有的共识——我们热诚地盼望，这种共识将体现在会议的公报中，落实在行动计划上，为新丝路上的阿拉伯工程段奠好基，开好局，让中阿合作论坛继往开来，谱写新的华章。

专访：伊拉克卷入反恐和教派双重斗争[①]

最近，伊拉克局势牵动人心，也让"伊拉克和黎凡特伊斯兰国"这一极端武装暴露在世界媒体的聚光灯下。伊拉克乱局背后，中东的恐怖主义势力如何暗流涌动？伊局势有何解药？为此，记者采访了上海外国语大学中东研究所名誉所长朱威烈。

两条恐怖地带

记者：伊拉克乱局暴露了中东恐怖主义泛滥的现状。目前中东恐怖主义有哪些"暗流"？

答：阿拉伯乱局给了恐怖主义可乘之机。目前主要有两条恐怖主义地带。

一条是北非弧形带：索马里—利比亚—阿尔及利亚南部—马里（也包括尼日尔和尼日利亚）。其核心组织是索马里的"青年党"（又称"伊斯兰青年运动"）和"基地"北非分支"伊斯兰马格里布基地组织"。

另一条是从西亚叙利亚至南亚、中亚的地带，包括伊拉克、阿

[①] 本文载于《解放日报》，2014年6月19日。

富汗、巴基斯坦等国。叙利亚内战3年多时间，利用武力推翻巴沙尔政权的乱局，西亚北非的恐怖分子大量涌入叙境内。巴沙尔曾表示，叙反对派包括来自约80个国家的武装分子，包括恐怖分子与极端分子。这条恐怖带上两个最主要的恐怖组织，一是"支持阵线"（曾错译为"胜利阵线"），大约1万名成员。二是"伊拉克和黎凡特伊斯兰国"，比"基地"组织更具暴恐色彩。现在这一组织从叙利亚转移到伊拉克境内，并跟地方部落的逊尼派势力勾结，要推翻什叶派的马利基政府。当前的伊拉克局势，既有反恐斗争，也有教派斗争，很是复杂。

一些阿拉伯国家的反应是，应促进伊拉克全国和解。但是，跟恐怖分子怎么和解呢？打击恐怖主义唯有彻底消灭。

美国种下"因"

记者：有美国学者称，中国应派军队去伊拉克，因为中国在那里项目多。您怎么看？

答：这个逻辑不成立。中国在伊拉克有大量企业、投资项目，主要集中在南部什叶派聚居区，相对稳定。我们会敦促伊当局保护中方人员生命财产安全，也可派更多安全人员，这都是可以跟马利基政府商量的。但中国不会派军队，因为派军队反恐，必须得到国际社会的认可，以联合国为主导，还必须有伊拉克政府提出要求。中方决不会卷入地区的教派矛盾。

地区国家和阿盟可以在伊拉克问题上发挥更大作用。事实上，解铃还须系铃人。当时种下"因"的是美国，他们培训的安全军警维持不了治安，交战后接连丢失城池，美国显然负有责任。另一方面，伊朗也不会对伊拉克的什叶派政权受威胁而坐视不管，当前美伊正在联手应对事态发展。

伊拉克局势是反恐斗争和教派斗争纠缠在一起，因此解决起来更为复杂。现在要看：第一，美伊介入的可能性，它们跟伊拉克的利益关联度更大。第二是马利基总理能否打起十二分精神认真对待国内局势。他现在已经放言，如果战场上有逃兵，那么就得判刑甚至绞死。伊政府必须发挥充分的主导作用。

反恐与重建：中国发挥积极作用[①]

2014年是肇始于2010年12月的阿拉伯国家进入动荡的第四个年头，中东热点问题无一获得进展，致使地区内外矛盾依旧激烈，宗教极端组织和恐怖势力得以四处蔓延。

最典型的恐怖组织

中东是国际恐怖主义的滋生地和重灾区。就今年的暴恐活动涉及范围看，有埃及西奈半岛的"圣城支持者"，也门的"阿拉伯半岛基地"组织和什叶派的胡塞武装，"基地"组织的叙利亚分支"救国阵线"、索马里分支"青年党"，阿尔及利亚的"马格里布基地组织"，利比亚的"安萨尔旅"等。如扩大到大中东范围，则阿富汗、巴基斯坦的塔利班武装、尼日利亚的"博科圣地"、中亚及渗入中国新疆境内的"东伊运"、"伊扎布特"等组织的暴恐活动，也都对各有关国家和人民造成严重祸害。

ISIS是继"基地"组织出现后最典型的恐怖主义组织。它否认伊斯兰教创始人穆罕默德及四大正统哈里发之后的千百年伊斯兰文明发

[①] 本文载于《新民晚报》，2014年12月25日，《新民环球》年终专刊。

展史，称之为"蒙昧时代"，要重新宣教、进行"圣战"；否认当今国际制度和秩序，它经历了多次改名，反映出对现有国界的排斥；其头目巴格达迪自称"哈里发"，否定了现在所有阿拉伯国家的制度和称谓；它确定的敌人不仅是当前中东国家，还包括美欧俄中等大国。因此，ISIS具有极其突出的反时代、反社会、反人类的恐怖主义组织特性。

打击力量亟待整合

今年下半年以来，随着ISIS攻下伊拉克第二大城市摩苏尔，占据伊西北部和叙北部大片地区，不但直接危及伊政权稳定，而且迅速引起地区国家和国际社会的严重关注和强烈反应。联合国安理会两次通过决议，从信息、资金和人员流动方面切断其来源。美国组建起约60国参与的国际反恐联盟，对伊叙境内的ISIS据点和目标实施了逾千次空中打击。

当前，能否彻底剿灭ISIS关键在于地区反恐力量与国际反恐力量的同心戮力。美欧组建的国际反恐联盟是进行军事打击的主力。目前，美国在军力和财力上都在加大投入。地区国家也已行动起来。但问题在于美国的反恐联盟军事行动只限于空中打击，不出动地面部队，它与伊朗的空袭并不存在协同行动，地面作战依靠的是还在接受培训的伊拉克军队；海合会国家组建的反恐力量是为了自卫，但即便其真具备了实力，伊拉克什叶派阿巴迪政府也不会让它进入伊境内。

叙利亚境内的情况更复杂。迄今为止，对叙利亚问题的性质，巴沙尔政府说是反恐，美欧、海合会国家和土耳其设定的则是双重目标：既要打击ISIS，也要推翻巴沙尔政权。

正是由于种种因素的牵制，消灭ISIS的有生力量难以汇聚整合。

中国努力参与反恐

中国参与国际反恐的原则立场之一是主张以联合国为主导。今年中国在伊拉克库尔德地区设立总领事馆，谭邦林总领事到任后不久即代表中国政府对因遭ISIS入侵而流离失所的难民提供了总价值3000万元人民币的物资援助，受到当地政府感谢。

当前及今后几年，国际社会打击ISIS的趋势仍将持续，美国仍将是重要主角。这是因为ISIS事实上是2003年伊拉克战争的产物，美国无法诿罪他国。但要彻底铲除中东恐怖主义根源，需要世界大国和国际社会加强协调、有效管控乃至解决中东长期拖延的热点问题，如巴勒斯坦独立建国、伊核问题谈判、叙利亚危机政治解决等，使当地穆斯林民众能看到希望而非陷入绝望，从而断绝极端主义和恐怖主义赖以歪曲滥用教义的土壤，达到标本兼治的效果。就此而言，中国一直在努力，地区国家也希望中国继续发挥作用。

俄空袭叙利亚成效显著
撬动地缘政治格局变化[①]

从实际效果看,美国不派地面部队,在伊拉克仅靠缺乏训练、士气低落的伊政府军队,在叙利亚则坚持不与巴沙尔政府合作,两处空袭均进展缓慢,不但没有重创IS实力,反使IS的地区和国际影响越来越大。地区国家和国际社会也终于看到,在叙利亚的乱局中,打击以IS为代表的恐怖主义已是刻不容缓的当务之急,不解决这个主要矛盾,叙的国家主权和领土完整,中东乃至世界的和平与安全都得不到保证。

俄罗斯战略意图明确

俄罗斯战略意图明确。一是摆脱乌克兰危机爆发一年多来迭遭美欧制裁造成的政治孤立和经济困难;二是维护并巩固俄在地中海的军事存在。叙的塔尔图斯是俄在地中海唯一海军基地,俄这次军事介入后又迅速启动拉塔基亚(巴沙尔总统家乡)南面的空军基地建设。这两城均位于叙西海岸,军事意义明显,而且俯临正待开发的地中海东侧油气带,对俄的经济意义也很重大。三是俄自身的国内安全考量。

---

① 本文载于《新民晚报》,2015年10月29日。

俄境内拥有1800万—2000万穆斯林，占其总人口12%。IS迅速的地盘扩张和成员国际化，也是普京政府的心腹之患；最近IS明显渗入阿富汗境内并竭力蚕食塔利班队伍，已直接危及俄及中亚国家；叙境内已形成车臣人村，约有四千多人，大多来自俄高加索地区。这些因素叠加汇聚，是推动俄决心从源头剿灭IS的战略动因。

俄军队介入的方向、时间选择都有讲究。空间定在叙利亚的原因，一是叙内乱持续四年半时间，已造成25万人丧生，400万人逃亡国外沦为难民，境内还有数百万人在战火中流离失所；美国战略重点东移，在中东采取"依靠代理人"政策，对叙危机的政治解决，对空袭伊、叙的IS，都只是被动应对，并无明确的战略计划和时间表，实际上放弃了地区秩序的主导权。二是俄与叙的盟国关系始于1971年，塔尔图斯为俄在地中海最重要的军事立脚点，这次应叙政府请求出兵反恐，并不违反国际法准则。三是中东自二战结束至今始终是运筹大国关系的重要舞台。俄欲改善与美欧关系，软求无用，只能从最关美欧切身安全利益痛痒的中东动荡国家叙利亚着手，借以牵动整个地区和美欧，达到它彰显大国实力和影响的战略目的。

时间选择与难民问题有关。叙难民外溢自2011年内乱出现后就已开始，主要留居在周边的约旦、黎巴嫩、土耳其等国。几年下来这些国家的接受难民能力早已达到饱和点。从今年起从地中海海路和经土耳其陆路进入欧洲国家的难民人数急剧上升。今年前八个月入欧难民超过38.3万人，进入9月则逾50万人。以叙利亚人为主体的难民潮对欧盟国家造成的冲击，无疑是今年最大的国际事件之一。欧盟国家内部对16万难民分摊计划意见严重分歧，美国作为主要责任国只允诺接收区区1万人，欧美之间也发生龃龉。9月中下旬，俄即开始部署军事介入：从太空收集情报，通过塔尔图斯运送武器装备、空军地勤人员；在外交层面，俄与伊朗入夏以来即有多次磋商；9月28日普京总统与奥巴马总统在联合国进行会谈，奥巴马在乌克兰问题上坚不让步，但对中东反恐则表示"愿意与俄罗斯、伊朗开展合作"；普京政府又与以色列的总参、军情和国安部门负责人商谈,表示"尊重以色列的安全利益",双方组建混委会以保持协调。在此之后,俄遂于9月30日正式出兵。整个过程可谓处置得宜,谋定而动。

俄进美退形成双头领导

叙危机进入新阶段,政治解决重现可能。俄对IS、支持阵线等恐怖势力连续进行精确打击,战场形势向有利于叙政府方向发展。据俄方统计,俄军事介入的前两周,俄空军执行战斗任务669架次,打击456个目标,摧毁了恐怖分子大量基础设施、后勤供应和指挥系统。随着俄空袭的进展,叙政府军也接连在叙中北部的哈马省、霍姆斯省等地收复失地,目前正在向叙第二大城市、叙反对派自由军的主要据点阿勒颇以及伊德利卜方向推进。伊朗的革命卫队也已介入。看来,阿勒颇之战或将成为叙战场总体态势的转折点。IS首都拉卡,是美军空袭的主要目标。现俄美双方已就空中避免冲突达成协议,但能否形成反恐合力则有待观察。

中东反恐形成俄美两元格局,出现对抗与合作并存新常态。俄在伊拉克巴格达绿区伊国防部旁设立综合情报中心,俄、叙、伊拉克、伊朗在反恐旗帜下已实际开展情报、安全和军事合作。俄与叙、两伊形成的这个阿拉伯舆论中的"抗拒轴心",将成为地区面积最大、人口最多、资源最丰富、地理位置最重要的联合体。政治上,除了伊拉克,它们都不是美国的盟友,而是美国遏制打击的对象;宗教上,叙和两伊都属伊斯兰教什叶派,而沙特为首的海湾国家都属于逊尼派;经济上,俄加上两伊的油气资源储量和产量对全球的能源供应和定价,都具有举足轻重的影响。

奥巴马政府面对俄在中东反恐上的公开挑战,为扭转当前的被动、无序状态,已一面警告伊拉克政府不得邀请俄军入伊反恐,一面首次出动特种部队对IS实施地面打击,解救了69名人质,并开始与俄、沙、约、土等国外长会谈,商讨叙问题的政治解决。只是,中东反恐虽关系到地区秩序主导权,但奥巴马政府若真的从战略层面投入兵力、财力资源,势必影响美全球战略调整。事属两难,且看奥巴马如何权衡决策。

地区大国力量出现消长。土耳其入欧倾向上升,地区影响或趋下降。土在阿拉伯国家动荡期间,一直跟着美欧推行政权更迭,备受阿拉伯国家诟病。欧洲难民潮出现后,欧盟对土倚重上升,近日不但许以巨额资助(第一年为30亿欧元),且放宽土公民赴欧签证,同意启动土入欧谈判。土在反恐方面,重点放在打击国内库尔德工人党和防止地区库尔德人建国问题上。从稳定国内政局、确保正发党11月议会选举顺利得以独立组阁、推动修宪等实际需要出发,土当下会把入欧当作首要任务予以重视,如无不测,内政外交部都会向这一方向倾斜,对地区事务的关注度和影响力或会较前下降。

伊朗已然崛起。在与世界大国签署伊核协议后,伊朗地区大国地位已经确立且不可动摇,对地区事务的介入更趋活跃。它在保持与俄、中传统友好合作关系的基础上,已明确提出要求成为上合组织正式成员国,并正积极开展对欧大国外交,其作用和影响都处在上升阶段。

以色列仍是美国在中东最可靠的盟国。在阿拉伯国家动荡四年多期间,以确保了自己在地区的绝对安全和优势。以对巴勒斯坦建国仍持强硬立场,与俄在叙军事介入方面保持着沟通协调。在美开展大选和政府面临换届的当下和明年,以美关系当会得到改善与加强。但以作为巴勒斯坦问题的根源和伊朗及多数阿拉伯国家的敌对面,也不会改变。

埃及、沙特等阿拉伯国家将更注重谋求大国平衡,以期自保和发展。埃及塞西政府执政以来,关注重点一是国内维稳,二是发展经济,三是努力恢复传统地区大国地位。外交上与美拉开距离,向俄中走近。沙特今年内政外交面临诸多挑战,在俄对叙境内IS实施打击以来,沙特更担心成为溃散恐怖分子流窜的主要方向，因此将把国内政局安全放在首位。客观地看，阿拉伯国家总体上还难以形成合力，在地缘政治格局中处于相对弱势。但它们数量多，在地区组织和国际组织中的影响仍不容小觑。它们所处的地理位置，拥有的战略资源，在伊斯兰文明体系中的作用，以及它们在通过改革谋求和平与发展过程中将展现出来的重大机遇，都是世界大国和国际社会必须重视并与之合作的重要对象。

中国积极参与政治解决

叙利亚是与我国建交最早（1956年8月1日）的阿拉伯国家之一，近60年来双方始终保持着友好合作关系。叙内乱出现后，为维护叙的独立主权和领土完整，中国曾与俄联手在联合国安理会四次行使否决权，并多次向叙提供人道主义援助。10月13日叙总统政治与新闻顾问夏班女士访华，会见王毅部长，一是对中国政府长期秉持的公正立场表示感谢，二是介绍叙当前局势和叙政府立场。王毅对叙问题提出三点主张：国际反恐应形成合力，政治解决应尽快重启，缓解人道危机应是当务之急。不多日，中国即宣布对叙提供1亿人民币人道主义援助。

中国作为联合国安理会常任理事国，在成功参与伊核问题谈判后，也将义不容辞地在推动俄美合作反恐和重启叙问题政治解决方面，发挥建设性作用。事实上，在大国层面，中国与美欧的关系要比俄与美欧的关系优越；与地区相关国家如土、沙、约、伊朗和埃及等国的关系方面，都保持着良好的政治互信；即便与叙政府的关系也能做到坦诚相见。因此，中国通过政府外交和公共外交开展劝和促谈的工作，当会发挥独特的作用和影响。

> > > > 中东研究管见 > > >

政治解决叙问题，中国不可或缺①

俄罗斯军事介入叙利亚境内反恐，不但军事进展显著，而且激活了沉寂两年多的叙问题政治解决机制。当前已有19个国家和国际组织参与维也纳会议，但从美俄欧等大国和地区参与国的态度看，各方在叙问题的性质、解决路径和最终目标等方面仍有明显分歧，谈判能否在6个月内完成有待观察。

阻碍政治解决的难题中首先是总统巴沙尔的去留。2011年3月爆发的叙利亚内乱，起因即是美欧与部分地区国家企图在叙搞颜色革命，实现政权更迭。后因中俄在联合国安理会联手四次使用否决权，才使叙避免了重演利比亚悲剧。眼下美欧和几个地区强硬国家虽对巴沙尔的存留态度有所松动，但实际上仍把巴沙尔下台列为主要目标。这是在维也纳会议后深入到过渡时期谁代表叙政府等具体安排时必将面临的实际障碍。

其次是叙反对派的合法性。在叙利亚政府看来，美国武装的所谓"叙温和反对派"根本无法代表叙利亚人民。叙反对派问题关系到过渡政府的权力结构，如果美国方面提出的反对派组织和人选不能被叙现政权接受，那又怎能启动"过渡期"呢？

第三是停火与反恐如何协调。维也纳会议已提出"停火"，但俄

---

① 本文载于《环球时报》，2015年11月10日。

美都在叙境内打击IS,区别在于俄与叙政府合作,美国却坚持不合作,尚未出现王毅部长提出的"国际反恐要形成合力"局面。美俄虽在空中避免军机相撞方面达成协议,但美派出50名特种兵参与地面作战并不与俄、叙政府合作。至于美方声称俄军打击的是叙反对派而非极端组织,则迄今也未拿出证据。

其他分歧意见还有很多。特别是美国在新世纪发起战争、策划推动颜色革命等,都是根据其自身的好恶标准,以推翻某个对象国的个人或社会政治制度为目的,从不顾及当事国的安全稳定和民众利益。如果这样的理念不改变,维也纳会议要达到预期目标恐怕不易。

当然,叙问题的政治解决进程须结合叙政府的改革。持续四年多的叙内乱已导致25万人丧生,400余万难民逃往国外,境内还有近千万人流离失所。这实际上是二战以来最大的人道主义灾难。叙当局当下的重点不只是应对过渡期的修宪和大选,还应尽可能地利用国内外资源安置好流离失所人员;同时处理好与国内逊尼派、基督徒和库尔德人等主要族群的关系,增加其政治参与度,形成共赴国难的社会共识。只有确立民生优先的执政理念,叙政府才能有效配合政治解决进程。

多年以来,作为联合国安理会常任理事国的中国凭借与地区各当事国的良好关系,在解决苏丹达尔富尔问题、推进伊朗核问题谈判等中东热点问题上发挥了独特作用。因此,自俄出兵入叙打击IS以来,叙利亚总统特使夏班女士迅即访华,10月中美、中英、中德峰会期间也都涉及叙利亚问题,可见地区国家和国际社会对中国外交的重视和期待。

为叙问题中国在联合国安理会史无前例地动用了四次否决权,并接连多次提供人道主义援助。夏班女士上月在与笔者会面时直言,如果不是中俄,叙利亚早就是另一个利比亚了。对于叙利亚问题,王毅部长也已明确发表3点主张:国际反恐要形成合力,叙问题要回到政治解决轨道上来,人道主义援助是当务之急。就在上月,中国政府已宣布再向叙利亚等国提供1亿元人民币的人道主义援助。这些及时的举措受到叙利亚和其他中东国家的好评和肯定。

事实上,中国参与中东热点问题解决一向坚持大国外交与多边外交并举、政府外交与公共外交结合的"劝和促谈"。实践证明这种做法卓有成效。中国坚持不干涉内政原则,但中国与对象国长期交好,作为可信赖的朋友和伙伴,适时进几句忠言,提一些建议,这让它们更能接受,比美国等西方国家的威胁遏制管用得多。维也纳会议是世界大国之间和地区参与国之间的交流协商机制,也是中国发挥调解斡旋的重要平台;在与叙政府交流过程中,中国的作用也不可取代。叙利亚危机爆发后,中国即派特使与叙政府和反对派接触,此后还多次邀请反对派人士访华。随着叙问题政治解决进程的启动,中国外交机构还将加大与叙政府和反对派的接触交流,同时也将考虑再提供人道援助。

笔者认为,向叙提出加强外交努力,争取早日重返阿盟;尝试设立安全定居点,公告地区和国际社会,让流离失所者得以安稳生活,以期从源头上减少或阻遏难民外流的趋势等,都是叙方能够接受的意见。可以说,中国特色的中东外交正越来越受到地区国家和国际社会的认同和重视。

美国战略重心移离中东是严重误判[①]

2015年10月中旬前后,叙利亚总统顾问夏班女士访华。北京之行后,到上海造访上海外国语大学中东研究所。朱威烈送了她一本《习近平谈治国理政》,并告诉夏班,中国的很多外交思想都在这本书里,她和陪同的叙利亚驻华大使都表示很重视。

朱威烈是上外中东所名誉所长、上海高校智库上外中东研究中心主任。前几天,他刚从中东回国,并告诉《第一财经日报》记者,中东很多精英人士早在阿拉伯世界动荡前已经感觉到,改革已成为一种必须,并很看重中国的改革开放经验。近年伊朗总统鲁哈尼、埃及总统塞西都明确提出要学习中国的治国理政经验。

"中国在处理改革、发展、稳定的关系问题上,确实形成了一套宝贵经验。中东精英人士的需求,实际上表明了西方那套政权更迭、武力干预、制裁遏制的做法行不通。中国的治国理政不是要向外输出模式,而是有许多值得借鉴的地方已经受到他们的认同。"朱威烈对本报记者表示。

对于11月13日法国巴黎发生的恐怖袭击,朱威烈认为这是极端组织"伊斯兰国"(IS)境外势力对各国反恐行动的连续反扑;并认为美国的战略重心从中东转向亚太,是一个严重的误判;当前的国际反恐

[①] 本文载于《第一财经日报》,2015年11月17日。

力量必须形成合力，否则反恐预期目标很难实现。

记者：这次发生在巴黎的恐怖袭击，至少造成129人被害，350多人受伤。这距离1月发生在巴黎《查理周刊》办公室被袭击、造成12人死亡的事件并不久远。恐怖袭击为何频频在法国发生？

朱威烈：恐怖袭击并不只是发生在法国。从10月底俄罗斯的客机在埃及西奈半岛坠毁，到前几天黎巴嫩首都南部发生的造成37人死亡的自杀式爆炸袭击，再到这次巴黎袭击，目前看都跟IS有关。

自从9月底俄罗斯开始针对IS开展空袭行动以后，美国领导的反恐联盟也行动起来，无论是叙利亚境内还是伊拉克境内的IS都遭到重创，无力在当地组织反击。但IS毕竟是一个跨国境、跨地区的组织，最近在约旦、黎巴嫩和法国出现的恐怖活动，都是IS组织境外分支发起的连续反击。

当然，最近针对法国的几次袭击，跟法国近来加大对IS的空袭，特别是与当地的《查理周刊》刊登侮辱伊斯兰教先知穆罕默德的漫画有关。在1月《查理周刊》办公室被蒙面枪手袭击、造成12人死亡后，这次被袭击的音乐厅距离《查理周刊》办公室也很近，只有500多米。

这个刊物最近还刊登了讽刺俄罗斯客机空难的漫画，引起俄罗斯政府和民众的强烈谴责。

从深层次来看，这本刊物出现的这些侮辱性事件，既奚落了俄罗斯，也是对伊斯兰教的亵渎。他们对外宣称是自由，但这是绝对的自由，鼓吹和宣扬绝对自由的概念在国际关系中是有害的，对当前开展的国际反恐更是非常不利。任何一个国家都应该是法治的国家，任何一种自由都是在法制框架内所允许的自由，不能对其他国家或国际公认的合法宗教进行侮辱，这必然会引起对象国民众或信众的反感。这种侮辱伊斯兰教先知的做法，实际上是在播种仇恨，恰恰会被极端组织和恐怖组织所利用。

但是，恐怖袭击本身是绝不可原谅的，因为受害对象都是无辜平民。现在法国处在巨大的悲痛之中，中国和整个国际社会都站在法国和法国人民一边，表示巨大的哀痛和支持，都将加大对IS的打击。我们要注意的是不要把恐怖主义与特定的民族、宗教挂钩，要强调标本兼治，而不应搞双重标准，违背国际法准则，制造事端，给恐怖分子和极端组织提供实施暴恐活动的口实。这在当前国际反恐行动中，特别应该注意。

记者：在打击IS势力上，俄罗斯跟美国有什么不同吗？

朱威烈：中东反恐已经形成俄罗斯与美国领导的两元格局，出现对抗与合作并存的新常态。俄罗斯主导的反恐联盟包括叙利亚、伊拉克和伊朗，已经在开展情报、安全和军事合作。

今年9月底俄罗斯出兵叙利亚，对IS、支持阵线等恐怖势力实施空中打击，目前看成效显著，不但使持续四年多的叙利亚乱局再次回到政治解决的轨迹，而且导致地区反恐格局发生新的变化。

要说美俄有什么不同，最大的不同是俄罗斯跟叙利亚是盟国关系，俄罗斯入叙反恐，受到叙利亚主权政府的邀请，从国际法上看是合法的。而美国组织的反恐联盟不一样，不是以联合国为主导，而是由美国为主导。美国领导的多国空袭动机也不单纯反恐，还有想借叙反政府武装甚至极端组织搞掉巴沙尔政权的目的。这是因为俄美两国对叙利亚当前的主要矛盾认识不同：是巴沙尔政权还是恐怖主义？这也是叙利亚危机长期得不到解决的重要原因之一。

眼下，是否将叙利亚政府军纳入到打击IS联盟中来，依然是美方和俄方的大分歧。如果将巴沙尔政权包括进来，那就意味着过去一年多时间美国领导的反恐路线错了，这是美国很难接受的。正因为此，各域外大国和地区国家还无法在叙利亚问题上形成合力，在当前通过联合国平台推动政治解决叙利亚问题过程中也将是一大障碍。

美国打击IS坚持不派地面部队，在伊拉克仅靠缺乏训练、士气低落的伊政府军队，在叙利亚则坚持不与巴沙尔政府合作。美国在打击IS上的这种"只袭不灭"的态度，一定程度上放任了该组织的蔓延。

美国虽已对叙利亚拉卡省进行了多次轰炸，但美国国内也承认这样的轰炸收效甚微。IS不仅没有走向消亡，反而在策划组织更多的暴恐活动。俄美的分歧，也导致国际反恐难以形成合力。

记者：在打击"伊斯兰国"势力上，美国为何如此消极？

朱威烈：这跟美国的全球战略重心转移有关。奥巴马的前几任政府中东政策都很明确，奥巴马主政以来，把"亚太再平衡"战略列为美国的战略重心，在中东许多核心矛盾都没解决的背景下，美国在中东实际上呈收缩态势。

美国战略重点东移，在中东采取的是"依靠代理人"政策，尽量不投入军力、财力，对叙利亚危机的政治解决、空袭IS都处于被动应对，并无明确的战略计划和时间表，实际上放弃了地区秩序的主导权。

当前的中东乱局美国难辞其咎。此前美国在中东发动伊拉克战争，策划推动一系列所谓的革命，都是根据其自身的好恶标准，以推翻某个对象国的个人或社会政治制度为目的，却从不顾及当事国的安全稳定和民众利益。这种打了就跑、不管战后满目疮痍的国家建设，造成了现在的中东乱局。

比如，美国2011年从伊拉克匆忙撤军，留下一个按照教派与民族组建起来的权力机构，这实际上打开了一个民族冲突和教派冲突的"潘多拉盒子"，造成伊拉克战后的社会状况、安全状况比2003年以前要差。

美国战略重心东移，导致美国在中东建立的主导权影响在下降缩小。这是美国最大的战略判断失误所致。但中东对美国的利益、对全球的安全与和平，都至关紧要。奥巴马政府的全球战略调整造成了中东地区的秩序失控，这个误判后果非常严重，客观上导致地区反恐形势更趋严峻。目前，中东反恐双头格局已经形成，如仍因为一己之私而迟迟形不成国际反恐合力，就很可能使中东乱局持续。

关于"一带一路"建设推进的建议[①]

关于"一带一路",有一些问题值得我们关注并设法改进。

继续提高对"一带一路"的认识。国企和民企的重视程度不一;中央部委很重视,地方政府重视程度差异较大;内陆省份较积极,但对外项目和实施能力不足,沿海发达地区则少有明确计划。

调研工作亟待深入。企业应该加强对"一带一路"沿线国家相关情况的调研。大企业应有自己的研究机构,或应与国内外智库合作。

人才队伍的培养必须跟上。目前,国内的区域国别人才较为匮乏,不光通晓当地语言的人员不多,水平不高,通晓当地的政治、经济、社会、文化,拥有开展自贸区建设、产能合作等"一带一路"项目的专业知识和能力更显不足。

[①] 本文载于《光明日报》,2015年12月3日。

反恐统一战线,伊斯兰国家是主体[①]

为了应对恐怖主义挑战,国际社会最近一是推动叙利亚问题政治解决的维也纳会议;二是联合国安理会通过2249号决议,促请有能力的国家根据国际相关法律,防止和打击"伊斯兰国"组织及其他恐怖团体的恐怖主义行为。但在法国总统奥朗德积极推动大国合作反恐和中国外长王毅提出形成反恐统一战线后,俄土却因俄战机被土击落而交恶,大国与地区相关国家仍在为叙总统巴沙尔的去留争执不休。看来要落实联合国的计划和要求仍存在不少障碍,其中的认知问题尤其值得关注。

美国等西方国家既反恐又用恐

恐怖主义是危害中东地区安全稳定的主要矛盾,这应成为大国和地区国家的共识。阿拉伯国家动荡近五年,美国等西方国家坚持它们所谓"反对独裁、推行民主"的意识形态,地区有关国家则出于历史恩怨或教派利益,合伙利用民众街头运动,通过外部武力干预手段推动当地颜色革命或政权更迭。

[①] 本文载于《环球时报》,2015年12月28日。

这种不义之举曾在利比亚内乱时得逞，及至叙利亚危机期间才遭到中俄坚决否决。尽管如此，外部干预势力却一直坚持把巴沙尔的去留视为主要矛盾，而对大肆蔓延扩张的IS，则沿袭2001年阿富汗战争前后对待"基地"组织的做法，即既反恐，又用恐。如美国借口支持叙利亚温和反对派，不断提供资金、武器和训练，结果武器装备和人员大都转到了恐怖极端分子手里；一些地区国家则对国内团体、组织和个人向IS提供资金、武器、人员的行为持默许甚至怂恿态度，还对IS偷产盗卖石油、文物的做法开绿灯。普京总统怒斥土叙边境的石油走私贩运内幕，其实美国也知道实情，只是私心里总怀有借IS打垮巴沙尔政权的幻想，故一年多来的空袭从不把偷运石油车队列作打击目标。

当前，IS已被安理会决议定性为"国际和平与安全面临的前所未有的全球性威胁"。在中东这个恐怖主义滋生蔓延的源头地区，反恐无疑应是大国和地区国家最亟待解决的主要矛盾。如果这个共识不能形成，那么国际社会就会被不断出现的突发事件所羁绊迟滞，难以形成统一战线，合力反恐。

伊斯兰国家应成为反恐主力军

自"9·11"事件发生至今15年，西方国家的反恐模式大致有二：一是战争，如美国、北约发动的阿富汗、伊拉克和利比亚三场战争，以摧毁当地政权为胜利标志；二是越境袭击，如针对阿富汗、巴基斯坦、伊拉克、叙利亚等地的极端组织头目和据点发动攻击，以杀死代表性人物和摧毁设施数量为成绩。

"基地"组织、IS危及全球，大国出兵为联合国所认可。问题在于美国等国对伊拉克、利比亚的军事干预也采用这种"越俎代庖"模式，根本起不到增强地区受害国家自身防恐反恐能力的效果，不但使这些国家的社会稳定和治安状况较战前更差，而且还明显滋长强化了它们的对外依赖心理。

毫无疑问，美国等西方国家主导的反恐模式应当反思，同时，伊斯兰国家在反恐行动中的主体地位也应明确。反恐对中东各相关国家而言都是一项长期战略任务，确立它们的主体意识，加强它们的法律、制度和能力建设是必由之径。世界大国可以也理应提供帮助，但不能全过程越俎代庖，更不应在实现政权更迭后，不管不顾恐怖极端势力的泛滥肆暴，径自撤军一走了之，否则只会留下严重的后遗症。当前大国已经介入打击IS，但伊斯兰国家的主力军地位也须逐步确立，只有这样才能达到就地消灭恐怖极端组织的目的。

清除极端主义思想才能标本兼治

在美俄法等大国与伊、叙政府军加紧严打IS的同时，人们也应高度重视安理会第2249号决议指出的恐怖组织"奉行的暴力极端主义思想"。阿拉伯国家中出现的恐怖主义，思想根源不是伊斯兰教或伊斯兰文明，而是宗教极端分子对有关经训作了歪曲篡改性解读，以使其暴恐活动合法化。比如指称当今世界又回到了"蒙昧时代"，须重新宣教；只鼓吹小圣战（用武力）不讲大圣战（通过内心修炼巩固信仰）；甚至宣扬圣战是穆斯林念经、礼拜、交天课、斋戒和朝觐五功之外的第六功，这是逊尼派和什叶派信徒都不接受的曲解。

因此，中国和国际社会一方面都应坚持不把恐怖主义与特定宗教、民族挂钩的立场，不把极少数极端分子和恐怖分子与拥有57个成员国的伊斯兰世界和人数多达16亿的穆斯林信众混为一谈；另一方面，要想达到标本兼治效果，反恐须在坚持实施严打的同时，严格划清主张和平、公正、宽容、平等、温和等伊斯兰教义的穆斯林与那些肆意歪曲教义宣扬暴力的极端分子之间的界限。

需要指出的是，要做好伊斯兰思想领域的拨乱反正、正本清源，主要得靠伊斯兰国家和穆斯林自己。进入新世纪后，伊斯兰中间主义思潮曾备受伊斯兰国家推崇，被视为符合时代潮流并能消弭暴恐活动的正能量。只是在阿拉伯国家动乱骤起后，一些中间主义代表人物卷入了埃及夺权活动遭到通缉，这股思潮也受到影响。当前世界大国和地区国家在合力打击IS时，都应重视提振阿拉伯国家的正能量，如不断丰富和深化文明对话的交流内涵，主动翻译介绍伊斯兰中间主义著作、论文，与埃及、沙特等国具有广泛影响的组织机构和大教长、穆夫梯等宗教领袖交流接触，积极支持伊斯兰国家的改革与发展。

笔者早在十多年前曾受埃及前教育部长巴哈丁博士委托翻译他的两部著作。他认为埃及和阿拉伯世界正处在一个十字路口，阿拉伯民族应走向何方？他的答案是改革。就此而言，埃及塞西总统近年提出要学习中国作为发展中大国的治国理政经验，决非应景客套，而是基于现实需要。中国在这方面做好工作，不但是履行自身大国责任，也是在为反恐的标本兼治做贡献。

> > > > 中东研究管见 > > >

共奏中阿友好新乐章①

今年是中国与以埃及为代表的阿拉伯国家建交60周年,也是中阿关系史上的"大年"。1月,《中国对阿拉伯国家政策文件》颁布,习近平主席对中东进行了历史性访问。5月,中阿合作论坛第七届部长会议将在卡塔尔多哈召开,双方将聚焦"一带一路"建设,具体落实习主席提出的和平对话促进稳定,推进结构调整开展创新合作,促进中东工业化开展产能对接,文明交流互鉴增进友好"四大行动"计划。可以说,中阿关系历经国际风云变幻,已经进入一个崭新阶段。

从2014年6月习近平主席在中阿合作论坛第六届部长会议开幕式发表《弘扬丝路精神,深化中阿合作》演讲至今,阿拉伯国家对中国提出的发展中阿关系的顶层设计、未来5到10年的发展规划和行动计划及其蕴涵的中国主张、中国价值和中国路径,都表示了由衷的欢迎和好评,从而为这个新阶段中阿关系的发展奠定了扎实的政治和民意基础。

位于西亚北非的阿拉伯世界是发展中国家的重要群体,也是战略地位突出、油气战略资源富集的重要地区。在西方学者眼里,那里是"大国必然争夺控制的对象,也是埋葬大国的坟墓"。这对于奉行殖民

---

① 本文载于《光明日报》,2016年5月11日。

主义、帝国主义和霸权主义政策的西方大国而言，或可称为是一条铁律。21世纪初期阿拉伯地区出现的战争、动荡和冲突，都源于西方尤其是美国的中东政策，又导致美国、西方深陷困境。

中国长期是个地区大国，对阿外交始终遵循和平共处五项基本原则，保持相互尊重、友好交往的关系。伴随着综合国力的上升，中国形成了从战略高度和长远眼光看待阿拉伯国家和伊斯兰世界的新理念和新方针。习主席在阿盟总部演讲时明确宣布，中国要做"中东和平的建设者、中东发展的推动者、中东工业化的助推者、中东稳定的支持者、中东民心交融的合作伙伴"；"我们在中东不找代理人，而是劝和促谈；不搞势力范围，而是推动大家一起加入'一带一路'朋友圈；不谋求填补'真空'，而是编织互利共赢的合作伙伴网络"。这些体现中国智慧的新理念和新方针与美国、西方一贯的中东战略政策截然不同，不但广受中阿双方政界、学界和民众的认同和赞赏，而且也让世界充满期待。

怎样看待中国与阿拉伯国家的关系？怎样解决阿拉伯国家之间发生的难题？习主席在阿盟总部的演讲，是中国国家领导人第一次全面主动地阐释中国特色大国外交的"中东观"，他认为"中东动荡，根源出在发展，出路最终也要靠发展"，同时明确指出了"中东向何处去"的三个关键："化解分歧，关键要加强对话；破解难题，关键要加快发展；道路选择，关键要符合国情。"这实际上体现了中国三十多年和平发展经验和智慧的精髓，是习主席历史性访问中东带给阿拉伯人民和中东国家最珍贵的精神礼物，也是中国对阿外交最重要最根本的战略指导思想。

在中阿关系新阶段的开局之年，由中国倡导并受到阿方普遍响应的"一带一路"合作项目已完成规划。中阿"一带一路"合作领域空前广泛，包括能源、经贸、金融、通信、航空、气候变化、科技、军事、安全等项目。这些合作项目既秉持了中阿相互尊重、平等相待的历史传统，又紧密结合中国当前的经济结构调整与阿方现下的发展计划和需要，可以说已经组成了以合作共赢为主旋律的宏大乐曲。当前中阿双方面临的共同任务是适时盘点检查，过硬地落实各个项目，一起来演奏好每一个音符和乐章。

下 篇
世界热点：中东

> > > 下篇 世界热点：中东

导论：观察中东问题的三把钥匙
——沙漠文化、伊斯兰教和石油资源

常有人问：近东和中东有什么区别？在西方，大学里有近东语言文明系，也有中东研究所，地域是否同一？大家都知道，"近东"、"中东"、"远东"这些概念，是欧洲中心论的产物，以距离英、法、葡、西等西欧国家的远近来割分。到了今天，本来就缺乏严格界定的"近东"和"中东"，实际上指的是同一块地区，即西亚、北非地区，范围从阿富汗到摩洛哥、毛里塔尼亚。只是"近东"一词多用于古代、中世纪，而"中东"则为近现代常用。苏联解体后，有以色列学者提出，中亚的哈萨克斯坦、乌兹别克斯坦、土库曼斯坦、吉尔吉斯斯坦和塔吉克斯坦也属于中东。这是从文化、历史、民族、宗教等方面考虑的，现在没有定论。过去，有把除阿拉伯世界外的阿富汗、伊朗和土耳其等称为"北层国家"的说法，从目前的形势发展看，中亚这五国再加上外高加索的阿塞拜疆共和国，与伊朗、土耳其的联系日趋密切，或许都可以划入中东的北层国家范畴，至少也可视作中东的延伸或外围。

中东地区在20世纪，或者第二次世界大战后，或者就是这些年，始终是一个动荡不定、争斗不息、战祸不断的热点，除1948年—1973年的四次中东战争外，1975年以后就接连发生了黎巴嫩内战、西撒哈拉战争、阿富汗战争、两伊战争和海湾战争等。即使是在雅尔塔体制崩溃，世界走出冷战时代，在向多极化格局过渡的今天，这个热点仍未降温，仍然是一个令人瞩目的多事地区。

生活在西欧、北美基督教文化圈的人，或东亚、南亚具有儒、释文化传统的人，对于中东发生的一些事件，常感迷惑不解："萨达姆·侯赛因为什么要侵占同是阿拉伯国家的科威特？""巴勒斯坦问题怎么老解决不了？""中东的劫机、扣押人质怎会如此频繁？"世界各地的报刊在报道这类爆炸性新闻时，都作背景分析，从大国插手、两强争夺、力量失衡、贫富不均等角度着手，条分缕析，作出判断。应该说，抓住经济基础，理清国际背景的阐述是符合事实，很有见地的。然而，要为人们解惑，消除人们心中的疑云，阶段性的偶发的可变因素固然重要，但始终在起作用的，则是那些隐藏在诸多动乱、事件深处的文化本质。好像一股水流，只有探明了源头，才能看清它的流向，理解它何以涨落，何以盈枯。

要想自由出入迷宫般的中东局势，掌握三把钥匙至关重要，那就是沙漠文化、伊斯兰教和石油资源。

中东是人类文明最早的发祥地。古埃及人、苏美尔人、亚述人和巴比伦人，曾是人类社会高举文明火炬的民族，尼罗河文明和两河流域文明至今熠熠生辉，是人类弥足珍贵的财富。只是，这些都早已成为翻过去的历史篇章。在经过漫长的令人眼花缭乱的民族混杂演变之后，中东地区从中世纪起一直延续至今的主体民族，是阿拉伯人、波斯人、土耳其人、犹太人和普什图人等，其中，尤以阿拉伯人和土耳其人的作用最为突出。因为，阿拉伯人从7世纪崛起后，东征西讨，建立起了伊斯兰帝国；土耳其人统治的奥斯曼帝国，从14世纪持续到近现代。这两个帝国的版图，都横跨亚、非、欧三大洲，历时都有数百年之久。阿拉伯人和土耳其人对中东地区各民族的精神文化、价值观念的影响，可谓举足轻重，根深蒂固。

1992年1月在埃及开罗召开的伊斯兰人口会议宣称，世界上的穆斯林为12亿，这可能不大精确。美国华盛顿大学80年代后期的一份材料上说，信仰伊斯兰教的信徒，约占全世界人口的15%。这些年，伊斯兰国家的人口增长较快，一般估计，全世界总共有9亿—10亿穆斯林。如此众多的人信奉的伊斯兰教，追根溯源，乃发轫于阿拉伯半岛上的阿拉伯人。7世纪时，阿拉伯人的社会生活发生剧变，由逐水草而居的游牧生活向城居生活过渡。他们通过先知穆罕默德大力传播真主独一的伊斯兰教，凝聚成一股合力。以阿拉伯半岛的麦加、麦地那为中心向外辐射，经过多年的扩张征服，形成了一个阿拉伯—伊斯兰大帝国，西亚、北非甚至西班牙南部的安达卢西亚地区的各民族被融化，陆续皈依了伊斯兰教。这个当时世界上的超级大国，树起自己独具一格的阿拉伯—伊斯兰文化，它的根，深植于阿拉伯半岛的沙漠环境之中，以后虽有过几次大的翻译运动，如阿拔斯朝吸收波斯、古希腊和印度文化的高潮和19世纪掀起的引进欧洲文化的高潮，但在今天的中东政治风云变幻中，我们仍能窥见沙漠文化运行的轨迹，仍能感受到沙漠游牧社会的惯性力量。

沙漠文化的基本特征是什么？地处印度洋和地中海中间的阿拉伯半岛，是非洲撒哈拉大沙漠的延伸，地势高，绝大部分为草原和沙漠。自古以来就生活在阿拉伯半岛的阿拉伯人，为求得生存，主要从事两种职业，一是放牧牲畜，逐水草而居；一是经商，搞驼队贩运。在波斯和罗马帝国的长期争夺战中，阿拉伯人更关心的是维护自己的生活方式：养羊、养马、养驼，一旦生计无着，就坚决以暴力劫掠。和平时期，则精心贸易。在变化、发展、进步的社会大环境中，他们的这种习性顽强地维系了下来。因此，可以把他们的特性概括为自我意识强烈，我行我素，独立不羁。这一点，在国家结构方面就有明显的反映。第二次世界大战后，阿拉伯国家纷纷独立，它们虽然一直呐喊要求阿拉伯统一，但实际上一遇问题就自行其是。埃及与叙利亚在1958年曾合并为阿拉伯联合共和国，但到1961年即告解体。1958年2月，伊拉克与约旦组成过阿拉伯联邦，1971年9月，埃及、叙利亚和利比亚成立了阿拉伯共和国联邦，但都不过是昙花一现，消失得极快。在国际政治领域，各国通常也都各自为政，一致并不多见，即使一致，口头许诺了也不一定兑现。1990年海湾危机爆发，支持萨达姆·侯赛因的阿拉伯国家，为数就很不少。在长达八年的两伊战争中，站在伊朗一边的有叙利亚、利比亚和南也门等。四次中东战争，埃及都是主角。不少阿拉伯国家战前或战争初期都表示支持，真打起来，却又按兵不动。埃及承担了重大的民族牺牲，但得不到实际的帮助和补偿。1978年以后，埃及境内到处都是"埃及第一"的口号，萨达特总统终于走上了与以色列单独媾和的道路。

沙漠文化的又一特征是部落制度的深远影响。部落是沙漠游牧民族社会的基础。一个帐篷一个家庭，通过血缘关系组合成家族、氏族、部落。部落成员同甘共苦，同仇敌忾。直到今天，就国家体制而言，沙特、科威特、阿拉伯联合酋长国等海湾国家，仍明确地保持着家族、部落酋长的统治。即使一些已经实行共和制的国家，部落对政治、经济、文化生活，依然有着举足轻重的作用，如阿富汗、也门、毛里塔尼亚等国。

以酋长为权威的部落制，虽然也有民主商议的传统，但一切重大的决定，都必须维护本部落的利益。部落有自己的法律、规定，发生了抢劫、械斗、侵犯财产等事件，大都由部落内部自行解决。这方面，利比亚领导人卡扎菲是很典型的。这位1942年出生在滨海城市锡尔特和费赞省省会塞卜哈之间的南方沙漠羊皮帐篷中的领袖人物，且不说他当政以后依然喜欢在帐篷里接待记者采访或外国来宾，即以今年他迟迟不愿交出炸毁洛克比航空班机的两名利比亚嫌疑犯而论，也可看出，在维护本族成员和接受联合国制裁的抉择中，他毫不犹豫地选择了前者。沙漠游牧部落的这种传统，毕竟是千百年的沉积，在今天的中东社会，决不会引起人们的惊诧。

沙漠游牧文化形成的独特的伦理道德观念和是非标准是另一种特征。这里的人崇尚强者，豪爽、慷慨、好客。这些都跟严酷的沙漠环境、匮乏的生活资料有密切的关系。在伊斯兰教出现前，沙漠游牧民族的历史,就是一部游击战争史,充满着袭击和劫掠。为了争夺牲畜、牧草和水源,维持生存,劫掠非但不是罪恶,而是一种表现大丈夫气概的行为。这种观念并不容易破除。伊拉克侵占科威特,有许多冠冕堂皇的理由:谋求在海湾的商港,向科威特索赔石油损失等,就像是要夺取一块肥美的水草。世界舆论、国际法准则被完全置之度外,在发兵侵占科威特的时候,它心理上绝没有冒天下之大不韪的沉重包袱。

血债血偿,是各种文化都有的一种传统观念,但是,沙漠游牧民族却有特别之处。报仇雪恨是每个部落成员的责任,不论时间多久,如果仇恨未雪身先死,那么,这个责任就由他的子孙继承下来。甲部落的人被乙部落所杀,就必须杀死乙部落的一个成员讨还血债,至于此人是否凶手,则似乎无关宏旨。由此,我们就不难理解中东扣押人质的事件何以会层出不穷了。德国关押了两名阿拉伯人,黎巴嫩的争取自由斗士组织就绑架了两名德国人。这些年里,中东地区扣押人质、劫机、劫船的事件,经常殃及无辜,但策划者本身,却还理直气壮得很。

世界上三大一神教——犹太教、基督教和伊斯兰教,哪一种流行最早?宗教界、学术界向有争论,但它们都发源于中东,却是举世公认的。古代犹太国家在公元1世纪被罗马帝国所灭,犹太人自此流散在世界各地2000年之久。1948年以色列建国后,犹太人陆续迁入,但全世界约2000万犹太人中,以色列境内约330万人,加上中东其他国家的犹太人,也只有400万左右。基督教产生后,被罗马帝国接受,成为国教,以后主要流传在欧洲、美洲,是西方国家的主要信仰。基督教在中东的信徒,可能不到700万人,除在塞浦路斯和黎巴嫩占据较高的人口比例外,在中东其他国家,基督教徒都处于少数派的地位。论信徒的人数,势力的强盛和影响的深度,中东的三大宗教中,当首推伊斯兰教。

伊斯兰教崛起于阿拉伯半岛,绝非偶然。公元610年,穆罕默德在希贾兹一带传播伊斯兰教,教义极其简明,概括起来只有两句话：信奉安拉为唯一的主，信奉穆罕默德为安拉的使者。伊斯兰教反封崇拜偶像，主张奉主独一；反对蒙昧，主张知识；反对敌视，主张和平……这在当时，为纷争频仍的游牧部落带来了团结和安宁，为大小商旅和集市带来了繁荣和安全。教义所宣传的平等、兄弟情谊、均贫富等思想，很快就为广大平民所接受，形成了一股推动社会前进的力量。

伊斯兰教早期通过征服和扩张迅速传播到西亚、北非和欧洲的伊比利亚半岛，次第建立起倭马亚、阿拔斯和法蒂玛那样的大王朝，以后又通过贸易、移民、传教，东渐至印度、东南亚、中国，南下至非洲腹地，现已遍及世界五大洲。千百年来，伊斯兰教一直是中东地区最核心的精神文化支柱，也是任何一个中东国家必须仰仗或协调关系的重要力量。

伊斯兰教的内容非常丰富，决非三言两语就能阐述清楚，这里只能提出它的几个值得我们重视的特点。首先是它的入世性。伊斯兰教从它的发展史来看，始终是与夺取政权、实施统治紧密相连的。它不限于倡导个人的修身养性，而是包含着大量的统治思想、道德法律、行为规范等内容，虽也讲求来世，但并不讳言今世的享受。如《古兰经》中说："你们应当吃，应当喝，但不要过分。""谁为主道而迁移，谁在大地上发现了许多出路和丰富的财源……真主必报酬谁。""凭自己财产与生命而奋斗的人，真主使他们超过安坐家中的人一级。真主应许这两等人要受最优厚的报酬。除安坐者所受的报酬外，真主加赐奋斗的人一种重大报酬。"① 从过去王朝哈里发们过的纸醉金迷的奢侈生活，到今天石油富豪们一夜千百万金的豪赌，都未受到宗教界的严斥。这说明，追求财富，享受现世，并不违背教义；今世的努力、行善，是期望末日清算时获得善报，进入天园继续享受尘世生活。伊斯兰教的这种入世性，与阿拉伯人具有的享乐主义性格也是一致的。

---

① 分别引自《古兰经》7:31、4:100、4:95，马坚译本，中国社会科学出版社1981年版。

伊斯兰教的第二个显著特点，是它的不断扩展性。穆罕默德当初宣传伊斯兰教，曾屡遭敌对势力的迫害，多次受挫。他与最早皈依伊斯兰教的信徒们，同多神崇拜进行了坚决而激烈的斗争。在历经艰险赢得胜利以后，穆斯林们对伊斯兰教，对超越物质存在的最高统治者真主，具有热忱的信仰。他们非常实际，决不甘愿囿于贫瘠的阿拉伯荒漠，而要追求新的出路，新的财富和领域。伊斯兰教从麦地那向四方发展到整个阿拉伯半岛，后来又到西亚、北非乃至西班牙，这种传播的载体，穆斯林学者称之为"征服"（futouhat）。伊斯兰帝国的远征军，高举"圣战"（jihad）①的大纛，每到一地，必先礼后兵：发檄要对方归顺，服从真主的宗教，遭拒即兵临城下，用武力解决。随着岁月的流逝，伊斯兰教的传播方式有所发展，这是因为伊斯兰教在世界上已经传播很广，不仅从几内亚到印度尼西亚的所有伊斯兰国家都已挣脱殖民统治的枷锁，获得独立，而且伊斯兰势力已随着移民、经济活动，深入到欧洲、日本和美国。现在，美国国会、各州议会中都有阿拉伯人；成为法官、银行董事、大学校长、作家、教育家、科学家和高级职员的阿拉伯人和伊朗人就更多了，他们与中东各类组织的领袖们、伊斯兰教的神职人员，实际上已跻身美国的上层社会。穆斯林们极其重视美国的影响，他们虽然没有打出"圣战"的旗号，但通过各种途径向美国社会传播伊斯兰教，宣传伊斯兰教的原则，公开地或秘密地大力协助、鼓动美国社会各阶层的非穆斯林信奉伊斯兰教，致使美国穆斯林的人数迅速增长，至今已逾1000万，清真寺至少也有600多座。

然而，伊斯兰教这种扩展的特点，并不因为传播方式的改变而消失。1979年伊朗伊斯兰革命成功，霍梅尼即宣称要搞"伊斯兰革命输出"，这就令人联想起1914年秋奥斯曼帝国的土耳其素丹穆罕默

---

① jihad的阿拉伯文原意是"奋斗"，当初指穆罕默德与麦加多神教徒进行的战争，后泛指在伊斯兰旗帜下为宗教进行的战争和奋斗。

德·赖沙德曾号召全世界的穆斯林起来跟非穆斯林做斗争。这一类的宣传口号每次都在非伊斯兰世界引起轩然大波，但就穆斯林而言，却不会感到出人意表，因为领袖们的讲话并未违背圣战的定义：为主道而战，只不过是在传播方式上强调了"斗争"，或蕴含有暴力的成分罢了。事实上，进入80年代以来，"圣战"的口号已多次出现，以"圣战者"命名的组织也不鲜见。伊斯兰教迄今仍以顽强的生命力在扩展着。

教派林立，教派纷争不断，是伊斯兰教的第三个值得重视的特点。

伊斯兰教有两大派：逊尼派和什叶派。两派的产生，是缘由继承者的问题。穆罕默德是穆斯林公认的先知、圣人，他在世时，既是宗教领袖，也是国家元首、军队统帅。公元632年他去世了，在穆斯林中立即就出现了应由谁来当哈里发（继承人）的问题。逊尼派，意思是信奉伊斯兰教律的人，也是伊斯兰教的正统派。他们主张哈里发应选举产生；什叶派意为教派的、宗派的。他们认为穆罕默德的堂弟兼女婿阿里应是唯一合法的继承人。实际上，这两派的分歧实质，是哈里发究竟应民主选举产生呢，还是应由与穆罕默德有血缘、亲属关系的人世袭。教派斗争是惨烈的，穿插着暗杀、战争等流血事件。以后，这两大派又因具体的意见分歧，产生出分支体系。逊尼派历史上形成过经典派、意见派、穆尔太齐赖派、艾什耳里派，后又有苏非派、瓦哈比派等。从法学上分，则有哈乃斐派、沙斐仪派、罕百里派和马立克派四大家；什叶派虽然人数只占世界穆斯林人数的十分之一强，但他们长期受压，处于被统治地位，所以斗争性很强，其作用和影响，决不可小觑。什叶派主要分出三大支派：十二伊玛目派、伊斯玛仪派和栽德派，不过，每一支派又有自己系列的分支派别。

教派斗争，绵延千百年，直到现代仍层出不穷。如1979年11月和1987年7月沙特阿拉伯麦加禁寺发生的流血事件，本质上是由什叶派主政的伊朗当局，企图把朝觐当做宣传伊斯兰革命的大好时机，而与沙特逊尼派政权之间的冲突。有时，虽同为一个教派，但背景不同，也有激斗。从1975持续到1990年的黎巴嫩内战，主要是伊斯兰教和基督教间的矛盾，焦点在于在当前形势下如何进行权力的重新分配。但是，由于外部力量纷纷插手，同为什叶派的"阿迈勒运动"和"真主党"之间，也曾兵戎相见爆发过激战（1988年5月），这是因为叙利亚支持的阿迈勒运动与以伊朗为背景的真主党在是否让巴勒斯坦游击队回到黎巴嫩南部的同题上，存在严重分歧。而且，叙利亚政府在黎巴嫩内战之初的1976年，曾一度支持基督教派，指责琼卜拉特为首的德鲁兹派①领导的"全国运动"，进而派兵干预，以后又转变态度，支持起全国运动，与以色列支持的基督教马龙派的长枪党抗衡。教派纷争加上了外来驻军，叙利亚、伊朗、伊拉克、利比亚等国都想插手，以色列又动辄以"安全带"为由出兵，迄今仍占领着黎巴嫩南部，黎巴嫩成了阿以冲突的一个战场。由教派利益冲突引起的这场内战，终于把黎巴嫩这个美丽、繁荣的中东小国，打得满目疮痍，遍体鳞伤。

伊斯兰教派之间的分歧和斗争，是一个十分敏感的同题，在对待非穆斯林事务上，各教派可能口径一致，但内部的矛盾始终存在，而且常与政治、经济、民族等利益纠结在一起，剪不断，理还乱，令人感到扑朔迷离。即使时至今日，世界已走出了冷战时代，只怕伊斯兰教派的矛盾和冲突，仍会时伏时起，成为中东国际政治生活中的一种举世瞩目的现象。

如果说，在第二次世界大战结束前，中东的主要标志是枣椰树、骆驼、帐篷等沙漠景观的话，那么，在当代，就必须加上石油井架。丰富的石油和天然气资源，使中东地区在原有的战略地位基础上，又增添了举足轻重的经济地位。

---

① 德鲁兹派为伊斯兰教什叶派的伊斯玛仪派的分支，主要分布在叙利亚和黎巴嫩。在黎巴嫩的德鲁兹派信徒，约占总人口的5.6%，根据1943年宪法，国防部长应由德鲁兹派军官担任。该派在1949年5月组建社会进步党，有民兵约5000人，另有后备力量的1万人。德鲁兹人吃苦耐劳，勇敢善战，是黎巴嫩内战中的一支重要力量。

20世纪初，中东国家如埃及、伊朗便已发现石油，但年产量不高，如1914年，埃及为10.9万吨，伊朗也不到40万吨。第二次世界大战结束后，西方国家对廉价能源的需求量急剧增加，欧美石油公司纷纷拥入中东，进行勘探、开采，大批的油田、气田投入生产，中东的产油国进入了石油经济时代。但是，真正促使中东产油国经济蓬勃发展的，是在战后民族解放运动的高潮中，各国在争取民族独立的同时，也先后对西方石油公司开展斗争，废除了传统的石油租让制生产方式，通过提成、参股、合营和赎买等手段，对外国资本实行限制，普遍实现了石油企业的国有化。中东的石油生产日新月异，中东成了世界最重要的能源供应地。

中东的石油储量居世界首位，约占世界总储量的60%，而且油层厚、油质好，易于开采。中东的石油分布，可以说遍及各国，现在连原先贫油的也门、苏丹，也发现了石油；但主要的能对国际政局产生影响的，是海湾地区和北非地区。有人说，在海湾地区，只要往地下凿个洞，石油便会汩汩流出，这当然是夸张之辞，但海湾国家确实被公认为是浮在石油上的国家。海湾国家，通常是指海湾合作委员会六国（沙特阿拉伯、科威特、阿拉伯联合酋长国、卡塔尔、巴林和阿曼）加上伊拉克和伊朗。其中，沙特、伊朗、伊拉克、科威特、阿拉伯联合酋长国都是石油输出大国。1981年—1990年，世界石油探明储量增长482亿桶，上述五国占其中404亿桶；1985年—1990年，世界石油增产688万桶/日，这五国就占568万桶/日。[①] 其中尤以沙特为最，据1989年的资料，沙特的石油储量为345亿吨，为已知世界储量的四分之一。在苏联解体以后，沙特今年有望达到日产1000万桶，为世界石油日产量最高的国家。北非的产油、气国，主要是阿尔及利亚和利比亚。这两国的政府财政收入和出口收入，几乎全依赖石油输出。上面提到的海湾五国加上这北非两国，1980年的政府石油收入，高达2160

---

① 《西亚·非洲》双月刊，1991年第6期，第37页。

亿美元。中东国家的巨大石油财富，不仅迅速促进了产油国的现代化建设，而且牵动着国际政治、经济格局，成为各国关注的重要因素。

自70年代以来，中东石油曾几次引起国际上的风云变幻。1973年第四次中东战争爆发前，埃及总统访问沙特、卡塔尔时，呼吁运用石油武器，为反对以色列侵略的战争服务。10月战争一爆发，叙利亚、黎巴嫩立即关闭了来自伊拉克的两条输油管，接下来的几个月内，中东产油国相继采取减产、禁运、提价和国有化的步骤，第一次把石油当作政治武器，打击支持以色列的主要国家美国和荷兰。这不仅使世界石油市场陷于大混乱，而且迫使日本和一些西欧国家调整中东政策。这场石油危机的结果，是中东产油国从西方石油垄断公司手中夺回了油价决定权，结束了西方国家的"廉价石油时代"。1978年，伊朗因国内政局不稳突然停止出口石油，造成国际市场每天520万桶石油的缺口，再一次引起油价混乱和西方金融市场的动荡。

然而，油价上涨也有明显的负面效应。1982年年底，第三世界国家的外债高达6260多亿美元，主要原因便是油价上涨。而欧美、日本则开始加紧制订新的能源政策，加强节能，发展替代能源，千方百计增加出口，限制进口，贸易保护主义大行其市。80年代中期，国际石油市场出现供过于求的局面，油价急泻，形成了"反向石油危机"。这使中东产油国收入剧降，沙特、伊朗、伊拉克、科威特、阿拉伯联合酋长国，阿尔及利亚和利比亚这七国，1986年的政府石油收入跌到540亿美元，陷于经济衰退之中，而深深依赖这些国家劳务市场和资金援助的中东国家也受到严重影响。

石油资源把中东国家分成了两大类：石油输出国和劳力输出国。1970年以前，绝大多数中东国家的人均国民生产总值都不到1000美元。进入80年代以后，中东地区出现了贫富鸿沟。海湾合作委员会的六国跻身于世界高收入国家的行列，而且名列前茅，它们的人均国民收入要比非产油国的阿富汗、也门、苏丹等国高出数十倍。为了缓和富国与穷国间的尖锐对立，产油国先后组织起各种货币组织和基金会，每年都向经济困难的国家提供援助或贷款，但这并不能从根本上消弭贫富悬殊的现象。阿拉伯人和穆斯林普遍认为，石油是真主赐给他们的财富。既然是同一个民族，同一种语言，信同一种宗教，四海之内，穆斯林都是兄弟，理应有福同享。然而，这种根深蒂固的均贫富传统思想，却被现实击得粉碎。在中东，王公显贵、军政要员、富商巨贾穷奢极欲，有的贪赃枉法，腐化堕落，而广大中下层穆斯林面对的却是物价飞涨，物资匮乏，生活在艰难竭蹶之中。社会财富分配不公的情况，必然激化社会矛盾。可以说，这也是导致民族主义组织和宗教势力大肆活动，中东社会激烈动荡的重要原因之一。

传统文化的影响，宗教的影响，财富的影响，在每一次中东成为世界热点的过程中，都是客观存在着的。之所以特地把这三把钥匙交给读者，是因为随着两极世界的解体，中东地区普遍处于一种失衡状况，在这个国际格局转型期间，地区或国家自身固有的特点和运作惯性，尤显得重要。因此，把握住从政治、外交、军事的角度去进行分析的方法，且能藉此对富有神秘色彩的中东世界，有更深入更全面的了解，并进而能对前景做出几分预测，那就会更有兴致了。

中东的核心问题——巴勒斯坦

第二次世界大战结束已经四十多年了，中东地区最突出的矛盾，始终是阿拉伯与以色列的冲突，至今还在延续着。人们常常会疑惑：阿拉伯国家与以色列如此敌视，不停地发生冲突，是不是历史上有宿仇旧恨？事实上，阿拉伯人和犹太人都是西亚的闪族人，源于同一始祖（伊卜拉欣—亚伯拉罕），阿拉伯语和希伯来语属同一语系（闪语系），他们都信奉一神教，《古兰经》和《旧约圣经》又都对东西方文化的发展和进步，做出过杰出的贡献。古代希伯来王国被亚述帝国和新巴比伦王国所灭，造成犹太人的大离散，以后，又被波斯、希腊和罗马帝国轮番占领，犹太人几乎全部逃离或被逐出巴勒斯坦。这些苦难与阿拉伯人无关。公元7世纪，在伊斯兰教的传播过程中，穆罕默德率领的穆斯林，同犹太人只交锋两次。一次在627年，麦加贵族阿布·苏福扬联合多神教徒围攻麦地那，由城里的犹太古来祖部族做内应，穆罕默德采用筑壕坚守的战术成功退敌；另一次是在628年，穆罕默德率兵围攻犹太重镇海巴尔，迫使犹太人投降并且缴纳贡品。当时，穆罕默德经历的战役颇多，他的主要反对者，应该说不是基督教徒和犹太教徒，而是阿拉伯人中的贵族。在伊斯兰教取得胜利之后，穆罕默德对待原先反对过他的人，还是很宽容的。海巴尔战役后，他曾娶被杀的犹太首领的寡妻沙菲亚为妻;① 631年,他同艾伊莱(现在的亚喀巴)的基督教领袖和南方麦格纳、艾兹鲁哈、哲尔巴等三个绿洲里的犹太部族,签订了和平条约,② 为犹太教徒和基督教徒在新兴的伊斯兰政权下获得保护,开了一个重要的先例。西方一些学者认为,《古兰经》的第二章和第五章中有些不利于犹太教徒的评论,实际上,有关的文字表述是把犹太教徒与基督教徒、信道者、拜星教徒并列的,强调的是他们必须遵守《讨拉特》(《旧约》)和《引支勒》(《新约》),亦即信奉主降示的经典。伊斯兰教认为最恶劣的、不可饶恕的罪恶,是"什尔克"、亦即把其他的神灵同独一的真宰真主并列。因此,用严厉的口吻论述恪守一神教的经典,是不足为奇的,而在穆罕默德的意识中,"信奉天经的人",即基督教徒和犹太教徒,则并不包括在多神教徒里。

在以后伊斯兰各王朝统治的岁月里,阿拉伯民族和犹太民族和睦相处,犹太人除了需要定期缴纳人头税外,享有信仰、居住、职业的自由。阿拉伯的哈里发和总督不同于把犹太人完全排除在行政事务外的拜占庭人和波斯人,他们毫不踌躇地吸收犹太人参加行政管理工作,甚至在外交和金融方面也完全听信他们中内行的意见。③ 公元10—15世纪西班牙安达卢西亚的后倭马亚朝时期,犹太人生活在一种宽松、受信任的气氛中,能够安居乐业,在商业、金融、外交、医学等领域崭露头角。那段时期不仅是阿拉伯文化和希伯来文化均趋繁荣的时代,而且也是阿拉伯人和犹太人共存共荣的黄金时代。倒是在西班牙完成基督教化和统一以后,当局对穆斯林和犹太教徒实行了残酷的压迫。他们通过颁布法律,强制穆斯林和犹太教徒放弃自己的语言、宗教、习惯和生活方式。大批的阿拉伯人和犹太人终于被逐出了西班牙

---

① 《宗教词典》,上海辞书出版社1981年版,第902页。
② [美]希提:《阿拉伯通史》,上册,马坚译,商务印书馆1979年版,第140页。
③ [以色列]阿巴·埃班:《犹太史》,阎瑞松译,中国社会科学出版社1986年版,第135页。

的领土，进入了奥斯曼帝国的地域。这个过程一直延续到17世纪。今年，以色列举行了纪念犹太人撤离西班牙500周年的活动，实际上是以1492年基督教卡斯提尔的军队进入安达卢西亚的格拉纳达城，阿拉伯在西班牙的最后一个小王朝奈斯尔朝的崩溃作为标志的。

由此可见，犹太人与阿拉伯人之间在历史上并没有深仇大恨。犹太人流散在世界各地长达近2000年，不是阿拉伯人的过错；而阿拉伯哈里发帝国的解体和近代的衰落，也不能归咎于犹太人。当前阿拉伯与以色列的争端，其起源乃是巴勒斯坦问题，这个核心问题不解决，中东就将一直处于紧张和动乱之中。这一点，已成为中外学者的共识。

一、巴勒斯坦问题和巴解组织

巴勒斯坦问题

巴勒斯坦位于亚洲西部，地中海东岸，处于欧、亚、非三大洲的枢纽地带。巴勒斯坦的最早原始居民是迦南人，《旧约圣经》称这一地区为"迦南地"。公元前13世纪，克里特岛和爱琴海沿岸的腓力斯人来此定居，将该地叫作"巴勒斯坦"，意思是"腓力斯人的土地"。此名一直沿用至今。

古代希伯来人、阿拉伯人和其他西亚古老的民族，曾同迦南人一起生活在巴勒斯坦的土地上。公元前1025年，希伯来人建立起了统一的希伯来王国，那也是最早的犹太国家。在历史的变迁过程中，犹太人有过兴盛和繁荣的时期，但更多的却是战乱、屠杀、被掳和放逐等灾难。公元135年，罗马皇帝哈德良疯狂地捕杀犹太起义者，上百万人被杀戮，幸存者在巴勒斯坦已无立足的可能。犹太人自此进入了世界性大流散的时期，先到阿拉伯半岛、巴比伦和波斯，流向北非、西班牙一带的，又转向西欧。16世纪以后，他们大量迁往波兰、俄罗斯，再由那里逃亡到美国。中世纪的欧洲，是基督教政权的天下，犹太人备受歧视，英国、法国、西班牙、俄国都掀起过令人触目惊心的排犹运动，对犹太人的迫害和屠杀，几乎从来没有停止过。犹太人遭受的不是一般的经济和政治压迫，而是连起码的公民权也被剥夺了。到希特勒夺取德国政权以后，犹太人的苦难达到了极点。他们被纳粹党人枪杀、毒死、绞死、烧死、饿死、活埋。据统计，战争期间被迫害致死的犹太人约有520多万人（一说600多万人）。

在凄惨的生活环境中，犹太人奇迹般地生存了下来。他们通过一个个的犹太社区，抱成一团，维护了自己的信仰和语言。支撑他们与苦难作为斗争的是一种巨大的精神力量，是他们对犹太教义的执着信念。他们坚定地认为自己是上帝的"特选子民"，①总有一天会回到耶和华的"应许之地"。②长期以来，犹太人一直把他们亡国流散的遭遇解释为一种赎罪的苦行，是接受上帝的惩罚，但是，耶和华决不会弃他们于不顾，他们早晚必能获得解救返回故土。这种说法，使失国离乡千百余年的犹太人在苦难中得到安慰，也是以后犹太复国主义思潮能够兴起和发展的重要依据。

把犹太人盼望宗教复国的这种思想发展成为政治的世俗的犹太复国主义运动纲领的，是匈牙利的记者、作家西奥多·赫茨尔（1860—1904）。他在1896年发表的论文《犹太国》中，明确提出要"建立犹太国家"。接着，1897年8月29日，他在瑞士巴塞尔主持了犹太复国主义者第一届代表大会，呼吁在巴勒斯坦创立一个正式的、有法律根据的犹太民族国家。这在犹太复国的方法、途径方面是一个重大的变化。赫茨尔主张犹太人行动起来，移居巴勒斯坦，重建犹太民族国家，而不要像早先那样消极等待。他认为，只要恪守宗教律法，弥赛亚

---

① 见《旧约·申命记》，14：2；"因为你们是耶和华你主神圣洁的民，耶和华从地上的万民中挑选你们特作自己的子民。"

② 见《旧约·创世纪》，17：8；"我要将你（亚伯拉罕）现在寄居的地，就是迦南全地，赐给你和你的后裔，永远为业。"

（救世主）就会降临，恢复他们的犹太王国。

两次世界大战为犹太人复国主义运动的发展提供了国际条件。一方面，欧洲犹太人的境况并未好转，他们的民族权利仍被剥夺，在经济领域依然备受排挤，到希特勒上台，他们更是惨遭大规模的屠杀，生命财产均得不到保障；另一方面，英、美的犹太人经济上日趋强大，政治上十分活跃，他们的势力已经能影响到政府的决策。从犹太复国主义运动的频繁活动到以色列国的成立，以英、美政府为首的国际力量起了不可忽视的作用。1917年11月2日，英国外交大臣阿瑟·詹姆斯·贝尔福以致函犹太复国主义领导人罗斯柴尔德勋爵的方式，保证"英王陛下政府赞成在巴勒斯坦建立一个犹太人的民族之家，并将尽最大努力促其实现"。这就是以后被称为《贝尔福宣言》的英国政府的表态性文件。它事先得到了美国政府的支持。美国总统威尔逊在10月16日曾正式电告英国政府，美国政府支持这项宣言。在1919年的巴黎和会上，美国代表团曾准备一份《关于建立独立的巴勒斯坦国》方案，内容就包括巴勒斯坦建立犹太国家。《贝尔福宣言》是犹太复国主义运动赢得英、美政府明确支持的一个标志。

第二次世界大战刚结束，亦即在1945年年底和1946年年初，英、美政府就开始提出巴勒斯坦的分治计划。几经周折并于最后在1947年11月27日的联合国大会上以33票赞成、13票反对、10票弃权通过的，是多数派提出的巴勒斯坦分治决议。具体内容是巴勒斯坦分为犹太国（占地56.6%），阿拉伯国（占地43%）和国际共管城市耶路撒冷（占地177平方公里），英国对巴勒斯坦的委任统治不得超过1948年8月1日。这项决议的主要支持者为美、苏两个大国，而向联合国大会提出巴勒斯坦问题的英国，面对着自己在中东势力和地位萎缩的局面，投了弃权票。当时的中东国家阿富汗、埃及、伊拉克、黎巴嫩、伊朗、沙特阿拉伯、叙利亚、土耳其、也门，投的都是反对票。

对犹太复国主义，一直有两种看法。一种认为它是一种反动潮流，是它导致了以色列国的建立和巴勒斯坦问题的产生；另一种意见则把它视作是民族解放运动的一部分。广大犹太人千百年来遭受迫害和苦难，他们渴望建立自己的国家，摆脱厄运，确有合理的一面，然而，犹太复国主义最终与大国的战略利益结合在一起，走向了自己的反面，因为联合国的分治决议完全违背了阿拉伯国家的意愿，无视巴勒斯坦阿拉伯人的利益，与联合国宪章规定的民族自决和民主原则显然是背道而驰的。因此，重要的倒不是对犹太复国主义作笼统的否定或肯定，而在于应该看到以美、苏两大国为背景通过的巴勒斯坦分治决议，是战后雅尔塔体制在中东地区的反映。美、苏两强既抗衡又合作的战略格局，延伸到了中东，加上中东地区固有的各种错综复杂的矛盾，终于导致了使这一地区长期动荡不定的阿以冲突。

巴勒斯坦归属阿拉伯世界，要追溯到公元637年伊斯兰教的征服。阿拉伯穆斯林不断移入，同当地居民融合，巴勒斯坦的民族、宗教和文化都早以实现了阿拉伯化，耶路撒冷更是从穆罕默德神奇的"登霄"[①]传开以后，就一直被穆斯林视作圣地。巴勒斯坦在1517年被奥斯曼帝国占领，但未改变以阿拉伯人为主的民族结构。1920年4月，巴勒斯坦沦为英国的委任统治地。此后，在英国的支持下，大批犹太人移居巴勒斯坦。德国法西斯排犹后，流入巴勒斯坦的犹太人数量激增，阿拉伯人与犹太人之间频频发生冲突。英国当时为了联合阿拉伯各国对付德意的威胁，政策又从扶犹转为限犹。在以色列国建立以前的二十多年里，巴勒斯坦这块土地上，阿犹之间、阿英之间和英犹之间的各种冲突几乎就没有停止过。但是，巴勒斯坦的穆夫蒂侯赛尼领导的阿拉伯高级委员会（后叫全巴勒斯坦阿拉伯政府），并不是一个强有力的统治政权，在国家生死存亡的关键时刻，未能采取有效的得力措施。阿拉伯各国在巴勒斯坦的归属问题上，又各有打算，并

---

① 穆斯林根据《古兰经》17：1的经文，认为穆罕默德52岁时由天使迦百利陪同，乘天马从麦加到耶路撒冷，升上七重天遨游，见过古代先知的天园、火狱等，黎明时重返麦加。伊斯兰教规定每年伊斯兰历的7月17日为"登霄节"，以示纪念。

不团结。埃及等国主张巴勒斯坦归穆夫蒂侯赛尼领导，从而受它们的节制。约旦国王阿卜杜拉却表示反对，他在英国的支持下，一心想吞并巴勒斯坦部分土地，建立他的"大约旦王国"。更主要的是美、苏两国在以色列国的建立和建国初期所给予的坚决支持。它们在第一次中东战争，即1948年5月15日以色列建国后的第二天开始的埃及、约旦、伊拉克、叙利亚和黎巴嫩军队相继进入巴勒斯坦，与以色列交战的巴勒斯坦战争中，对阿拉伯国家横加指责，积极地向以色列出售武器，发展同以色列的外交关系，压英国中断对阿拉伯国家的军火供应等，都是对以色列的公开偏袒。凡此种种加在一起，在二次大战结束后的新格局中，酿成了巴勒斯坦的悲剧，无国的犹太难民有了自己的家园以色列，有国的巴勒斯坦阿拉伯人，却失去了自己的家园，成为难民。巴勒斯坦人开始一次又一次地起来奋争，要求恢复自己合法的民族权利，要求回归自己的故土，这当然是正当合理的要求，他们进行的也是正义的斗争。巴勒斯坦问题是战后国际关系中的一大棘手难题，只要这个核心问题得不到公正合理的解决，中东的阿以冲突就不会平息，保障中东各国和平生存的权利也只能是一种美好的愿望。

巴解组织

　　第一次中东战争，历时15个月，阿以实际交战61天。新生的以色列在战争中攫取了4850平方公里土地，占有了巴勒斯坦全境约五分之四的土地和耶路撒冷新城；埃及占领了加沙地带；约旦兼并了约旦河西岸，于1949年4月将国名改为"哈希姆约旦王国"，另外还控制了耶路撒冷旧城。联合国关于巴勒斯坦分治的决议没有兑现，其后果之一是造成了96万巴勒斯坦人离乡背井，沦为难民，他们生活在极端贫困的难民营中，依赖联合国和有关国家的救济。

　　巴勒斯坦是个弱小的国家，到了40年代末，约120万的巴勒斯坦阿拉伯人，面临的是国破家散的景象，他们要恢复自己的民族权利，既指望不了美、苏、英、法这些大国，也不可能等待内部并不团结的阿拉伯国家来拯救。在这种情势下，巴勒斯坦自发的零星的反抗行动，逐步向有组织有领导的抵抗运动发展。1959年，一群巴勒斯坦青年秘密组织了"巴勒斯坦民族解放运动"（法塔赫），开展反对以色列占领者的斗争。在1956年的第二次中东战争中，加沙和西奈边境地区已经有巴勒斯坦突袭队的营地。60年代，阿拉伯国家民族解放运动高涨，在阿拉伯国家联盟的支持下，第一届巴勒斯坦国民大会在耶路撒冷东城区召开。大会选举了15人组成巴勒斯坦解放组织执行委员会，通过了《巴勒斯坦国民宪章》，规定巴解组织的任务是"负责巴勒斯坦人民争取解放他们国家的斗争"和"处理巴勒斯坦问题"。大会决定组建巴勒斯坦解放军，成立为巴解组织筹款的国民基金会。当时的巴解组织总部设在约旦首都安曼。这次大会是巴勒斯坦抵抗运动的一个重要转折，标志着一个新阶段的开始，因为它以后被称为第一届巴勒斯坦全国委员会，是巴解组织的最高权力机构，它的执委会承担着领导和处理巴解组织日常事务的职责。现在的巴解组织执委会主席亚西尔·阿拉法特参加了这次大会。1965年元旦凌晨，他率领的"暴风"突击队，潜入以色列占领区，打响了武装斗争的第一枪。

巴解组织不断地袭击以色列，仅1965年就达31起，成为巴勒斯坦人民反对以色列侵略者的一支不可忽视的力量。以色列发动的1967年第三次中东战争，原因之一就是要消灭巴解组织及其武装力量。这场战争，使阿拉伯国家遭受到重大损失，以色列占领了埃及西奈半岛苏伊士运河以东的全部土地和叙利亚的戈兰高地，吞并了整个巴勒斯坦，包括加沙地带、约旦河两岸和耶路撒冷旧城，总计为8.16万平方公里的土地，为它原有面积的四倍，40多万巴勒斯坦人沦为新难民，巴勒斯坦解放军几濒覆灭。但是，以色列的侵略扩张，却没有压服巴勒斯坦解放组织和阿拉伯各国，相反倒激起了巴勒斯坦武装斗争的蓬勃发展，也使阿拉伯人民看清了在美、苏操纵下的中东格局中他们真实的地位。

60年代和70年代陆续成立的巴勒斯坦抵抗组织，数量颇多，除法塔赫外，主要的有人阵（解放巴勒斯坦人民阵线），领导人是乔治·哈巴什；民阵（解放巴勒斯坦民主阵线），领导人是基督教徒纳耶夫·哈瓦特迈赫；闪电突击队（人民解放战争先锋队）；人阵（总部），全名叫解放巴勒斯坦人民阵线（总指挥部）；阿拉伯解放阵线；另外还有斗争阵线（解放巴勒斯坦人民斗争阵线），解阵（巴勒斯坦解放阵线），巴共（巴勒斯坦共产党）等。它们具体主张、要求不一，国际背景也各不相同，有的与埃及关系密切，有的则受叙利亚或伊拉克的支持。

1969年2月，在第五届巴勒斯坦全国委员会会议上，法塔赫组织的领导人阿拉法特当选为执委会主席，法塔赫在11名执委会委员中占有4名，法塔赫的代表掌握了政治、军事和组织等部门的领导权，实际上已成为巴勒斯坦抵抗运动中的主流派。同年4月，法塔赫同闪电、民阵、巴勒斯坦解放军组成"巴勒斯坦武装斗争指挥部"，朝军事统一的方向迈出了重要的一步。接着，在1970年5月底、6月初的第七届全国委员会会议上，又成立了巴解组织中央委员会，所有抵抗组织都参加了中央委员会的领导。这种联合团结的气氛，形成了第三次中东战争后巴勒斯坦人民武装斗争的高潮。到1971年，巴解组织所属的正规兵力已发展到5万多人，武器装备也较好，成为阿以对抗斗争中一支不可小看的力量。

巴勒斯坦各抵抗组织的共同点是都拥护1964年巴勒斯坦第四届全国委员会会议上修改通过的《巴勒斯坦国民宪章》，赞同"武装斗争是解放巴勒斯坦的唯一方式"。在1964年到1973年第四次中东战争进行的十年间，巴解组织内部比较一致，它们积极开展的游击战争规模日益壮大。在约旦的卡拉马一战中，歼灭以色列官兵400余人，击落直升机一架，坦克、装甲车17辆，更为自己赢得了声誉。但是，这些组织反击以色列的基地集中在约旦和黎巴嫩，对这两个国家的统治政权构成了一定的威胁，也导致了阿以冲突的扩大化。

第四次中东战争结束后，埃及与叙利亚先后同以色列达成脱离接触的协议，阿以冲突的格局发生了重大变化。巴解组织内部在对敌斗争的目标、方针和策略上的分歧也显露出来了。1974年，法塔赫、闪电和民阵提出分阶段实现战略目标，强调首先应在约旦河西岸和加沙地带建立独立的巴勒斯坦国；尔后，阿拉法特又提出巴解组织的《临时政治纲领》，主张使用一切手段进行反对以色列的斗争，有条件地参加政治谈判，准备在以色列撤出的任何领土上先建立巴勒斯坦民族政权。这也就是阿拉法特1974年11月在联合国大会上的发言基调：武装斗争与政治、外交斗争并重。但这种适合形势发展变化的灵活策略，遭到了人阵、人阵（总部）、斗争阵线的阿拉伯解放阵线等组织的坚决反对，它们组成"拒绝阵线"，坚持要求继续进行武装斗争，直到解放（1948年前的）整个巴勒斯坦。巴解组织内部的分歧加上它们与黎巴嫩政府间的矛盾日趋尖锐，终于导致了以色列1982年6月大规模入侵黎巴嫩。经过激烈的战斗，在美国带有明显偏袒以色列倾向的调解下，巴解组织鉴于处境十分艰险，为保存实力，避免贝鲁特遭受更大的破坏，其总部的1.2万名武装力量被迫撤出了贝鲁特，分批前往叙利亚、约旦、伊拉克、突尼斯、阿拉伯也门、民主也门、阿尔及利亚和苏丹。巴解组织在突尼斯建立了新总部。以后，美国总统里根提出在约旦河西岸和加沙地带建立同约旦相联系的巴勒斯坦自治政权方案；紧接着，第十二次阿拉伯国家首脑会议在摩洛哥的非斯举行，提出了有名的"非斯方案"，即主张和平解决阿以冲突，建立以耶路撒冷为首都的独立的巴勒斯坦国，由联合国安理会保证这一地区各国的和平。以阿拉法特为首的法塔赫领导，看到军事上已无法与以色列抗衡，主张从政治和外交途径寻找出路，他们认为里根方案"有积极的因素"，也看到非斯方案中蕴含着对以色列的承认，① 主张以它们为解决中东问题的基础。但是，巴解内部激进思想抬头，认为里根方案是为了"消

---

① 按照东道国摩洛哥国王哈桑二世对非斯方案的解释，在承认以色列的问题上分两步走。第一步是结束阿以交战状态，在1967年的边界范围内建立巴勒斯坦国，第二步才是阿以相互承认和建交。

灭巴勒斯坦革命"。非斯方案排除了武装斗争,承认以色列的存在,都是不能接受的。再加上外部主要是叙利亚势力的插手,法塔赫内部矛盾骤然激化,以阿布·萨利赫为政治领袖和阿布·穆萨为军事首领的法塔赫反对派宣布成立"巴勒斯坦全国阵线"。1983年6月,他们的武装斗争在叙利亚、利比亚装甲部队的支持下,向驻守在黎巴嫩贝卡谷地的阿拉法特部队发动进攻。阿拉法特访叙被逐,组成调解代表团同叙利亚和法塔赫反对派谈判,也无结果。巴解组织内讧的结果,是阿拉法特被迫从他在黎巴嫩的最后一个据点特里波利撤离。1984年春,法塔赫反对派、人阵(总部)、闪电和斗争阵线成立"民族联盟",人阵、民阵、解阵(巴勒斯坦解放阵线)和巴共则组成"民主阵线",至此形成了巴解组织一分为三的局面,巴解组织的力量被严重削弱,法塔赫失去了在巴勒斯坦被占领土周边国家的军事基地,要想通过武装斗争来恢复巴勒斯坦民族权利,几乎已无可能。

巴解组织内部的分裂和叙同巴的直接对抗,反映了阿拉伯世界温和派和激进派之间的分歧和矛盾。利比亚、叙利亚对非斯方案持反对态度。法塔赫反对派明确声称,他们从利比亚和伊朗获得财政援助,在叙利亚得到活动基地。而沙特阿拉伯、科威特等海湾国家和埃及、约旦等国则支持阿拉法特。面对更加复杂、更加深化的巴解内部和阿拉伯各国之间的矛盾,以阿拉法特为首的主流派仍然得到绝大多数巴勒斯坦人和阿拉伯国家的支持。阿拉法特清醒地认识到,巴勒斯坦人民的斗争进入了一个新阶段,要按照新方针在巴勒斯坦、阿拉伯世界和国际领域展开活动,一方面加强军事建设,强化在被占领土内的斗争;一方面进行政治的、外交的和人民的活动,而且将更多地以政治和外交斗争为重点。[①]他表示要恢复与约旦的谈判,建立流亡政府,并注意加强与当时还被排除在阿拉伯国家联盟之外的埃及接触。

巴解组织内部冲突的扩大,叙利亚与阿拉法特关系的恶化,与当

---

① 1983年12月15日阿拉法特对《阿拉伯祖国报》发表的谈话。

时的苏联政策是分不开的。二次大战后，苏联插手中东事务甚深，处处与美国较劲。它既担心阿拉法特通过美国解决巴勒斯坦问题，把它撇在一边，因而竭力加强同巴解激进组织的接触，又怕这种内部争斗导致埃以单独媾和后阿拉伯各强硬国家组织起来的"坚定和抵抗阵线"的瓦解，不利于它自身在中东的利益，所以又多次派代表团去中东调解。由于苏联的斡旋和阿尔及利亚、利比亚的推动，巴解各组织经过频繁的接触、磋商、对话，终于在1987年4月阿尔及尔举行的第十八届巴勒斯坦全国委员会会议上，达成了各方都能接受的政治决议。但民族联盟的组织没有出席会议。1987年12月，阿拉伯被占领土掀起了抗以斗争的高潮，得到了阿拉伯各国的广泛支持，也引起了国际社会的普遍同情。巴解组织顺应形势发展，主动调整战略思想和政策，于1988年11月15日在阿尔及尔召开的巴勒斯坦全国委员会第十九次特别会议上，正式宣告巴勒斯坦国成立。阿拉法特当选为总统。到1990年1月，已有112个国家承认了巴勒斯坦国。欧共体、日本对此事态的发展表示欢迎，认为是对政治解决中东问题做出了"历史性的贡献"，是向"实现和平迈出重要的一步"。但也应看到，法塔赫反动派、闪电和人阵（总部）抵制了这次会议，美、以仍采取不承认的态度。

80年代末是美、苏两国开始调整各自政策的时期，阿拉伯各国从70年代末的严重分裂开始逐步走向和解，巴解组织能抓住时机成立巴勒斯坦国，以一个独立的实体在国际舞台上活动，朝最终解决巴勒斯坦问题跨出了一步。然而，从与以色列的力量对比看，巴解仍处于劣势，军事上已无力与以色列对抗，因此，能否继续执行务实的灵活的政治路线，继续争取国际社会的广泛支持，就显得至关紧要。

二、从四次阿以战争到埃以单独媾和

在中东，流传着一句话："没有埃及，就没有战争；没有巴勒斯坦，就没有和平。"这是指从1948年到1973年的四次阿以战争中，埃及都是阿拉伯方面的主力军；中东如不解决巴勒斯坦问题，便无和平可言。

埃及是中东地区处于核心地位的国家，具有举足轻重的分量。历史上，当阿拉伯人于公元641年攻克埃及以后，埃及就是哈里发政权中物产最丰富的重要行省，而且是阿拉伯军队向西推进的主要根据地。公元968年法蒂玛朝在埃及建立后，立都开罗，又建著名的爱资哈尔清真大寺，与东面的阿拔斯朝和西班牙的后倭马亚朝成鼎足之势。论实力，法蒂玛朝最强。它的版图包括埃及、北非、叙利亚和阿拉伯半岛西海岸，将地中海南岸与东岸连成一片。爱资哈尔大寺实际上是一座伊斯兰大学，设有多个学院和图书馆，聘有著名学者讲授各门学问，北非、西班牙、叙利亚、阿拉伯半岛等地的学生，纷纷负笈来学。埃及自此成为阿拉伯—伊斯兰文化的中心。取代法蒂玛朝的阿尤布朝，历时虽短，才79年，但它却抵御了十字军四次以埃及为中心的东侵，保卫了圣城耶路撒冷，并曾生擒法国国王路易九世，因于尼罗河三角洲的曼苏腊城。在近代，拿破仑为了要称霸海洋，做"东方的主人"，于1798年率兵远征埃及，力图攻占埃及，把它作为进攻印度，统治东方的基地。在三年零三个月时间里，埃及人民不断举行反法起义，进行英勇的抵抗，又一次谱写了反抗西方侵略的光辉篇章。19世纪上半期是"现代埃及之父"穆罕默德·阿里（1769—1849）励精图治的时代。他开筑河渠，发展农业，从印度和苏丹引进棉花，扩大种植，建立教育部和教育委员会，办工科、医科学校，大量派出赴西欧国家的留学生，学陆军、海军、工程、医学、生物、化学、艺术和工艺等，还兴建了大批工厂，如砂石厂、火药厂、军火厂、纺织厂、呢绒厂、染料厂等，既满足军队的需要，也向市场销售，埃及的内外贸易空前活跃。穆罕默德·阿里建立的新军，包括经过正规训练用新式武器装备的陆军和数百艘兵船组成的舰队，是当时奥斯曼帝国奈何不得的强大力量。埃及当时曾占领了叙利亚，向小亚细亚内地推进，进逼君士坦丁堡，其实力已超过了土耳其的奥斯曼政权。全长195公里的苏伊士运河,于1859年—1870年用12万劳工的生命为代价修筑完成。这条连接地中海与红海的水道,使欧洲到亚洲的航行距离比绕道非洲好望角缩短了5000至1.2万公里,大大节省了时间和燃料,而且航线比较完全,沿途补给也便利。苏伊士运河在国际交通上的重要性超过世界上任何一条运河,它连接着欧、亚、非、澳的各大港口和地区,是东半球交通的枢纽。

因此,埃及在中东始终占据着特殊的地位。它有辉煌的历史,是伊斯兰文明的重要中心。它地处亚、非、欧三大洲的交叉口,扼守着东西方交通的要道,而且进入近代以来,总是得风气之先,是最早进行改革而强大起来的中东国家。第二次世界大战后,又在民族解放运动中发挥了先驱作用,在处理阿拉伯国家内部以及中东、非洲事务方面,一直居于关键地位。埃及的人口占阿拉伯总人口的近三分之一,文化和技术力量较强,它拥有的军事力量,在阿拉伯各国中也是最强大的。

四次阿以战争

1948年5月15日爆发的第一次阿以战争,也叫巴勒斯坦战争。阿拉伯国家联盟出于反对联合国关于巴勒斯坦的分治决议,反对建立以色列国的立场,埃及、约旦、伊拉克、叙利亚和黎巴嫩总计4.2万兵力相继进入巴勒斯坦,其中埃及出兵7000人,参加的战斗是最激烈的。以色列总理本古里安公开说:"我们目前最危险的敌人是埃及。"在战争初期,十天战斗(7月9日—19日)、"约夫"战役、"霍雷夫"战役中,埃及军队作战顽强,只是因为美苏对以色列的大力支持,阿拉伯统治政权的腐败无能,才造成了战争的失败。但是,这次战争却导致了阿拉伯人民首先是埃及人民的觉醒。埃及封建王朝贪污腐化已入膏肓,王室穷奢极欲,社会矛盾十分尖锐,国家正处于严重的政治、经济危机之中。战争失利,更激起了人民群众的愤懑,国王亲信在战争期间接受军火商100万英镑的舞弊案一揭露出来,全国更像一座即将爆发的火山。正是在这样的形势下，纳赛尔领导的"自由军官组织"发动了1952年7月23日革命，推翻了法鲁克王朝，中东出现了新生的埃及共和国。这头雄狮的崛起使阿以力量的对比，发生了变化，也直接影响到整个阿拉伯世界和中东地区，影响到阿以斗争的格局和进程。

第二次阿以战争，又叫苏伊士运河战争。其起因是1956年7月26日埃及总统纳赛尔宣布将苏伊士运河收归国有。这本是埃及政府维护国家主权和独立的一项正义行动，但在二次大战后已经江河日下、实力大减的英法两国政府看来，却是一场可怕的灾难。为了保住它们占股96%的运河，保住它们赖以维持全球战略的生命线，它们立即与处在同埃及紧张对峙之中的以色列磋商，密谋策划发动侵略战争。10月29日，以色列首先出动4.5万兵力，分四路向西奈半岛进攻。31日，英、法240架飞机轰炸开罗、亚历山大、塞德港和苏伊士城等城市，接着于11月5日向塞德港空投伞兵。英法出动的海陆空兵力约8万人，加上以色列军队，数量上大致与埃军相仿，但是，埃及军民同仇敌忾，保卫祖国的热情高昂，作战非常英勇。这场战争，由于埃及政府正确的政策、策略和埃及军民的顽强抵抗，也由于国际社会几乎一致的反对，英、法、以侵略埃及的计划终于破产。12月3日，英法宣布从埃及撤军，次年1月，英国首相艾登被迫辞职。以色列力求拖延，最后也不得不于1957年3月17日全部撤出加沙地带和沙姆沙伊赫。

苏伊士运河战争有两个明显的结果。一是埃及伤亡人数虽然超过了英、法、以三国，但毕竟是取得了胜利，这促进了中东和非洲民族解放运动的高涨，此后，大批殖民地、半殖民地赢得了国家独立。埃及在阿拉伯世界、中东地区和第三世界中的地位大大提高，纳赛尔的威信如日中天，阿拉伯人称他为"当今萨拉丁"，[①] 他事实上已成为阿拉伯各国的盟主。

---

① 萨拉丁（1138—1193），埃及阿尤布朝奠基人，卓越的军事家、政治家，曾打败第三次十字军东侵，被认为是阿拉伯的民族英雄。

另一个结果是,随着英法的急剧衰落,美苏的势力开始向中东地区长驱直入。埃及50年代中期为了对付以色列不断发动的侵扰,曾试图从西方购买武器,却遭到了拒绝,不得不转向苏联和东欧。1955年,苏联通过捷克向埃及出售了8000万美元的苏制武器,不久又向叙利亚、伊拉克和也门等国提供军事援助。10月,装载苏联武器的货船抵达埃及港口,苏联军事专家和技术人员也接踵而至。这是苏联势力正式进入中东的标志。美英政府和世界银行为了对纳赛尔政府施加压力,在埃及出于发展民族经济的需要,计划兴修阿斯旺高坝申请贷款的时候,附加了许多苛刻的政治条件。这种自以为得计的做法,大大激怒了具有强烈阿拉伯民族主义情绪的纳赛尔总统。苏联闻讯后,立即派外长访问开罗,表示愿意提供援助。在第二次阿以战争过后的1958年,苏联与埃及达成协议,同意提供高坝工程所需的全部外部资金和设备,并派出千余名工程技术人员参建。苏联抓住契机采取通过军援和经援积极向中东渗透的这些行动,扩大了它在埃及和其他阿拉伯国家的影响,在与美国的较量中,占据了上风。

美国急欲填补英法等老殖民主义退出中东后留下的真空。战争期间,美国竭力排挤英法,拒绝给英法经济援助,中断石油供应,不准它们使用美援武器,并且阻挠英国从国际货币基金组织提款。这一连串的做法,连已经不在位的温斯顿·丘吉尔也看不下去。他在1956年11月中旬写信给艾森豪威尔总统,希望他不要"残暴地压制英国政府特别是艾登首相"。在清理运河恢复通航的过程中,美国又伙同英、法、挪威三国向埃及提出"临时计划",千方百计地想插手运河的管理。杜勒斯还公开威胁要对埃及进行经济制裁。这些蛮横的做法,实际上反映了美对中东问题的浮浅无知。为了达到排除苏联在中东的影响、独霸中东的战略目标,美国政府又出一招,这就是艾森豪威尔总统在1957年1月向国会提出的美国对中东政策的特别咨文,亦即"艾森豪威尔主义"。主要内容是美国将通过与中东国家签订经济和军事援助计划,拉拢"对西方表示热情"的政府首脑,把苏联当作真正的敌人，抵消纳赛尔的影响。可以说，到50年代后期，中东已成为美苏争夺的重要目标。阿拉伯与以色列的矛盾，美苏之间的矛盾，中东国家之间的矛盾开始交织在一起，使中东局势更加动荡。

1967年以色列发动的第三次阿以战争，从6月5日至11日，只持续了六天，也称为"六天战争"。它以阿拉伯国家的失败和以色列的胜利告终。以色列为了这场战争，从1957年撤出西奈半岛算起，差不多精心准备了10年。在美国的大力支持下，它更新了武器装备，它拥有的7万正规军，20万预备役士兵，都受过严格的军事训练，军事技术好，作战能力强。考虑到要在三条战线上作战，它采取各个击破的闪电战战术，作战部署周密、精确，行动突然，以快取胜。仅5日上午，就摧毁埃及320多架军用飞机，战斗打响后一小时便取得了制空权。接着进攻西奈半岛，直抵苏伊士运河，占领半岛的西部海岸线，然后调头向东，全力攻击约旦，歼灭约旦空军，又占领耶路撒冷东城和约旦河西岸，同时，袭击叙利亚，击毁叙作战飞机50%，占领了戈兰高地。

埃及、叙利亚、约旦三国在这场战争中，损失惨重，伤亡、被俘达6.2万余人，损失飞机450架，丧失领土6.5万平方公里。究其原因，可以说既有内因，也有外因。进入60年代后，阿拉伯国家内部矛盾重重，埃及和叙利亚曾在1958年合并成立阿拉伯联合共和国，到1961年又分道扬镳。埃及为支持也门革命，大量派兵参加也门内战，陷身五年之久，造成与沙特关系的破裂。埃及与伊拉克的关系，从紧张到恶化，与约旦的关系也是时好时坏。埃及几乎同每一个阿拉伯国家都发生争执，这是埃及在处理对阿拉伯国家关系方面，以领袖自居，接二连三所犯错误所致。[①]萨达特总统后来说，埃及在50年代获得的成就

[①] 叙利亚脱离埃及独立后，纳赛尔说："把叙利亚人当作埃及人同样对待，这是犯了致命的错误。"1964年，纳赛尔在谈到也门战争时承认在也门的冒险行动表明，企图用军事行动把埃及的影响强加于人是愚蠢的。在也门进行军事干涉，是一种错误估计。

方面是一个巨人，到60年代，在所犯错误方面，同样是一个巨人。在1964年召开的第一届阿拉伯首脑会议后，埃及力图消弭阿拉伯世界的内部分歧，倡导团结对敌的政策，但成效不大。1967年5月，当已经察觉以色列正在紧锣密鼓地进行战争准备时，纳赛尔下令封锁亚喀巴湾，埃及举行支持反击以色列的示威游行。伊拉克宣布，伊拉克部队进入战备状态。科威特也宣布它的武装部队进入战备状态，并由阿拉伯联合司令部调遣。5月24日，沙特派出一支2万人的部队，开入约旦，进驻亚喀巴。同一天，叙利亚和伊拉克签订了针对以色列的双边军事合作协定。伊拉克部队调往叙利亚加强叙以边境。科威特、阿尔及利亚和苏丹派出部队支援埃及。黎巴嫩、利比亚和突尼斯等国也宣布动员部队。5月30日上午，约旦国王侯赛因亲自驾机去埃及与纳赛尔会谈，签订双边防御协定。① 然而，这些动作声势不小，结果只是给了以色列进行全国战争动员的藉口，招致了美国对以色列更坚决的支持。战争打起来之后，事实说明阿拉伯国家领导人从思想上到军事上都缺乏充分准备，阿拉伯国家实际投入的部队并不多，一些国家也根本没有按照原计划到达指定位置，更谈不上协同作战了。

从外因看，美国是全力支持它的以色列盟友的，而苏联却口是心非，表面上站在阿拉伯国家一边，实际只想维护它在中东的既得利益，生怕出现与美国迎头相撞的局面。美国从60年代起看到"艾森豪威尔主义"在中东并非灵丹妙药，在与阿拉伯民族主义国家打交道时频频碰壁，便转而通过加强同以色列和土耳其的关系来扩展它在中东的势力。它对以色列的军援，1962年为8200万美元，1963年为7800万美元。截至1967年5月，它提供给以色列的武器，有6个连的"隼"式导弹，200辆"巴顿"式坦克，400辆新式坦克，一批战术军用飞机和250架新式飞机。1967年5月下旬，美国政府三次发表声明，攻击埃及

---

① 季国兴、陈和丰等：《第二次世界大战后中东战争史》，中国社会科学出版社1987年版，第241页。

封锁亚喀巴湾是"非法的","可能带来灾难"。它调动地中海的第六舰队紧急集结,用航空母舰保护以色列的领空,用电子侦察船干扰埃及的雷达网,窃听埃及的军讯,将U-2飞机侦察得来的情报转交给以色列。此外,它还以"志愿人员"的名义向以色列派出了约1000名现役空军人员。美国对第三次阿以战争的态度,绝不是以色列情报局长所说的"默许",而是明目张胆的全面支持。美国为了改变自己在中东的不利地位,非常希望以色列能通过这次战争彻底打击以纳赛尔为代表的阿拉伯民族主义力量。

苏联则不然。它在60年代上半期,趁着美国陷足越南战争之机,通过埃及这扇门户,加紧了对中东的渗透。它向埃及提供经济和军事贷款,大量的苏制武器,如米格-21型战斗机、图-16轰炸机、T-34型坦克,还有苏制驱逐舰、扫雷艇、布雷舰、导弹快艇等,源源运至埃及。它支持埃及插手也门内战,主张埃及、阿尔及利亚、叙利亚和伊拉克结成统一战线,并通过军事协定,取得了在埃及的海军基地、机场。它在叙利亚修建铁路、水坝和水电站,开采石油,还派遣军事顾问和提供武器,在伊拉克援建短波广播电台……苏联在中东扩大势力的步伐十分迅速,而且进展比较顺利。1967年5月,战争的火药味已愈来愈浓,苏联担心埃及封锁亚喀巴湾的行动,会使事态扩大,失去控制,造成它不愿意发生的与美国的直接正面冲突,便再三要求埃及克制,敦促纳赛尔不要首先开火,同时又把埃及不开第一枪的态度转告给美国和以色列。及至战争爆发,埃及空军被摧毁的时候,它口头允诺补充,实际上却没有提供任何作战飞机,连5月份派往地中海的10来艘装装样子的军舰,也溜走了。纳赛尔事后曾气愤地向苏联领导人说:"就我所能看到的,你们不准备像美国援助以色列那样援助我们。这意味着我只有一条路可走:回到埃及去把真相告诉埃及人民。我将告诉他们说现在是我下台让位给一位亲美总统的时候了。如果我不能拯救他们,别人就得去拯救他们,这就是我要讲的最后的话。"①

　　第三次中东战争给埃及和阿拉伯民族留下的是失败和屈辱,是巨大的心理创伤。在美苏既争夺又合作的格局中,中东进入了长期的不战不和的状态。说不战不和并不十分确切,因为埃以之间,战事仍不断发生,光1967年7月到1970年年底这三年多的消耗战期间,埃及就牺牲了5000多人,以色列方面的伤亡也在1200人以上,双方经济上的损失就更大。同时,美苏两大国和联合国在战争结束之后马上就开始提出各种各样的计划、议案,就实现停火、结束阿以冲突进行磋商、讨论。联合国安理会最后在1967年11月22日通过了英国的提案,即242号决议。这个决议没有谴责以色列的侵略行动,也没有提到巴勒斯坦人民的合法权利,遭到了叙利亚和巴解组织的反对,但它要求以色列军队从占领的阿拉伯土地上撤出,还明确提出该地区每个国家在安全和公认的边界内和平生活的原则。这是有关各方相互妥协的产物,基本上能为阿以双方所接受。242号决议的积极意义在于为以后全面解决中东问题提供了一个基础。

　　1973年10月6日由埃及、叙利亚、约旦、巴解组织协同发生的第四次中东战争,持续了18天,弹药和油料消耗巨大,开战才一周,阿以双方的弹药就消耗殆尽。战场上出现了美苏制造的各种新式的防空导弹、反坦克导弹、地对地导弹、新型坦克、电视和激光制导炸弹,出现了用来搜集战略、战役和技术情报的侦察卫星、高空侦察机。埃、叙、以三国的作战物资和经济损失都在50亿美元左右。这场战争和随之而来的石油斗争,改变了中东阿以双方长期僵持的局面和力量对比,削弱了美苏控制中东局势的能力,迫使它们不得不调整自己的政策和部署,因而其影响十分深远。

　　10月战争爆发前的几年里,从阿、以、美、苏四方来看,埃及和美国的政策有明显变化。埃及一方面为了重建1967年战争中损失惨重

---

① 穆罕默德·海卡尔:《通向斋月战争之路》,上海人民出版社1976年中译本,第95页。

的军队，不得不继续依赖苏联。萨达特总统曾说："关于美国和以色列的全面结盟，我们当时除了全面转向苏联外别无其他选择。"从1967年10月到1970年春，苏联总共向埃及提供了价值为45亿美元的各种军用物资和武器弹药，派往埃及的军事人员达2.2万多，另一方面，苏联继续加紧对埃及的渗透和扩张，肆无忌惮地干预埃及内部事务，它的军事顾问和专家分布在从总参谋部到营以上的单位，控制了埃及所有的导弹发射场、主要港口和机场，更引起了埃及的严重不满。纳赛尔在世时就已经看清，苏联的援助带有政治目的，而且始终附有条件。他虽然不相信美国，但认为美国是解决中东问题的关键。1970年5月，他就表示希望同美国对话，7月23日又在阿拉伯社会主义联盟代表大会上宣布，他准备接受美国提出的政治解决中东问题的"罗杰斯计划"。萨达特于1970年10月15继任埃及总统后，也坚定地认为解决阿以冲突的钥匙掌握在美国手里。苏联飞扬跋扈，公然把埃及当作与美争霸的筹码，使这位民族主义感情极强的总统忍无可忍，接连与苏联发生直接冲突。1971年5月，他清除了以副总统阿里·萨布里为首的亲苏集团，并接待埃美断交后第一位美国高级官员国务卿罗杰斯访埃。1972年，在苏联拖延交付武器甚至中断供应，放慢援建项目速度，还向埃及逼债的情况下，萨达特毅然决定驱逐在埃的苏联军事顾问和专家，并着手通过埃及总统府与美国白宫班子进行秘密联系。这时的埃及外交，已经从单纯依靠苏联逐步转向与美国打交道，或是实现萨达特1971年2月4日提出的和平倡议：埃以临时停火协议延长30天，以色列从西奈半岛作部分撤军，埃及作重新开放苏伊士运河的准备；或是打一场有限战争，以战迫和，用以洗刷1967年战争失败带给埃及和阿拉伯人的耻辱，提高阿拉伯军民的士气，增进阿拉伯国家的团结，达到收复失地，挽救埃及经济的目的。

美国的对埃政策在尼克松总统上台后也出现松动。1971年4月美国助理国务卿访埃时对纳赛尔说，美国是能够帮助促成以色列从被占领土上撤走的唯一国家。美国竭力想充当"忠实的掮客"，多次表示愿意促成埃以和解。在萨达特赶走苏联人员之后，尼克松与萨达特之间建立了联系。然而，美国对以色列的支持，仍是有增无减。随着在1967年战争后苏联武器和人员大量拥入埃及、叙利亚等阿拉伯国家，美国也倾全力加强以色列的实力，仅1971年，美国就向以色列出售了价值6亿美元的军火。在10月战争打响后5天，美国即向以提供了1.3亿美元的军援。从10月13日起，大批的飞机、坦克、大炮运往以色列。美国国会批准向以色列提供22亿美元的援助。事实上，这个时期的美国，对解决埃以争端还并没有多少紧迫感。1972年5月，尼克松访问莫斯科，双方忙于在限制战略核武器等问题上讨价还价，对中东地区则主张冻结现状，鼓吹所谓的"军事缓和"，更主要的是，尼克松政府无意放弃美国支持和偏袒以色列的传统政策。

至于苏联，它利用阿拉伯国家丧失土地、遭受屈辱而形成的反西方思潮，特别是对美国的痛恨，积极向埃叙两国提供武器和经援，大大扩展了它在中东的影响，但是，它提供的主要是防御性武器，目的只在于保持中东阿以紧张对峙而不爆发战争的局面。苏联假援助之名，行控制之实。它的颐指气使，它以太上皇自居的态度，都激起了埃及各界人士和社会舆论的强烈反感，最后招致了它在埃的军事人员被逐。这对它在中东的战略是一个沉重的打击。在10月战争中，当局面有利于阿拉伯方面时，苏联曾多次策划停火，在埃及急需武器装备补充时，它又要求支付现金。还是阿尔及利亚总统布迈丁闻讯后亲赴莫斯科代埃及支付了2亿美元，才为萨达特解了围。苏联的这些表现，失去了大多数阿拉伯人的信任。第四次中东战争的爆发，使美苏两大国在中东的均势发生了变化，苏联影响受损，美国开始占据有利地位。

以色列在第三次中东战争后，变得非常骄横，经常喜欢吹嘘它的空中优势，不断地向阿拉伯邻国炫耀武力，嘲笑阿拉伯军队不堪一击，完全无视阿拉伯民族的潜力。当埃及军队强渡运河，摧毁它耗资2.38亿美元构筑的巴列夫防线，在西奈半岛全歼它的王牌部队第190装甲旅时,以色列不可战胜的神话被粉碎了,它又陷于惊慌失措之中。它的国防部长达扬承认:"我们并不比埃及人强大。优势的神话,以色列比阿拉伯国家强的政治和军事原则,以及如果他们胆敢发动战争就一定失败的观点,在这里都站不住脚了……"① 只是由于埃及在10月10日以后停止了进攻,战争出现了间歇,埃军弹药、汽油、水和食品的后勤补给又跟不上需要,才给了以色列以喘息之机,得以判明军情,重新部署,增调兵力,进行反攻。

在这场战争中,阿拉伯国家空前团结一致。阿尔及利亚等9国派出空军或陆军,配合埃叙军作战。沙特阿拉伯等国向埃叙提供了22亿美元援助。阿拉伯产油国开展石油禁运,打击以色列和支持以色列的美国、荷兰等国。战争爆发后,有19国与以色列断交。为了控制局势,美苏都力求尽快熄灭这场阿拉伯人民反侵略战争的烈火。在它们的压力和劝说下,联合国安理会于10月22日通过了338号决议,这是联合国为解决阿以冲突的又一重要文件,也是日后埃以和谈、阿以和谈的依据之一。

埃以和谈

阿以争端从发展进程看,四次中东战争是第一阶段,即全面军事对抗的阶段;10月战争结束后,虽然还有1982年以色列入侵黎巴嫩那样的战争发生,但规模小,对抗烈度低,牵涉的国家也少,因此,以埃以和谈为契机,阿以之间长期全面军事对抗为主的格局,发生了重要的变化。通过和平谈判解决阿以争端的趋势逐渐成为主流,这是第二阶段。

第四次中东战争结束后,埃及的对外政策有重大的调整。不到30年,打了四次大仗,埃及的经济损失约达500亿美元,伤亡十余万人。它的当务之急是恢复和发展经济。尽管它实现了有限战争的目标,

---

① [以色列]达扬:《达扬自传》,上海译文出版社1981年中译本,第362—363页。

打过了苏伊士运河,收复了西奈半岛15%的土地,控制了运河东岸一条16公里长的狭长地带,收回了艾布鲁代斯油田,可以进行运河的重新开放和重建运河沿岸城市的工作,但是,埃及的大片领土并未收回,埃以军事上仍处于紧张对峙,它想实行经济开放政策,大量吸收阿拉伯资金和外国资金来投资,重振它经济的重要支柱旅游业,实无可能。同时,萨达特意识到要通过军事手段来收复西奈,不仅负担不了沉重的军费开支和战争破坏,而且也没有可能。他的面前只有三条路,战既不能,不战不和又不愿,就只有取和谈一径了。此时的埃美关系有显著改善。基辛格国务卿前后十次出使中东,进行了有名的"穿梭外交",撮合埃以达成了两次脱离接触协议,解脱了被长期围困的埃及第三军团。1974年5月29日,叙以也达成脱离接触协议。这也促成了萨达特下定同以色列媾和的决心。1974年,埃美恢复中断六年之久的外交关系。该年6月,尼克松总统访埃,签署了"埃美关系和合作协定"。次年5月,萨达特总统第一次访美,美国摆脱了越南战争的泥沼后,把解决中东问题作为它外交政策的重点之一,一心希望埃及成为阿拉伯世界中同以色列和解的"带头羊"。美在援助埃及方面态度积极,如帮助埃及完成苏伊士运河的扫雷工作,恢复对埃及执行"粮食用于和平计划",1975财政年度,美国向埃及提供了7.5亿美元的经济援助。

相比之下,苏埃关系却不断恶化。苏联对美国主持调解的埃以、叙以间的停火协议和脱离接触协议十分不满,仍企图用拒绝供应武器和零配件、逼债等老办法来迫埃及就范,结果是搬起石头砸自己的脚:埃及于1976年3月废除"埃苏友好合作条约",停止向苏联海军提供港口使用便利,不向苏联出售棉花,关闭苏联驻亚历山大等地的领事馆和文化中心。苏联不断损害埃及人民主权和尊严的行径,终于使它在埃以和谈的过程中,完全被撇在一边。

以色列在四次中东战争中有输有赢。在1967年的战争中,它大获全胜,但在10月战争中,人力和物力的损失都很惨重。战后,它经济上困难重重，外汇储备几近枯竭，通货急剧膨胀，统治集团内部矛盾尖锐，人民厌战反战情绪高涨。1977年利库德集团执政后，虽然没有改变以色列坚持侵略、扩张的政策，但在对埃单独媾和问题上，表现出一定的灵活性，目的是藉此分化、削弱阿拉伯阵营，确保它所谓的安全边界。

萨达特总统审时度势，谋定而动。1977年11月9日，他宣布接受邀请访问以色列，于19日—21日抵达耶路撒冷，并在以色列议会发表长篇演说。这就是他称为的"和平主动行动"。

结怨、交火达30年之久的敌对双方，一旦坐下来谈判，就发现对方并非易与，彼此分歧严重。从1977年12中旬的开罗会议到1978年7月在英国召开的利兹堡会谈，都未能取得实质性的进展。埃以和谈的成败，直接关系到美国中东战略的进展。因此，美国卡特总统决定亲自出面居间调停。1978年9月6日，埃、以、美三国的戴维营会谈正式开始，埃以之间唇枪舌剑，针锋相对，多次出现难以为继的情况。卡特再三做工作，由美国提出折中方案，与埃以一起逐词逐句地进行讨论、修改，甚至直接施加压力，才使萨达特总统和以色列总理贝京在9月17日签署了《关于实现中东和平的纲要》和《关于签订一项埃及和以色列之间的和平条约的纲要》。这就是著名的戴维营协议。这两个文件的具体落实，后几经周折，花了相当长的时间。美国又是发脾气，又是做出承诺：五年内给埃以两国54亿美元的援助，才使萨达特和贝京于1979年3月26日在白宫正式签署了埃以和平条约。1980年2月，埃以建立外交关系，互派大使。1982年4月25日，埃及收复了西奈半岛的领土。至于西奈半岛东部濒临亚喀巴湾的塔巴，双方对其归属存在争议，直到1988年9月国际仲裁小组做出裁决，1989年3月，以色列方始决定撤出，交还给埃及。

埃以和谈从1977年的萨达特和平主动行动开始，到埃及1989年全部收回战争的失地，历时十余年，确非一朝一夕之功。其中的艰难曲折，峰回路转，近来报章多有披露。当年参与者的回忆，对当前的阿以和谈,应该说是有参考价值的。埃以和谈是成功了,它一方面反映出美国的作用,是美国为了取得在中东地区的主导地位。制止苏联的渗透,不遗余力地反复斡旋,甚至亲自出马参加谈判,才达成了协议;另一方面,又必须看到它也符合埃以双方的需要。埃及急于得到美国和西方国家的援助,克服它面临的严重经济困难,以色列企图通过与埃及媾和来摆脱它在中东的孤立处境,因此双方都对各自原先的立场作了不同程度的妥协。

埃以讲和结束了埃以之间三十多年的战争状态,解决了两国之间的重大争端,开辟了通过和平谈判解决阿以冲突的道路。尽管它未能从根本上解决中东问题,但总是一个重大的突破。从这一点来看,萨达特无疑是埃及和阿拉伯历史上一位作用显著的重要人物。他后来在纪念10月战争胜利的阅兵式上被穆斯林极端分子暗杀。他的墓位于开罗无名战士墓旁,大理石的墓碑上刻着:"忠诚的总统穆罕默德·安瓦尔·萨达特,战争与和平的英雄,他为和平而生,为原则而死于1981年10月6日胜利日。"

三、埃及走出孤立和巴解态度的变化

埃及走出孤立

一石激起千层浪。埃以媾和虽然受到了美国和西欧的欢迎,但在阿拉伯世界和伊斯兰世界却掀起了一场轩然大波。除苏丹、阿曼、索马里等少数国家支持埃以媾和外,大多数阿拉伯国家都表示反对。叙利亚、利比亚和巴解组织一开始就强烈反对萨达特访问耶路撒冷。叙利亚的全国进步阵线宣布,萨达特抵达以色列的11月19日为"国丧日",利比亚声称不再承认埃及政府,并举行了十多万人的抗议游行。巴解一些组织干脆骂萨达特为"卖国贼"、"叛徒"。接着,1977年12月初,叙、利、阿尔及利亚、民主也门、伊拉克和巴解组织在利比亚的黎波里开会，决定成立拒绝与以色列作任何妥协的"阿拉伯坚定和抵抗阵线"，发表《的黎波里宣言》，会后便宣布同埃及断交。戴维营协议签订后，苏联在中东明显失分，它大肆攻击埃及"奉行投降主义路线"，"出卖阿拉伯人利益"，一面鼓动阿拉伯国家对埃及进行制裁，一面加强对其他阿拉伯国家的军事渗透。沙特、约旦等国虽不反对进行和平谈判，但主张阿拉伯国家一致行动，不赞成埃及在以色列拒不撤出1967年侵占的阿拉伯领土和拒不承认巴勒斯坦人民民族权利的情况下单独与它媾和签约。1979年3月27日，阿盟外长和经济部长会议在巴格达召开，通过了对埃及实行集体制裁的决议，17个阿拉伯国家同埃及断交，阿盟及其下属组织，如阿拉伯石油输出国组织、阿拉伯货币基金董事会等，停止了埃及的会员国资格，阿盟总部从开罗迁往突尼斯。埃及在阿拉伯世界处于空前孤立的境地。

从埃及来说，不论是萨达特还是他的后任穆巴拉克总统，对于修正对以色列存在问题上的"三不"政策，[①] 突破解决阿以矛盾只能兵戎相见的程式，并无悔意。即使是遭到了攻击，说埃以媾和回避了巴勒斯坦人的民族权利和叙利亚的戈兰高地，埃及也认为自己的立场是无可非议的，因为，戴维营协议的文件之一《关于实现中东和平的纲要》的主要内容之一是：对约旦河西岸和加沙地带实行不超过五年的过渡性安排；埃及、以色列和约旦将商定在这两个地区建立经选举产生的自治机构的方式和确定自治机构的职权范围；自治机构的建立，即五年过渡期的开始，有关各方将尽早谈判确定西岸和加沙的最后地位。在戴维营谈判的过程中，埃及明确要求以色列结束在约旦河西岸和加沙的军事管制，承认和保证巴勒斯坦人享有包括建立国家在内的民族自决权，而以色列则反对巴勒斯坦国的建立，要在西岸和加沙继续保

---

① 1967年第三次中东战争结束后，13个阿拉伯国家的元首或政府首脑于8月29日至9月1日在苏丹首都喀土穆举行会议，达成的协议内容之一是：不承认以色列，不与以色列直接谈判，不与以色列缔结和平条约。这就是以后通称的"三不"政策。

持军事存在。埃以经过激烈的交锋，才达成了以上的表述，已经是得来不易了。至于戈兰高地，埃及认为没有接受叙利亚的委托，不能越俎代庖。

但是，应该指出，戴维营协议对于约旦河西岸和加沙地带实行巴勒斯坦自治的条款，确实措辞模糊。埃以在互换和约批准书后一开始谈判巴勒斯坦自治问题，就在巴勒斯坦自治机构的性质、职权、最终前途和耶路撒冷的地位问题上发生了争执。埃及认为自治机构应有行政、立法和司法三方面的权力，应对领土和居民实行全面自治；自治选举产生后，以色列在这两个地区的军政府就应撤销；五年过渡期后，应建立一个和平、中立的巴勒斯坦国；耶路撒冷在约旦河西岸，应属巴勒斯坦自治范围。而以色列则坚持自治仅指居民的自治，不包括领土的自治，五年过渡期内，它仍将对这两个地区进行军事管制，过渡期满后，也将保留一定的军事力量。这实际上是主张搞一个以色列统治下的巴勒斯坦自治区，根本谈不上建立独立的巴勒斯坦国。至于耶路撒冷，以色列声称是它的首都，不容谈判。1980年春，沙米尔出任以色列外长，也搞了个"三不"原则，即决不撤回到1967年战争以前的边界线，决不同意建立巴勒斯坦国，决不放弃耶路撒冷东区。同年7月，以色列议会又宣布耶路撒冷为以色列"永久和不可分割"的首都。1981年12月24日，以色列议会通过在戈兰高地实施以色列法律的法案。1982年，以色列又大举入侵黎巴嫩。以色列当局这一系列的做法，遭到了埃及的强烈反对。埃及尽管在阿拉伯世界中处境孤立，但十分注意捍卫巴勒斯坦和阿拉伯人民的利益，曾几次中止或冻结关于巴勒斯坦自治问题的谈判，为逐步改善同大多数阿拉伯国家的关系，加强阿拉伯国家的团结，奠定了良好的基础。

埃及采取和平主动行动，同以色列媾和，国内朝野也是有反对意见的。萨达特的耶路撒冷之行前夕，他的顾问班子几乎一致反对，外交部长伊斯梅尔·法赫米不愿随行，只能由外交国务秘书、现在的联合国秘书长布特罗斯·加利代替。埃及知识界不少人士不赞成依靠美国来解决埃以争端，不赞成埃及单独与以色列媾和。大学里穆斯林兄弟会组织活动频繁，伊斯兰主义思潮在扩展，社会上滋长着一种不安定的情绪。对此，萨达特政府采取了一系列的措施。他亲自到高校去，对大学教授讲话，解释埃及的外交政策；请爱资哈尔清真寺的大教长和国内著名伊斯兰学者发表文章或讲话，用宗教教义和历史事件来解释同敌人（以色列）谈判也是一种斗争。萨达特坚持"宗教不干预政治，政治不干预宗教"的政教分离原则，下令解散了十几个宗教组织，宣布政府接管全国几万个私人管理的清真寺，打击穆斯林兄弟会和伊斯兰极端组织，并封闭一些报刊，解除了上百名新闻记者和大学教授的工作，还逮捕了数千人。正是在这样严密的控制下，埃及渡过了与以色列媾和的转折关头。然而，百密一疏、声名素著的埃及保安机构未能防患于未然，萨达特终于死于非命。

穆巴拉克就任总统，乃是受命于国家患难之秋。国内政局动荡，国际上处境孤立，这位历经战火考验的总统，却能镇静沉着地应对。他对内宽严相济，释放一批错捕的人士，恢复被调离岗位的新闻记者和大学教授的工作，开放民主，允许反对党报刊重新发行，通过新选举法，吸收反对党成员当议会议员，同时又坚决镇压极端分子的武装暴乱，多次改组内阁，用"新的年青一代"取代了萨达特时期的老班子。穆巴拉克开始逐步调整对外政策，尤其注重改善同阿拉伯国家的关系。他刚上任就下令停止在宣传媒介中攻击其他阿拉伯国家和领导人。他宣布埃及决不进攻阿拉伯邻国，也不允许利用埃及领土作为进攻其他阿拉伯国家的基地。穆巴拉克总统表示，埃及将遵守戴维营协议和埃以和约，但不会再作新的让步。在黎巴嫩内战期间，埃及进行了频繁的外交活动，支持巴勒斯坦和黎巴嫩人民的斗争。1982年9月以色列在贝鲁特制造了对巴勒斯坦难民营的大屠杀后，埃及严词谴责，并召回了它驻以色列的大使。巴勒斯坦解放组织被围困在贝鲁特期间，埃及同它恢复了正式的联系。当阿拉法特被法塔赫反对派和叙利亚军逼出特里波利，处境十分困难的时候，穆巴拉克又在1983年12月下旬在开罗同他举行会谈,这一举动得到了阿拉伯温和国家不同程度的支持。在1980年开始的两伊战争中,埃及注意站在伊拉克一边,向伊拉克提供了大量武器。它派往伊拉克帮助从事工程项目的人数也是最多的。穆巴拉克政府经过不懈的努力,改善了同阿拉伯国家的关系,在政治、经济、军事诸方面实际已打破了所谓的制裁。1984年1月,伊斯兰国家首脑会议决定,邀请埃及返回伊斯兰会议组织。

埃以媾和虽然一时难以为民族主义和宗教情绪都很强烈的阿拉伯国家所接受,但随着时间的推移,越来越多的国家开始看到埃及这种"以和平换土地"方式的有利一面。1981年8月的阿拉伯非斯会议,实际上是阿拉伯国家集体制定的第一个中东和平方案。以后,又爆发了巴解组织的内部分裂和叙巴间的冲突,当年坚决谴责埃以和谈的"坚定和抵抗阵线"内部矛盾重重,陷于瘫痪。这也有助于埃及逐步恢复它在阿拉伯世界的地位和影响。

第一个与埃及复交的阿拉伯国家是约旦。阿拉法特在完全丧失了黎巴嫩的基地后,便要求同约旦重新谈判。他的要求得到穆巴拉克总统的明确支持。约旦国小力微,经常受到以色列的威胁,同叙利亚的关系也一直很紧张。它想收回约旦河西岸的土地,却又力所不逮,也想联合巴解和埃及,恢复中东和谈,推动巴勒斯坦问题的解决。1984年2月上旬,约旦国王侯赛因、埃及总统穆巴拉克同美国总统里根在华盛顿会谈。同年9月25日,侯赛因国王宣布同埃及恢复政治和外交关系。阿拉法特当即表示欢迎,并访问了约旦。

可以说,是巴勒斯坦问题使埃及投入战争,后又处于孤立,也是解决巴勒斯坦问题的愿望使埃及摆脱了孤立,回到了阿拉伯世界。埃约复交以后,1985年埃及与吉布提复交。1987年11月,海湾局势紧张,阿拉伯国家在约旦首都安曼召开特别首脑会议,埃及一再强调,海湾国家的安全和稳定是埃及战略安全不可分割的一部分;埃以和约不妨碍埃及履行1950年签订的阿拉伯联合防御条约。还表示,埃及重返阿拉伯阵营将使埃及有可能帮助温和的海湾阿拉伯国家应对两伊战争。

安曼会议一结束，阿拉伯联合酋长国、伊拉克、科威特、摩洛哥、阿拉伯也门、沙特阿拉伯、巴林、卡塔尔、毛里塔尼亚等国便相继与埃及恢复外交关系。1988年，突尼斯、民主也门和阿尔及利亚也先后宣布与埃及复交。至此，埃及已彻底摆脱了孤立状态。1989年5月，埃及重返阿拉伯国家联盟，以后阿盟总部又从突尼斯返回了开罗。埃及在促进中东和谈，在海湾危机到海湾战争的全过程中，实际上已恢复了阿拉伯世界中的大国地位。

巴解态度的变化

解决阿以争端的核心，是巴勒斯坦问题，而要解决巴勒斯坦问题，作为国际社会公认的巴勒斯坦人民唯一合法代表的巴解组织，它的立场和态度也就至关紧要。

1964年，在二次大战后的民族解放运动高潮中成立的巴解组织，直到1973年10月第四次阿以战争结束，始终把武装斗争当作解放巴勒斯坦的唯一方式，内部比较团结。由于巴解组织经常从约旦袭击以色列，导致约巴关系日趋紧张。1970年9月双方曾发生大规模的武装冲突，巴解组织的主要武装力量约1.5万人被迫转驻黎巴嫩。10月战争结束，埃及和叙利亚先后同以色列达成脱离接触协议后，贝鲁特和黎巴嫩南部实际成了阿以冲突的主要战场，黎巴嫩政府与巴解组织之间的矛盾越来越尖锐。随着阿以冲突的格局发生重大变化，巴解组织内部开始在对敌斗争的目标、方针和策略等问题上出现分歧。1974年6月，巴解组织在第十二届全国委员会会议上通过《临时政治纲领》，规定"巴解必须采取各种斗争方式主要是武装斗争来解放巴勒斯坦"。武装斗争从"唯一方式"改成了"主要方式"，纲领内容的这种变化，导致了巴解内部的分裂。进入80年代后，中东和谈的势头更加增长，沙特提出和平解决中东问题的八点建议，第十二届阿拉伯首脑会议通过了有名的非斯方案，美国、苏联、欧共体等也都纷纷抛出方案、原则和声明。同时，在黎巴嫩的巴解组织又迭遭以色列的打击和法塔赫反对派、叙利亚军的进攻，损失严重，终于撤出了贝鲁特和特里波利，从此失去了凭藉黎巴嫩同以色列进行军事对抗的可能。在这样的情势下，以阿拉法特为首的法塔赫主流派更加倾向于通过政治和外交斗争来实现巴勒斯坦人民的民族权利。因此，80年代上半期是巴解组织直接介入中东和谈的转折时期。

鉴于约旦和巴解组织都有尽早解决巴勒斯坦问题的共同愿望和利益，从1982年10月起，双方领导人就约巴建立邦联等问题开始磋商，几经反复。随着约旦和埃及正式复交以及阿拉伯温和派力量的不断上升，1985年2月，侯赛因国王和阿拉法特就巴勒斯坦问题达成了全面协议。在这份协议中，巴解组织第一次同意按照联合国各项决议解决巴勒斯坦各个方面的问题。但是，约巴协议并没有得到美以的积极响应。美国要求巴解组织必须首先承认以色列的生存权和接受联合国安理会242号决议，然后才能参加中东和谈。以色列则非但坚不承认巴解组织，只想与约旦直接会谈，而且把巴解组织视作恐怖主义组织，于1985年10月派机轰炸了设在突尼斯的巴解总部。

约巴"联合行动方案"的基本原则是"和平换土地"，即以色列撤出1967年占领的全部阿拉伯领土，约巴建立邦联实现巴勒斯坦人民的自决权。这在当时，不仅以色列抛出佩雷斯的反建议①来加以拒绝，而且巴解内部意见严重分歧，阿拉法特有后顾之忧。针对美国要求巴解组织公开声明放弃恐怖活动（包括武装斗争），公开宣布承认联合国安理会242号决议和以色列的生存权等，他在1985年11月7日访问埃及期间发表的《开罗宣言》中，提到了"在国外发动的恐怖行动对巴勒斯坦人民的事业是有害的"，他只能笼统地承认联合国有关巴勒斯坦的决议，而不能走得更远，理由是只有美国和以色列宣布承认巴解组

---

① 1985年5月10日，以色列总理佩雷斯提出一项关于中东和谈的五点建议。同年10月，他在联大会议上又提出七点建议，要求举行无先决条件的直接谈判，可以邀请安理会常任理事国与会，但与以没有外交关系的不能参加，实质是拒绝巴勒斯坦人民的自决权，排挤巴解组织参加和谈。

织的自决权，巴解组织才能宣布承认以色列的生存权和安理会242号决议。此外，约巴对于实现约巴协议的目标和条件相左。约旦希望约旦河西岸地区成为哈希姆王国的一部分，巴解组织则是要把它作为巴勒斯坦国的主要基地。协议也没有明确提到要成立巴勒斯坦国。以后，约巴关系明显逆转。阿拉伯国家之间的这种好好恶恶，并不罕见。就约巴而言，纳赛尔生前主持的最后一次阿拉伯国家首脑会议，正值1970年9月约巴武装冲突之时，侯赛因国王和阿拉法特到开罗与会时，身上都带着手枪，进入会议室，两人怒目对视，简直到了一触即发的状态。后经沙特费萨尔国王、纳赛尔总统的斡旋、做工作，不过一天，约巴就签订了一项停火协议。这次约巴关系的恶化，使中东和谈受阻，也是阿拉伯世界同巴解组织之间以及巴解组织内部对中东和谈仍有严重分歧的反映。

打破中东和谈僵局的是1987年年底巴勒斯坦人民的"石头起义"。这年12月8日，以色列的军车在加沙撞死了巴勒斯坦人4人，撞伤5人。第二天，加沙巴勒斯坦人即起来游行。接着，抗议活动扩展至西岸和以色列内地。到1988年初，斗争形式发展到罢工、罢课、罢市。巴解组织及时成立了被占领土起义的统一指挥部，下设各级人民委员会，领导各市镇、乡村、难民营的斗争。5月以后，斗争更加深入持久，彼伏此起，一直持续了多年。这场被占领土阿拉伯人用石头、土制燃烧瓶引爆的斗争，广泛地团结了巴勒斯坦人民和阿拉伯各国，引起了国际社会的普遍同情。联合国安理会曾多次开会，谴责以色列的镇压暴行。世界各地的犹太人也反对以色列军警屠杀赤手空拳的巴勒斯坦人。美国、苏联不得不再次重视中东问题，重新调整政策，提出解决巴勒斯坦问题的建议。到1988年，中东和谈出现了强劲的势头。

1988年1月30日，美国国务卿舒尔茨提出了包含"土地换和平"的原则在内的"新建议"。这是一个转折，即美国对中东国际会议的态度从一贯反对转到了赞同召开。苏联也改变了单纯支持阿拉伯世界激进派的策略，转而要求通过政治手段解决阿以争端。特别值得注意的是，以色列国内要求政府结束占领、停止镇压、进行谈判的和平运动也日益高涨，不仅有数百名学者上书政府，而且还举行了几万人的集会，呼吁当局撤出被占领土。

巴解组织执委会主席阿拉法特不失时机地接连采取了果断的行动。他先是针对舒尔茨的新建议，提出巴解组织可以承认联合国安理会242号决议和以色列的生存权，但美国和以色列也必须承认巴勒斯坦人民的自决权，允许建立独立的巴勒斯坦国，巴解组织有权参加中东和平进程。他先是访问了阿拉伯世界的激进国家利比亚和叙利亚，同卡扎菲和阿萨德举行会谈，然后在6月上旬参加了在阿尔及尔召开的阿拉伯首脑特别会议，改善了与约旦的关系，取得了阿拉伯各国对巴解组织的一致支持。同时，在这次特别会议召开前夕的6月2日，阿拉法特还让他的首席顾问阿布·谢里夫在伦敦发表文章，宣布巴解组织准备承认以色列，并接受两国并存的和平方案。这无疑是巴解组织对以政策的"突破"。首脑会议后的7月31日，约旦侯赛因国王宣布断绝与西岸的"法律和行政联系"，解散由约巴两部分代表组成的约旦众议会。这当然首先符合约旦自身的利益，但客观上防止了以色列进一步蚕食西岸和加沙，逼迫美以与巴解组织谈判，为巴解组织加快建国的步伐，铺平了道路。

此时，巴解组织采取了一项重大的政治行动，那就是在11月中旬正式宣告成立巴勒斯坦国。它在《独立宣言》中，第一次明确宣布接受联合国181号决议（即关于巴勒斯坦分治决议），确认按照联合国宪章和决议，通过和平途径解决地区和国际冲突。在它的"政治声明"中，它还同意"在联合国安理会242号决议和338号决议基础上召开一次国际和平会议和根据联合国的原则和决议保障巴勒斯坦人民的民族权利，特别是自决权"。巴解组织做出的这项历史性的抉择，当即受到阿拉伯国家联盟的欢迎，各国纷纷正式承认巴勒斯坦国。1988年12月15日，联合国大会通过决议，宣布接纳巴勒斯坦国为联合国观察员，在联合国范围内用"巴勒斯坦"取代过去的"巴勒斯坦解放组织"。

事实证明，随着形势的变化，巴解组织及时地调整政策和策略，从只讲武装斗争逐步面对现实，力求通过政治解决谈判解决巴勒斯坦问题，是有利于推动中东和平进程的。但是，中东问题盘根错节，十分复杂，要以色列放弃它占领二十余年的西岸和加沙，在它身边建立一个独立的巴勒斯坦国，要美国改变一贯偏袒以色列的立场，实在不容易。而阿拉伯世界内部又是矛盾、冲突不断，稍有不慎，即会树敌招祸。1990年8月，爆发了伊拉克侵略科威特的海湾危机，阿拉法特站错了队，竟然支持伊拉克的萨达姆·侯赛因，使巴解组织政治上、经济上都遭到巨大损失。看来，要改变自己在国际舞台上的形象，争取尽可能广泛的支持，实现巴解组织的既定目标，不仅取决于诸多国际因素，还要看巴解组织是否能谨慎地审时度势，制定和实现自己正确的政策。

四、阿以和谈的前前后后

截至1990年8月2日海湾危机爆发之前，巴解组织为了贯彻它的"和平战略"，应该说是做了大量细致、深入的工作。1988年12月初，阿拉法特在瑞典首都斯德哥尔摩同美籍犹太人代表团举行秘密谈判。在联合声明中，巴勒斯坦全国委员会明确同意在联合国主持下召开国际会议，进行和谈，建立独立的巴勒斯坦国，承认以色列是该地区的一个国家；反对并谴责各种形式的恐怖活动，呼吁按联合国决议解决巴勒斯坦难民问题。12月14日下午，阿拉法特在日内瓦举行记者招待会，再次表示巴解组织接受"中东各方，包括巴勒斯坦、以色列和其他邻国有权存在和在和平及安宁中生活"，强调巴解"完全和坚决地谴责一切形式的恐怖主义"。美国认为，它向巴解组织提出的条件"已得到满足"，便指示美驻突尼斯使馆同巴解总部直接对话。这是美国政府改变它一贯孤立巴解组织政策的标志，也是巴解组织采取主动和有关各方大力促成的结果。1989年，阿拉法特又遍访亚、非、欧多国，进一步宣布《巴勒斯坦国民宪章》已经过时，巴解愿意同叙利亚、约旦、黎巴嫩、埃及组成联合代表团参加中东国际和会。

阿拉法特苦心孤诣的努力，巴勒斯坦问题久拖不决引起的中东局势激烈动荡，促使在经济上同美国有激烈竞争、在政治上也极力角逐地区主导地位的西欧、日本等西方国家，开始在中东舞台上展开独立的外交活动。欧共体首先对巴解组织灵活、现实的政策表示赞赏。1989年6月27日，欧共体12国首脑在马德里对中东问题发表声明，呼吁以色列承认巴勒斯坦人民有行使自决的权利，要求冲突各方在联合国主持的国际和会上直接会谈，表示巴解组织应该参加这样的和平会议。11月中旬，欧共体又派团在突尼斯同阿拉法特为首的巴解会谈，表示准备加强双方在政治、经济、社会和文化方面的合作。西欧国家中，法国是最先承认巴勒斯坦人民自决权和最早同巴解组织进行官方接触的国家，法国也支持巴勒斯坦国的建立。1989年5月密特朗总统邀请阿拉法特正式访问法国。而对以色列长期来轻慢欧洲，一贯依靠美苏来解决中东问题的外交，密特朗总统曾直截了当地告诫沙米尔总理："把中东问题完全交给美苏的做法，可能给中东国家包括以色列的长期利益带来更多的危险。"英国自苏伊士战争以后，在中东问题上一直追随美国，但此时对巴解的态度也明显转变。1989年1月，英国高级外交官员先后访问中东，要求以色列响应巴解组织提出的和平建议，正告以色列应当意识到，它在占领区的行动已经失去了西欧或许还有美国的支持。1月14日，英国外交国务大臣首次在突尼斯会见阿拉法特，双方宣布对召开中东国际和会的基本条件看法一致。英国官方后来还认为巴解组织已经几次让步，帮助创造了一个适合巴以会谈的气氛，而如果中东国际和会没有巴解组织的参加，那就不可能组成巴勒斯坦代表团。日本在10月邀请阿拉法特访日，表示支持巴以对话，并愿意通过联合有关机构扩大对巴勒斯坦的援助。

中东形势的急剧变化，迫使处于关键地位的美苏两大国调整自己的中东政策。布什上台以后，看到国内人民对沙米尔一意孤行政策的普遍不满，对美国大选颇具影响的美籍犹太人也反对沙米尔的政策，主张政治解决西岸和加沙问题，他终于下决心既要保持美国政策的连续性，又要作适当的调整，以维护美国在中东的战略利益。美国压以色列拿出和平方案，也压巴解组织作新的让步。不过，实质上，美国国务院的方案要分三个阶段，是小步走，慢慢来。它当时的外交重点是在苏联、东欧的变化上，对解决中东问题没有急迫感，也不想从根本上改变袒护以色列的立场。苏联在80年代末的外交，已是强弩之末。它虽也想争夺中东和谈的主导权，敦促叙利亚与巴解相互协作，设法改善苏埃关系，并加强同以色列的联系，要求放宽苏联犹太人移居以色列的政策，但总的看，苏联在中东的活动已明显减弱，影响也不显著。

处于当事者地位上的以色列，其内部，被占领土上巴勒斯坦人民的斗争如火如荼，两年多一点时间，以色列军民死伤近5000人，军费开支32亿美元，经济损失达33亿美元；外部，巴解组织的和平战略影响越来越大，美国、西欧都在对它施加压力，催促以色列当局要用"新思想"来解决中东问题，要及早拿出新的"和平方案"。

1989年5月中旬，以色列内阁通过激烈辩论，通过了一项在占领区的巴勒斯坦人中间举行选举的计划。该计划分成两个阶段的谈判，第一阶段是以色列政府与巴勒斯坦选出的代表谈"暂时协议"，第二阶段谈巴勒斯坦问题的"永久解决"，都邀请埃及、约旦两国参加。但该计划也写明："以色列反对在加沙地带和以色列与约旦两国边境之间的地区建立巴勒斯坦国"，"以色列不同巴勒斯坦解放组织举行谈判"。即使是这样一份比戴维营协议还要后退的计划，利库德集团的强硬派还不放心，7月5日又提出四个附加条件：巴勒斯坦人必须停止起义；不准东耶路撒冷的14万阿拉伯人参加选举；不能成立巴勒斯坦国；继续在约旦河西岸和加沙地带建立犹太人定居点。这四条因遭到美国、埃及等国的反对，后在7月23日的以内阁会议上撤销，但事实上，以色列的政策却没有任何改变。

从80年代末的中东格局看,巴解和阿拉伯国家虽有强烈的和平解决阿以争端的愿望和计划,但以色列和美国基本上是用不变的手法在敷衍对付。苏联虽还在中东活动,但落花流水春去也,已非炙手可热的昔日景象了。欧共体、日本力量已明显上升,但还改变不了阿以冲突的基本格局。

1990年8月至1991年2月,全世界的注意力都放在海湾危机上,中东和谈自然被搁置起来。

巴解组织在海湾危机一开始,就对形势做出了严重误判。它企图依靠伊拉克的军事机器来推动巴勒斯坦问题的解决,忙不迭地表示支持萨达姆政权。这不仅违背了它自己争取民族解放的目标,而且立即恶化了与沙特等海湾国家的关系,遭到国际社会的批评和海湾产油国的财政遏制。它的地位和影响急剧下降。

促成阿以会谈的关键国家是美国。海湾战争结束之时,苏联已经解体。出于全球战略的考虑,布什下令为了加强和巩固它在中东地区的主导地位,在打赢了海湾战争之后,立即着手推动中东和平进程。这就是说,美在冷战结束后,要通过中东这个世界最敏感的地区来建立美国的形象:既是战争英雄,也是和平天使,树立美式国际新秩序的样板。布什在1991年3月6日向国会两院联席会议提出解决中东问题的四点主张,6月初又致函埃及、叙利亚、约旦、以色列等国,抛出召开中东和会的设想。为了说服叙利亚和以色列,贝克国务卿在和会召开前连续八次出访中东,可以说是不遗余力、不达目的不罢休。

海湾危机后,阿拉伯国家的整体实力已严重削弱,各国内部的反对派和伊斯兰主义势力抬头,政治、经济和社会矛盾交织。为了稳住阵脚,阿拉伯各有关国家也指望依靠美国来解决拖了将近半个世纪的阿以冲突。1991年9月,在开罗召开的阿盟理事会重申要维护巴勒斯坦的利益,巴解组织是巴勒斯坦人民的唯一代表等原则。巴解为了摆脱困境,也努力通过外交活动改善同阿拉伯国家的关系,加强内部各派力量的团结，并通过各种渠道向美国表示愿意积极合作。

西欧国家经过二次大战后四十多年的恢复、发展，实力大大上升，对于美国在中东推行它的国际新秩序，控制石油输送线，进而掌握欧、日的经济命脉的战略，并不甘心袖手旁观只充当看客。它们从欧洲的战略利益出发，主张以安理会有关决议为基础，召开有五个常任理事国参加的中东国际会议，要求以色列放弃在1967年战争中侵占的阿拉伯土地，巴解有平等的民族权利等。它们甚至对以色列施加压力，声称以如不同阿拉伯邻国和巴勒斯坦人实行和解，欧共体1992年以后就将取消以色列的贸易优惠地位。

以色列是海湾危机的得益者。萨达姆的侵略行为增加了中东国家的不安全感，为以色列的安全边界理论提供了一个反证。作为对以色列在战争期间采取"低姿态，不介入"态度的回报，美国1991年的对以军援增加到30亿美元。[①] 经过海湾战争，以色列的军事力量进一步得到加强，它在遭受伊拉克飞毛腿导弹袭击时不还手的克制态度，也博得了世界舆论的同情，改变了它的孤立处境。但是，从沙米尔政权一贯的强硬立场看，尽管他也想同阿拉伯国家建立外交关系，却无意做出重大的让步，不想用它侵占的阿拉伯土地去换取阿拉伯国家给予它的和平，何况，伊拉克被打败后，它在军事上已经是有恃无恐了。

1991年10月30日的马德里中东和会之所以能够召开，是由于以色列和叙利亚这两个国家的态度发生了转变。以色列国内有要求和平解决阿以长期冲突的势头，1991年7月—9月以色列的民意测验表明，绝大多数的以色列人是赞成参加中东和会的。但更主要的是美国的压力。以色列从建国到经历的几次阿以战争，靠山都是美国。考虑到美以的战略联盟关系，美国把100亿美元的信贷保证与参加和会相联系，也考虑到维护既得利益，在今后中东的军控与安全、环境与生态、水资源和难民问题等方面占得主动，以色列终于同意与会。叙利亚是阿

---

① 《西亚·非洲》双月刊，1991年第6期，第10页。

拉伯阵营中态度最强硬的国家之一,在失去苏联的依托之后,要收回戈兰高地,吸收外来资金和技术,巩固它对黎巴嫩的控制,就必须改善同美国的关系,争取海湾国家更多的资助。它在军事上还无法与以色列抗衡的情况下,参加和会既不会冒当年埃及萨达特那样大的风险,而且还有利于提高它在中东的地位。

马德里和会的召开,是一件具有划时代意义的重大事件,是中东地区阿以双方从对抗走向对话的转折点。从根本上说,它符合阿拉伯人民的利益,也符合以色列人民的利益,因此受到了全世界绝大多数国家的欢迎和支持。

从1977年萨达特访以开始的埃以和谈,到1991年马德里和会,15年过去了。如果做个比较,可以发现为双方牵线搭桥、尽力促成和谈的都是美国。马德里和会说是美俄共同主持,实际上俄罗斯只是摆摆样子,不起什么作用。这次和谈的主题,也仍是"土地换和平",即以色列撤出它侵占的加沙地带、约旦河西岸、东耶路撒冷、戈兰高地和黎巴嫩南部,让巴勒斯坦人民通过自治逐步过渡到立国,以色列同叙、黎、约建立起正常关系。如能做到这一点,沙特等海湾国家答应取消对以色列的长期抵制。这是阿拉伯方面的意向。以色列则不然。它提出的是"以和平换和平",而且不顾一切地在被占领土上修建移民点,尽快地安置苏联犹太人。所以,马德里和会一开,气氛就很紧张,阿以双方特别是叙以之间争论十分激烈。沙米尔亲率代表团,而不让外长利维出席。他的发言基调,是强调土地对以色列的重要性,强调双边谈判,发展合作关系等,与阿拉伯方面的要求相去甚远,而且发了言就走。叙利亚是阿拉伯一方的关键,它虽然已经坐在谈判桌旁,但国内长期形成的反以舆论,与伊朗、利比亚等国的关系,都还有待调整,因此态度也很强硬。据阿拉伯报刊报道,在沙米尔发完言离席而去之后,叙外长沙雷把他准备发言的要点搁在一旁,拿出一份印有照片的传单,指着照片说,这就是沙米尔,他是1943年欧洲通缉的恐怖分子,被指控为暗杀了伯纳杜特伯爵……此言一出,全场愕然。

阿以之间的积怨，可谓冰冻三尺，非一日之寒。谈判起来，自然步步艰难。中东和谈的第一阶段是个开幕式。开幕后两天，就进入了第二阶段的直接谈判，第一轮会谈也在马德里举行，以后几轮会谈则在华盛顿召开。1992年1月28日—29日在莫斯科举行了第三阶段的会议，由美、俄外长共同主持，参加的总共有22个国家和组织，叙、黎和巴解组织未到会。这次会议的议题涉及中东限制军备、能源、水资源、生态环境、经济与发展等地区性多边问题，实际上旨在促成阿以双边会谈，因为阿以的双边会谈才是解决阿以争端的关键。可惜的是，阿以的直接会谈尽管已经举行了几轮，但仅解决了巴勒斯坦代表以独立身份同以色列谈判的程序问题，实质性问题虽有过初步的交锋，却未取得任何进展。其原因，主要是沙米尔政权无意改变它的强硬立场，它的精力被国内经济问题所困扰，高达12%的失业率，要安置新拥入的45万新犹太移民，都是压力。在这种情况下，沙米尔不仅不肯归还阿拉伯被占领土，反而一味加紧扩建新的犹太移民点，甚至不惜顶撞美国，导致美国冻结了五年内每年向以色列提供20亿美元的信贷担保。1992年6月24日的以色列大选，利库德集团终于因为中东和谈未获实际进展和国内经济状态不佳而败给工党。以拉宾为首的工党政府在竞选过程中多次表示赞同"土地换和平"，甚至说"相信领土让步会使我们同巴勒斯坦人民和其他阿拉伯邻国和平相处"，上台后又立即宣布冻结在以色列本土和阿拉伯被占领土上新建犹太人定居点，还明确表示，联合国安理会242号和338号决议是阿以和谈的基础，从而改善了同美国的关系，促成了贝克国务卿的九下中东，也使阿拉伯国家萌生希望，盼望着重新推动中东和平进程。

从阿拉伯一方看，有两点是关键。一是巴勒斯坦的自治。以色列究竟会不会同意撤出西岸和加沙，是大有问题的。从1989年以来，它已经吸收了苏联犹太移民30万人，今后3年—5年内还将安置100万人，土地从哪儿来？至于耶路撒冷，以色列早就宣布是它"永久和不可分割"的首都，打了死结。要巴解组织再作新的让步和妥协，目前连巴勒斯坦代表团都不让参加，巴解的意图必须通过被占领土的代表费萨尔·侯赛尼和哈南·阿什拉维等来反映，因此，巴解再作退却的余地已经不大。另一点是叙利亚的戈兰高地。1991年5月，叙、黎签订了特殊关系条约，黎巴嫩目前可以说是惟叙利亚马首是瞻，叙以谈不笼，黎决不会先拔头筹。戈兰高地被以色列侵占25年多了，阿萨德总统说，不归还被占领土就不会有和平。而拉宾总理却说，戈兰高地是以色列的战略财富。要以色列从戈兰高地撤走，需要什么样的交换条件，拉宾似乎还得再三权衡利益得失，从一贯的各个击破的对阿（拉伯）战略出发，瞻前顾后以后抛出方案。

再说，拉宾也绝不是一个鸽派领导人。四次中东战争他都参加了，是以色列人眼中的"战争英雄"，致使阿拉伯国家丧失大片领土的1967年战争，恰恰就是当时任总参谋长拉宾制订计划、组织指挥的。他这次东山再起后，也已经搞了不少小动作，如派军队包围巴勒斯坦人的纳加哈大学，让警方审问巴勒斯坦代表团首席发言人沙菲和阿什拉维，就他们会见阿拉法特一事进行调查，还把犹太人的定居点分为"政治定居点"和"安全定居点"，力图维持以色列的一贯政策。

启动这次中东和谈的美国，处在一个十分重要的地位。它的中东政策，在推动埃以和谈时已经开始做出调整。海湾战争结束后，苏联已无力再扮演对抗美国的角色，以色列也不再是美在中东地区抗衡苏联的战略资产，美国需要中东形成一种符合它战略利益的稳定局面。它的中东政策更加表现出明显的双轨倾向，即在继续袒护以色列的利益，保持以色列必要的强大的同时，也积极改善与海湾国家、叙利亚等阿拉伯国家的关系，通过促进按它意图开展的中东和谈，用事实来说明它是冷战时代结束后中东地区战或和的主宰。

不管怎么说，和谈的过程终究是开始了。阿以冲突时间是那样长，积怨是如此深，牵涉的矛盾又是这般错综复杂，要获得彻底解决，当然绝不可能一蹴而就，而是需要有一个过程，就一个一个问题进行对话、交锋、斗争、妥协，以求获得进展。对这个和平解决的阶段，既不能不看客观条件是否具备就盲目乐观,也不必夸大矛盾,武断地揣测它一定失败。就目前而言,不仅美国竭力在推动、促进,而且阿以双方都有通过谈判解决彼此争端的愿望和需要,也都不想承担阻碍或者破坏中东和平进程的坏名声。总之,中东和谈的道路尽管布满荆棘,却总胜于给中东人民带来新灾难的流血战争。

群雄崛起

广袤的中东地区是人类重要的摇篮和文明发祥地之一，且不说古代这片土地上出现的古埃及王国、古巴比伦王国、亚述帝国、新巴比伦王国、古波斯帝国和希伯来王国等，都曾强盛达数百甚至几千年，是世界上的泱泱大国，即以纪元后的千百余年而论，波斯的萨珊朝、阿拉伯的倭马亚、阿拔斯、法蒂玛王朝和土耳其的奥斯曼帝国，均绵延几个世纪，当时雄踞一方，别国都不敢撄其锋。那些时代的昌盛的经济和灿烂的文化，是中东各民族至今仍常常缅怀的历史上的光荣。但同时也应看到，表面的统一，掩盖不住内部争夺权位或另谋自立的倾向。因此，在中东地区，群雄争霸可以说是一种司空见惯、历久不变的现象。萨珊朝从公元226年建立，至7世纪中叶灭亡，版图包括今伊朗、阿富汗、伊拉克和亚美尼亚、格鲁吉亚大部分。它对外争霸称雄，曾迫近拜占庭的君士坦丁堡，占领埃及的亚历山大城，但在它的内部，国王和各地贵族利用马资达克起义相互打击。589年，巴赫拉姆·曹宾还曾在部分贵族的支持下自立称王。除了科斯洛埃斯一世在位期间，新波斯帝国的中央政权一直因大封建主的割据而受到削弱。7世纪，伊斯兰政权建立不久，还在正统的哈里发时代，就出现了争权位的流血斗争。阿里于656年6月被拥戴为哈里发，按理，他是穆罕默德的堂弟，穆罕默德爱女法蒂玛的丈夫，又是最早信奉和追随伊斯兰教的人，承继大统的合法性决不容怀疑，但恰恰是穆罕默德的妻子阿以涉首先起来反对他，当年12月就打了一仗，名叫骆驼战役。接着，叙利亚总督穆阿威叶借口追索杀害第三任哈里发奥斯曼的凶手，率军向刚在库法坐稳宝座的阿里进攻。两军于657年7月决战，穆阿威叶军事失利，要求以《古兰经》公断，结果阿里同意谈判，内部却因此分裂。661年阿里被害，穆阿威叶便在耶路撒冷自称哈里发，接着立都大马士革，成为倭马亚朝的开国君王。阿拔斯朝从公元750年阿拔斯人夺得政权开始，直到1258年旭烈兀的蒙古铁骑攻破巴格达被灭，历史长达五百多年。但是，各地领袖有的根本不服中央，羽翼一丰便自立为王，如北非的伊德里斯朝、法蒂玛朝、穆拉比特朝、穆瓦希德朝；有的先称臣，一俟时机成熟就宣告独立，如塔希尔朝、萨法尔朝、萨曼朝、布韦希朝等。以后，奥斯曼土耳其人从14世纪开始不断地穷兵黩武，建立起了一个威震西亚、北非、欧洲的大一统帝国，一直持续到近代。奥斯曼帝国表面上看实行中央集权，实际上是勉强用武力维持的不同国家和民族的混合体。土耳其境外的帕夏辖区，可以自己确定和征收税款，分配领地，建立法庭，进行审判，有自己的军队可用于作战。这种地方分权，与一个个独立国家并无差别。

一个政权的兴衰，当然有经济、政治等许多方面的原因，这里想阐明的是中东地区地域辽阔，民族众多，宗教教派林立，而且受着地理环境和生活资源的深刻影响，形成了非常独特的性格：在强大的外力作用下，这里的人们会极其现实地做出妥协、退让。用"忍耐乃是美德"来自慰，但是，一旦条件具备，他们往往就不愿受纪律、秩序、权威的束缚，而表现出剽悍的本性。他们喜欢显示自己的力量，有时甚至会让人觉得桀骜不驯。

这一点，用来诠释二战后的中东，为什么除了阿以战争之外，还有阿拉伯国家之间、中东国家之间，以及中东国家与超级大国之间的冲突，当然是远远不够的。然而，中东的一些局部冲突和战争却离不开争夺领袖或者盟主地位这个事实。引证一点史料，只是想提请读者在国际战略格局转型期阶段，特别要注意这个战火不断、危机四伏的地区已经出现的一些在国际政治生活中颇具影响的国家、组织和人物罢了。

一、从两伊战争到海湾战争

两伊战争和海湾战争，都爆发在海湾，海湾从80年代初起到现在，成了世界热点中的热点。

两伊战争

海湾，波斯人叫它波斯湾，阿拉伯人叫它阿拉伯湾，总面积约24万平方公里，只有一个进出口霍尔木兹海峡，长约150公里，最窄处仅56公里，有南北两个航道，各宽3.7公里。扼守海峡进出口两岸的国家是阿曼和伊朗。海湾及其沿岸国家是世界上最重要的石油产区，其石油蕴藏量约占世界蕴藏总量的56.5%。70年代，海湾地区产油国的油产量，一年高达10亿吨。正是靠着每10分钟一艘通过霍尔木兹海峡的油轮，才保证了世界57%左右的石油供应量。海湾地区的战略重要性是不言而喻的。其中，两伊是中东地区仅次于沙特阿拉伯的大产油国，两伊战争爆发前的1979年，它们的石油产量约3.2亿吨，占世界石油总产量的10%。这两个国家，都是历史上叱咤风云的大国。波斯帝国统治过美索不达米亚，阿拉伯大军也攻入过波斯，灭亡了萨珊朝；奥斯曼帝国的逊尼派军队占领过波斯的国都大不里士，什叶派的波斯军队也攻占过巴格达。两伊虽同为伊斯兰国家，但伊朗的主体民族是波斯人，伊拉克则是阿拉伯人。教派也不同，伊朗90%以上的居民是什叶派教徒，什叶派为国教，伊拉克什叶派教徒人数虽超过半数，但从阿拔斯朝至今，掌握军政大权的却一直是逊尼派。不同民族不同教派引起的矛盾，历史上的血仇，通过领土争端一起爆发，酿成了第二次世界大战后历时最长、消耗最大、损失最惨重的一场地区战争。

八年战争，谁先动的手？比较一致的看法是1980年9月22日，伊拉克首先出动飞机攻击伊朗，导致了战争爆发。伊拉克打这一仗，从领土要求看，共有三项，打着维护阿拉伯民族利益旗帜的占其中二项，一是海湾入口处的三岛——阿布穆萨岛和大、小通布岛的主权究竟属阿拉伯人还是波斯人？历史上，波斯帝国、阿拉伯帝国和奥斯曼帝国都统治过这海湾三岛，岛上的居民均为阿拉伯人，地理位置又靠近阿拉伯联合酋长国，但1819—1971年期间一直被英国占领。1971年底，英军撤退，伊朗立即出兵占领。认为"阿拉伯湾的每一寸土地都是阿拉伯土地"的伊拉克政府当天就宣布同伊朗、英国断交。二是关于伊朗境内西南部的胡齐斯坦省的归属问题。该省是伊朗主要的产油区和农业区，油、气产量占全国总产量的90%，谷物和棉花产量分别占全国总产量的三分之一和一半。这块地区历史上长期归阿拉伯酋长管辖，居民大都为阿拉伯人，讲阿拉伯语，所以阿拉伯人称之为"阿拉伯斯坦"。1925年，该地区被伊朗军队占领，成为它的一个省，改称胡齐斯坦省。50年代和60年代，在阿拉伯民族主义运动的影响下，胡齐斯坦省的阿拉伯人曾多次起义，受到阿拉伯国家政府的支持。伊拉克更是公开把该地称为伊拉克的领土，直接支持反伊朗政府的武装组织，积极训练人员，从事该省脱离伊朗的运动。从这两项争端，可以看出阿拉伯民族与波斯民族之间，还有历史旧账未了，随时都会迸发出冲突的火星。

第三项冲突则是两伊间长达1280公里的边界纠纷中最尖锐最突出的阿拉伯河河界该如何划分引起的。

阿拉伯河全长204公里，它是由底格里斯河和幼发拉底河流至伊拉克的库尔纳汇合而成，到伊朗境内的霍拉姆沙赫尔附近，又与卡伦河相汇，向南注入海湾。对两伊来说，该河都是重要的水上通道。伊拉克虽地处海湾，但只有一个出海口，那就是阿拉伯河。它的唯一商港巴士拉，在海湾的石油终点站法奥，以及重要的鲁迈拉油田，均位于阿拉伯河西岸，而河的东岸又是伊朗占全国港口吞吐能力一半的霍拉姆沙赫尔港和提供伊朗国内所需石油产品60%的阿巴丹炼油厂。几百年来，双方对阿拉伯河的主权争议，已经造成多次兵戎相见。两国签订过一系列的边界条约，但签了撕，撕了又签。总的看，对伊拉克有利的条约居多，唯1975年3月在阿尔及利亚总统布迈丁的斡旋下两国签订的阿尔及尔协议，伊拉克才在阿拉伯河的河界问题上做出了让步。当时，作为伊拉克革命指挥委员会副主席的萨达姆·侯赛因，居然肯在阿拉伯河全部水域按主航道中心线为界的协议上签字，是为了要换取伊朗停止对伊拉克境内库尔德族武装叛乱的支持。伊朗出枪、出钱、出人支持的库尔德游击队，在一年时间里已打死打伤伊拉克政府军1.6万多人，对伊拉克当局构成了严重威胁。阿尔及尔协议签订后，伊朗袖手，伊拉克迅速平息了库尔德族武装叛乱，但对此协议则一直耿耿于怀，总想伺机撕毁重来。

除上述历史、民族、宗教和领土方面的矛盾之外，是否还有更深刻更本质的诱因呢？因为这些矛盾都是客观长期的存在，似乎还不足以一打八年，让双方甘愿耗资数千亿美元，伤亡几百万人。这里，需要对70年代的中东形势稍作回顾。当时，美国从越南战争脱身，在亚洲收缩力量，重点放在欧洲及其侧翼中东，在阿拉伯世界中积极拉埃及同以色列媾和，打击苏联在中东的势力。苏联加紧控制阿富汗，已做好大规模入侵的军事准备，并对海湾地区虎视眈眈，但它受国内和波兰问题的牵制，虽想在中东争取有利的战略地位，却仍不愿同美国发生直接的军事对抗。美苏在中东的军事力量处于相对均势，但都想在海湾地区扩张势力。第四次中东战争后，阿拉伯产油国发动的石油斗争，震撼了世界。这时的西方工业化国家对石油的需求正日趋增加，对进口石油的依赖越来越严重，海湾地区作为全球最重要的能源供应地的作用和它举足轻重的战略地位，无疑变得更加引人注目了。在阿拉伯阵营中，埃及开始退出阿以冲突，由于美国的推动，走上了与以色列单独媾和的道路。问题成堆的阿拉伯世界，现在由谁来牵头，谁来调和各种矛盾，谁来拍板定局呢？而在伊斯兰世界，一场要求实现社会正义和平等，用伊斯兰的价值观和文化来抵制西方文化，寻求回复到昔日光荣时代的伊斯兰运动，又正方兴未艾，只是也还缺少具有广泛号召力的领袖人物。正是在这样的背景下，1979年2月，伊朗伊斯兰革命成功，霍梅尼从法国回到国内接管政权，4月1日宣告伊朗伊斯兰共和国成立。同年7月，萨达姆·侯赛因接替因病辞职的贝克尔总统，控制了伊拉克的党（复兴社会党）政军大权。这两位都是铁腕人物。霍梅尼是伊朗什叶派宗教集团的领袖，称为"阿亚图拉"，意为"真主的标志"、"真主的奇迹"。他上台后，不停地大声疾呼要输出伊斯兰革命。他在1979年11月24日的广播讲话中说，"我们的革命首先是'伊斯兰'革命，然后才是伊朗革命。这是一场世界革命，而不仅仅是一个地区内的革命。"1980年3月又说："我们要尽一切可能把我们的革命输出到世界的其他国家。"显而易见，霍梅尼是要通过宗教推翻海湾阿拉伯国家首先是伊拉克的逊尼派政权，控制海湾，进而成为整个伊斯兰世界的领袖。萨达姆也非等闲人物，早在贝克尔总统在位期间，他就执掌了实权，1975年平定库尔德族叛乱后，伊拉克国内比较安定，石油产量大幅度增加。到1979年，伊拉克已取代伊朗，跃居为中东第二大产油国和石油输出国，该年的石油收入高达213亿美元。萨达姆利用经济实力迅速从苏联和西欧购置大批现代化武器，装备了一支人数达24.2万的军队，成为海湾地区最大的军事强国。在国际舞台上，他加强了同苏、美、西欧、日本的联系，成为它们的重要贸易伙伴。但萨达姆的注意力主要是在阿拉伯世界。埃以媾和后，他在巴格达举行的阿拉伯首脑会议、阿拉伯外交和经济部长会议上，带头对埃及实行制裁。与此同时，又加紧改善同沙特、苏丹、约旦、摩洛哥的关系，有的签共同边界安全条约（与沙特），有的增加经济援助（对约旦），甚至对关系一向不和睦的叙利亚，也签署了民族联合行动宪章和准备合并的政治宣言。1980年2月，萨达姆宣布了阿拉伯民族宪章八原则。① 他的意图十分清楚，要成为海湾的盟主，阿拉伯世界的领袖。萨达姆政权敢于首先向伊朗发动进攻，一是两国关系不断恶化，二是伊朗国内政局动荡，经济受到严重破坏，军队遭清洗，急剧减员，武器匮乏，在国际社会上又陷于孤立。萨达姆认为伊朗已脆弱得不堪一击，正是通过战争来确立自己在海湾、在阿拉伯世界和中东地区领导地位的大好时机，他将像50年代和60年代的纳赛尔一样，成为整个阿拉伯世界的领袖。

正是这种凭藉宗教或军事实力来谋求地区霸主地位的企图，导致了两伊之间一场空前惨烈的战争。

两伊战争从1980年9月22日开始，到1988年7月18日伊朗正式声明接受联合国安理会要求两伊停火的598号决议结束，整整持续了八年。战役之多，不胜枚举，名字多带宗教色彩，如"斋月行动"、"圣城行动"、"依赖真主行动"等，使用武器之先进，也令人眼花缭乱。除了飞机、导弹、坦克、舰艇、枪支等常规武器外，还使用了化学武器。当时的联合国秘书长德奎利亚尔曾派人实地调查，证实在马季农岛争夺战中，（伊拉克）使用了芥子气和神经毒气塔崩。

两伊战争，前期是伊拉克攻入伊朗，伊朗仓促应战，丢失大片土地，接着积极准备，大举反攻；后期，伊朗越界进入伊拉克作战，伊拉克大打"袭岛战"、"袭船战"，并收回失地，又占领伊朗部分领土。这场战争基本上是一场僵持和拉锯的消耗战。据统计，两伊每月的军事开支高达10亿美元之上。1988年8月20日两伊正式停火，进入谈判，但直到1990年海湾危机爆发以后，伊拉克军才全部撤出伊朗领土。该

---

① 主要内容是：1.拒绝任何外国军队和外国基地在阿拉伯地区存在；2.禁止任何一个阿拉伯国家使用武力反对另一个阿拉伯国家，主张用和平手段解决阿拉伯国家间可能发生的争端；3.第2条原则同样适用于阿拉伯国家的邻国；4.阿拉伯国家团结一致，反对任何一个外国侵犯任何一个阿拉伯国家的主权；5.恪守国际法和国际惯例；6.坚持完全中立和不结盟；7.阿拉伯国家间应建立积极的、发展的经济关系；8.伊拉克准备对每一个阿拉伯国家和遵守这一宪章的任何方面遵守这一宪章。

年10月14日,两伊恢复外交关系。

在这场争夺海湾地区盟主地位的战争期间,美苏和西方国家竞相加强它们在海湾的军事力量,努力扩大军火销售,既卖给伊拉克,也通过各种渠道——美伊(朗)之间有武器秘密交易,1986年底才败露;①苏联通过第三国——卖给伊朗,此外,还抓住机会,努力发展同海湾阿拉伯国家的军事合作。仅1984年,美国就向沙特阿拉伯提供了400枚"毒刺"式导弹、200个导弹发射器,以及空中加油机、新型的雷达预警飞机;苏联则通过与科威特签订的军事协议,向科威特出售3.27亿美元的武器装备,并派专家赴科负责人员培训。中东成了世界最大的军火市场。据估算,1987年,仅伊拉克、伊朗、埃及、叙利亚、沙特阿拉伯和以色列六国,武器进口额就达120亿美元,占当年世界军火进口总额的34%。

美苏和西欧国家对两伊战争采取的立场,表面上是恪守中立,但霍梅尼坚持"不要西方,也不要东方,只要伊斯兰共和国",在国内坚决反对西方化,反对无神论和世俗化的政策,在国外又不断插手黎巴嫩内战,在沙特挑起流血冲突,因此,这些大国的天平,事实上都向伊拉克一侧倾斜。伊朗为了打破对它实行的武器禁运,想尽了办法在伦敦设秘密武器采购网,通过支持它的叙利亚、利比亚进口苏联武器,还向以色列、南非购买。但是,一般估计,伊拉克和伊朗的作战飞机数量之比为6∶1,坦克为5∶1,大炮为3∶1,无论是数量还是质量,伊朗都不能与伊拉克相提并论。自美国借口要保护石油航道和海湾盟国安全,为科威特船只实行护航以后,美曾多次在海湾同伊朗发生军事冲突。1987年10月上旬,美军用侦察直升机巡逻时遭到伊朗巡逻艇炮击,美当即出动武装直升机击沉三艘伊朗巡逻艇。10月15日,伊朗发射导

---

① 1986年1月,经里根总统批准,美为了争取伊朗释放在押美国人质,向伊朗秘密出售"陶"式反坦克导弹和"霍克"式防空导弹发射架等武器,价值3000万美元,款项后转交给尼加拉瓜的反政府武装。此事由伊朗官方公开揭露,成为里根政府"伊朗门事件"。

弹击中美国27.6万吨的油船"森加里"号，次日又击中挂美国国旗的科威特8.1万吨油船"海岛城"号。10月19日，美国进行报复，派驱逐舰摧毁了伊朗在罗斯塔姆的2座海上石油钻井平台。以后伊朗快艇频频袭击美国油轮、商船和直升机。到1988年4月，正当两伊在法奥半岛激战之时，美国海军用大炮轰炸了2座伊朗石油钻井平台，击沉伊护卫舰2艘，击伤3舰。美国把伊朗当作对手，还神经紧张到了把一架伊朗空中客车A–300巨型民航班机当作F–14型战斗机，用舰对空导弹将其击落，290名乘客和8名机组人员全部遇难。相比之下，美国对伊拉克则要客气得多。1987年5月17日，美国"斯塔克"号导弹驱逐舰被伊拉克"幻影"F–1型战斗机发射的2枚"飞鱼"式空对舰导弹击中，美军死37人，伤21人。事后，仅以美国国务院向伊驻美使馆提出抗议，萨达姆总统表示遗憾了事。

在这场旷日持久的两伊战争中，美苏加快了它们在海湾的军事集结，竭力扩大自己的势力和影响，以占据海湾地区的领导地位。而对两伊本身来说，除了战争带来的严重破坏之外，并没有达到预期的目的。伊拉克原以为一开火，伊朗的霍梅尼政权便会垮台，不料伊朗内部虽有激烈的两派斗争，人民圣战者组织与政府间的对抗，但这些并不危及霍梅尼的地位。战争初期，伊朗军民为了保家卫国，士气高昂，奋力抵抗，挫败了伊拉克速战速决的战术。伊朗在反攻后虽占领了伊拉克大片土地，但缺乏空中优势，武器装备也差，靠人海战术伤亡严重，正规军和革命卫队各自为战，互相牵制，经济上财政拮据，生产萎缩，商品匮乏，物价腾贵，再加上受到美苏和西方国家的压力，周围的阿拉伯国家又都明确支持它们的阿拉伯兄弟伊拉克，每年都提供巨资帮助伊拉克购买武器，维持经济。在这样严峻的局面下，伊朗国内的务实派力量上升，霍梅尼只得接受"比服毒还要糟糕"的联合国安理会598号决议。

在雅尔塔体制运行尾声进行的这场两伊战争，是地区性大国谋求地区霸权的一种尝试。伊拉克要在海湾称雄，伊朗也不甘雌伏。两国都有悠久历史，都有雄厚潜力，但也都彻底摧毁或吞并不了对方。美苏两个超级大国，一面加紧向海湾增派船只，加强它们的海军力量，一面大卖军火，作壁上观，等待这两个中东大国打得两败俱伤，再出面来收拾残局，实现它们控制海湾地区的战略目标。

海湾战争

两伊战争炮声甫停，各国最关注的是两伊战后的重建。据日本中东经济研究所的估计，伊朗战后复兴需要约30年时间，资金885亿美元，伊拉克则需要10年，资金682亿美元。① 这是一个难得的机遇和诱人的市场，即使带资承包、参建，也不愁收不回利润，因为这两大产油国只要生产一正常，石油美元必会滚滚而来。各国政府、金融和商业代表团纷纷飞赴两伊，展开激烈的角逐和竞争。然而，谁也没有料想到，战争结束才两年，伊拉克竟然又一次点燃战火，于1990年8月2日入侵了科威特，海湾再一次遭到生命和财产的浩劫。

伊拉克侵略科威特，原因很多，这里稍作概括。历史上，在阿拉伯哈里发政权统辖下，本没有伊拉克、科威特之分。奥斯曼帝国时期，今天的伊拉克是帝国统治下的三个省：巴格达省、摩苏尔省和巴士拉省。科威特酋长国建于1756年，奥斯曼帝国在1871年把它划为巴士拉省的一个县，但科威特方面并未接受，也不向帝国纳贡称臣。1920年，伊拉克沦为英国的"委托统治地"，1921年作为一个国家获得独立。科威特在1939年成为英国的"保护国"，1961年独立。伊科之间本来不存在任何从属关系，可是二战以来，伊拉克一直向科威特提出领土要求。1958年推翻了伊拉克费萨尔王朝的卡塞姆政权，在科威特宣布独立后不久，即宣布科是伊拉克不可分割的一部分。1968年，伊拉克复兴党上台，第二年就要求科威特割让、租借岛屿。1973年，伊军侵入科北部境内。80年代，处于两伊战争中的伊拉克，也仍未放弃过对科的领土要求。事实上，1922年，伊拉克就承认了伊科间的现有边界，1963年10月，伊

---

① 《国际形势年鉴·1989》，中国大百科全书出版社上海分社1989年版，第139页。

拉克政权又承认科威特独立。现在，光凭奥斯曼帝国时期科曾划归巴士拉省管辖这一点就出兵侵略，显然是十分荒谬的。从地理方面看，伊拉克虽然濒临海湾，但海岸线只有50公里，即从阿拉伯河河口的法奥至布比延岛以东一段既短又浅的入海口，而且这条狭窄的出海通道还处在别国的监视之下。复兴党执政后，亟欲得到科威特的沃尔拜、布比延两岛，后因科威特、沙特、伊朗的坚决反对而被搁置。伊侵占科威特，不仅可以占据它丰富的石油资源，而且能取得长达213公里的海岸线，这是伊拉克梦寐以求的目标之一。此外，在经济上，伊拉克打了八年仗，欠下约750亿美元的债务，光欠科威特一国，就有150亿美元。可是，伊拉克对于海湾各国的支持并不领情，它认为同伊朗作战流血牺牲，是保卫了整个阿拉伯民族，也在伊朗的伊斯兰革命输出面前保住了海湾诸国的王室政权。它在举债之时根本就没有打算要偿还。战后，各债权国纷纷索债，伊拉克便要求正式免除这笔债务，但遭到科威特等国的拒绝。于是，伊拉克反过来指责科威特偷采伊拉克石油，向阿盟秘书长告状，要科赔偿24亿美元，还指责科不遵守石油输出国组织分配的限额规定，大量超产，致使油价下跌，使伊蒙受了约140亿美元的巨大损失。伊拉克鲸吞科威特，是想成为一个名副其实的经济大国，因为两国的石油储量相加，要占到世界总储量的21%以上。

　　不过，伊拉克之所以铤而走险，悍然出兵侵占科威特，最根本的原因还在于萨达姆·侯赛因政权本身。两伊战争结束后，伊朗和伊拉克采取的战后政策截然不同。伊因为战争而元气大伤，以拉夫桑贾尼为首的务实派势力明显上升。1989年6月3日霍梅尼去世以后，其内政、经济和外交政策，更有进一步的调整，通过取消总理制、成立国务部和更换内务部长等措施，确保了国内政局的稳定，并及时把重点转移到经济建设上来，逐步推行经济开放政策，大力引进外资和国外先进技术设备，工业上优先发展石化、钢铁、电力、生活用品等，力求先把油气工业搞上去，解决急需的重建资金问题；农业上颁布一系列措施，如多投资、高补贴，减免农业税，兴修农田水利，奖励农民多出售粮食等。政府制订了一个年增长率为8%的五年经济发展计划（1989—1994），从实施情况看，经济处于上升势头。伊朗由于树敌过多而在战争中吃了大亏，战争结束后，立即改弦易辙，积极着手改善同海湾阿拉伯国家的关系，在海湾国际航道扫雷，撤出驻扎在阿布穆萨岛的用来袭击商船的武装快艇，逐步缓和了同科威特、沙特、巴林的紧张关系，并实现了外交关系正常化。对西方国家的态度也有明显转变，如出面帮助法国、英国解决被扣押在黎巴嫩的人质问题，与英、法、加拿大恢复了外交关系，同德国、意大利和澳大利亚等国的关系也较前改善。对苏联，拉夫桑贾尼早在1988年11月就表示，"伊朗准备原谅苏联在海湾冲突中支持伊拉克的行为，苏联如果争取改善苏伊（朗）关系，是能够找到一个好朋友的。"以后，两国讨论了经济合作的具体项目，还签订了至2000年的60亿美元经济贸易协定。美国原来与伊朗的关系极深，只是在霍梅尼的伊斯兰共和国成立后，才一直被视为主要敌人。战后，两国通过官方和非官方不同层次的秘密接触，开始了贸易往来，美国恢复了从伊朗进口原油，以前遗留下来的双边财务纠纷也得到初步解决。这些从本国实际出发采取的顺应时代潮流的做法，为伊朗的经济发展创造了一个有利的外部环境和良好的国际条件，也赢得了国际社会的好评和赞赏。

而伊拉克尽管也打得伤痕累累，国破民穷，它战前制订的经济计划早已放弃，主要石油基地被炸，石油收入锐减，债台高举，国内物资供应短缺，人民不满情绪上升。但是，八年战争期间，在美苏、西欧和阿拉伯国家的支持下，伊拉克已积聚起了雄厚的军事力量，兵力从战前的24万多激增至64万，不久又扩充到100万之巨。它拥有5500辆坦克，500多架战斗机，数百枚中、短程导弹和大量的化学武器，还在制造生物武器和继续研制70年代起就已开始的核武器。[①] 由于是伊

[①] 1974年，伊拉克与法国签订核技术合作合同，由法国帮助在巴格达东南32公里处的塔穆兹建立一个核反应堆。1982年6月，以色列派机偷袭，将其摧毁。以后，伊仍在西方国家帮助下秘密发展核武器。

朗总统哈梅内伊首先写信给联合国秘书长，表示正式接受安理会598号决议，伊拉克的宣传机器遂把两伊停战说成了是伊拉克的"胜利"，萨达姆成了"战争与和平的英雄"。十多年来，他的照片、讲话、活动，天天见诸报端，部下稍有异常言行，便遭坚决清洗。在巴格达市无名战士纪念碑地下室的军事博物馆里，他被说成是什叶派圣人、阿里之子侯赛因的后裔。这一切，都是为萨达姆充当统一的阿拉伯国家领袖在作舆论准备。萨达姆·侯赛因作为伊拉克复兴社会党的党魁，一直认为要实现阿拉伯统一，就必须点燃推翻腐败的阿拉伯君主政权的阿拉伯革命之火，而伊拉克便是能实现这一目标的"客观存在的实体"。他的这种"领袖意识"在两伊战争后没有被抑制，反而恶性膨胀。既然吞并不了领土比伊拉克大、人口也比它多的伊朗，那就转过来拿兵力只有2万多人的科威特来试刀。阿拉伯一些领导人评论萨达姆挑起的两次战争说，"伊拉克过去向伊朗开战，是用阿拉伯民族主义反对伊斯兰教，今天它侵占科威特，则是用伊斯兰教反对阿拉伯民族主义"。①

1990年夏天的中东形势是美苏搞缓和，苏联在中东的影响明显下降，出现了力量的不平衡。接着，苏联犹太人大量迁居以色列，引起了阿拉伯人民的普遍不满。阿拉伯国家的舆论对苏联、东欧的剧变并不欢迎，认为只对以色列有利。巴解组织几年来接连做出重大让步，但美国反应却不热烈，也不急于拿出方案。以色列利库德集团的沙米尔执政后，态度更趋强硬。在巴解组织和一些阿拉伯人看来，政治努力既然不奏效，那就只能指望武力解决，而能够与以色列抗衡的阿拉伯国家，可以说非伊拉克莫属。此外，阿拉伯世界中穷国与富国、共和体制与君主政体、外来劳工和本国居民之间，一直存在矛盾，斗争日趋激烈。萨达姆·侯赛因打出的旗子是反美、反霸、反以色列，进行圣战，目的在于激起并利用阿拉伯人的民族情绪和宗教情绪，这

---

① 1990年10月上旬，叙利亚副总统马沙里卡在纪念10月战争17周年演讲会上的讲话。

也是他有恃无恐的精神支柱。然而，这一次他挑起的危机，受害者不光是小小的科威特，而且还危及了美国、西欧的战略利益，更是公然破坏了现代国际关系的基本准则，因而遭到了国际社会的普遍反对。美国这次一反两伊战争期间采取的隔岸观火做法，态度变得非常强硬，这是因为萨达姆赤裸裸地谋求地区霸权，已直接触犯到美国在海湾的石油利益，损害了美国的经济和世界霸权的利益。西欧、日本所需的石油，主要依赖从海湾进口，美国进口石油的比重从80年后半期起，每年都呈上升趋势，而其中来自海湾的石油数量也越来越大。① 能否控制作为国际石油市场供应主体力量的海湾石油，是关系到美国、西欧、日本经济兴衰的重大政治经济问题。伊拉克侵占了科威特，并扬言还要发动圣战推翻沙特和阿联酋等君主国的统治，这不啻是在夺取美国和西方国家的生命线，美国无论如何都不可能坐视不管。事实上，美国只有击败萨达姆这个挑战者，才能维持它的超级大国地位，也才能继续对它潜在的对手西欧和日本施加影响。

海湾危机爆发后，联合国一共通过12个决议，坚决要求伊拉克无条件撤出科威特。伊拉克在政治上受谴责，经济上被封锁，外交上空前孤立的情况下，一直坚持拖延战术，打人质牌，放风表示希望同美国"举行真正建设性的对话"，扬言在必要时将使用包括化学武器在内的一切手段，对多国部队施加心理压力，并不断宣称与美国的对抗是维护圣洁的伊斯兰教同异教徒进行的圣战，发誓要攻击伊斯兰世界的宿敌以色列。直到战争爆发前，萨达姆还要求把伊从科威特撤军与解决巴勒斯坦问题绑在一起，千方百计把自己塑造成阿拉伯民族和伊斯兰教利益的捍卫者。萨达姆本来认为，"过去有两国超级大国之间的平衡，今天出现了空缺，苏联不再有威信。本地区每个国家都可以根据

---

① 据美国能源情报署统计，1990年第一季度，美国进口石油每天为766.1万桶，其中206.4万桶来自海湾地区，占26.9%；日本每天进口石油548万桶，其中354万桶来自海湾地区，占64.6%；西欧每天进口石油823.5万桶，其中427.6万桶来自海湾地区，占到51.9%。

实力自由行动"，[①] 却未估计到他的这种扩张政策，与美国通过处理海湾危机来建立世界新秩序的意图构成了不可能调和的矛盾，战争成了必然。

以美国为首的多国部队，总共有70余万人，其中美军为53.2万人，其他27国约20万人，采用了各种高技术常规武器，如装载空对空导弹的F-15E战斗机、B-52战略轰炸机、最新式的F-117A隐形战斗机、空中预警机、装载有电子干扰和反雷达导弹的F-4G鬼怪式战斗机和海军发射的"战斧"式巡航导弹等当代最先进的武器。1991年1月17日起，多国部队对伊科境内的伊军目标进行了多达10万余次的轰炸，2月24日起开始发动地面攻势，仅四天就结束了战争。这是一场实力悬殊的交战，多国部队有联合国一系列的决议撑腰，武器先进，突击奏效，伊拉克失道寡助，士气低落，军事当局战略战术严重失误，战争结局实在意料之中。

从海湾危机到海湾战争，损失最惨重的是科威特、伊拉克两国。伊拉克10万大军大举侵入科威特后，大肆掳掠，抢夺了科威特近35%的黄金储备和18亿美元的外汇储备，大商行、饭店、政府机关、学校几乎均遭浩劫，重要的油井、炼油厂、输油管道、港口等也都受重创。伊拉克败退时，又实行焦土政策，放火烧油井，并加上多国部队的轰炸，总共有727口油井熊熊燃烧，光战后灭火就花了约20亿美元。据估计，这次战争带给科威特的损失，总有千亿美元之巨。科威特目前的石油生产虽有部分得到恢复，1991年日产量为40万桶左右，但远远没有达到战前水平。这个素有海湾明珠之称的富裕国家，已经从债权国变成了债务国，今后几年将一直会出现赤字，为治愈战争创伤，已非动用它的海外资产不可。伊拉克更惨，3700辆坦克，2600门火炮，2400辆装甲车，243架飞机，83艘舰艇，都被击毁，人员伤亡约有10万，至少2万人死亡，17.5万人被俘。在多国部队的密集轰炸

[①] 1990年7月9日，萨达姆·侯赛因对记者的谈话。

下，它的生产设施、交通和通讯几乎全陷瘫痪。经济损失惨重，如把它的原欠债务和战前的赤字加在一起，要达2000亿美元左右，而且今后它还得偿付战争赔款。因此，它的经济预计在相当长一段时间内难以复苏。目前，萨达姆虽然仍在执掌政权，他不断抵制联合国的决议，近来还不让联合国的核检查组进入伊农业部大楼，并抗议美国与科威特搞联合军事演习，甚至还蛮横地继续向科威特提出主权要求，态度似乎还很强硬，但靠的是对内的周密控制和镇压，是用政治手段激化阿拉伯人和穆斯林传统的反西方情绪来维持的。色厉而内荏，萨达姆的地区霸主梦看来是难圆了。

海湾危机促使阿拉伯世界发生了新的分化组合。二战后的阿拉伯世界，曾经历了多次分化组合：50年代，以纳赛尔为代表的阿拉伯民族民主力量与阿拉伯君主国间相互对立；70年代，因为对以战略不同，有激进派和温和派之分；两伊战争期间，支持或同情伊朗的阿拉伯国家有叙利亚、利比亚、阿尔及利亚和民主也门等。这一次海湾危机中，反对伊拉克的阿拉伯营垒，以埃及、沙特为首，支持或同情伊拉克的，则有约旦、也门、巴解等，大都是阿拉伯国家中的穷兄弟。不过，由于美国等西方国家的军队进驻沙特，又直接对属于阿拉伯国家的伊拉克交战，触及阿拉伯人的民族意识、穆斯林的宗教感情等非常敏感的问题，即使在反对伊拉克的中东国家中，民间也不乏为萨达姆呐喊叫好的人，甚至还出现了游行示威。

这场战争也使站在反伊前列的阿拉伯海湾国家付出了高昂的代价。沙特、科威特、阿联酋等国都承担了巨额的战争开支，而且也面临着重建的任务。长期被称为"伊斯兰盟主"的沙特，是麦加、麦地那两个伊斯兰教圣地的守护者，也是阿拉伯国家中的首富，曾在历次中东战争和阿拉伯世界的政治经济生活中发挥过突出的作用。但是，海湾危机一爆发，它面对拥兵百万的伊拉克，却只有7.5万兵力。就是海湾合作委员会六国，也根本没有解决安全防卫体系问题。这种状况，无疑给了美国加强海湾地区军事存在以可乘之机。不仅美国大兵第一次得以涌入被穆斯林视作"天方"的沙特，而且美国也获得了向海湾地区大量出售军火的良机。在1990—1991财政年度中，沙特向美国购买了219亿美元的武器装备。中东特别是海湾地区，成了世界最主要的"火药库"。

这次海湾战争是二战以来美国首次打赢的大规模战争，它使美国的国际地位得到加强。有不少人问，为什么多国部队不一鼓作气，将萨达姆政权摧毁呢？这是有原因的，联合国所有关于这次海湾危机的决议中，都只谈到要伊拉克无条件撤军，而未涉及要推翻伊拉克现政权。多国部队直捣黄龙，攻占巴格达，虽非难事，但师出无名。美国着眼打击伊拉克的有生力量，但不为已甚，因为伊拉克彻底崩溃，会使已拥兵60万的伊朗和一向与伊拉克交恶的阿拉伯强硬国家叙利亚趁机崛起，造成地区力量的失衡，更顾虑激起中东地区强烈的民族情绪和宗教情绪。美国打这一仗的主要目的在于保持它在海湾的主导地位，由它来安排、操纵海湾安全体系，是所谓的有限战争。1991年3月，战争才结束不久，海湾合作委员会六国和埃及、叙利亚在与贝克国务卿会谈后发表过一个联合声明，叫《大马士革宣言》，内容是由埃、叙出10万人组成海湾维持和平部队，海湾六国每年支付140亿美元军费并向两国提供军援。后因土耳其、伊朗和一些阿拉伯国家的坚决反对，这八国之间意见也不统一，海湾国家认为花钱雇埃叙军队不如雇西方军队管用而作罢。科威特、巴林后来干脆直接与美达成了军事合作协定。由此可见，美国的整个战略、策略是经过充分研究的。再从它战争一结束就开始推动中东和谈的做法来看，那也是企图缓和阿拉伯世界指责它在中东搞双重标准——对伊拉克的联合国安理会决议坚决执行，对以色列的安理会决议则束之高阁——的强烈舆论。美国的中东政策不论是战是和，所反映出来的老谋深算，都说明美国现时对中东问题的研究实力，与艾森豪威尔时代相比，已有很大的变化。

海湾战争虽然证明美国仍是西方国家的头，它仍保持着明显的军事优势，西欧、日本尽管经济增长快，在应付地区冲突时却还得依赖美国，然而，西欧、日本想通过解决海湾危机来确立自己在未来世界格局中大国地位的意图，也十分清楚。当英、法派兵参战，日本、西德忍痛分担战争费用的时候，它们无不考虑到要在海湾地区保持自己的影响力和发言权，考虑到战后海湾国家重建项目中的份额。日本更是迫不及待地试图通过向海外派兵来树立自己的大国形象。美国与西方盟国在中东的利益矛盾势必继续存在，而且会更加尖锐。此外，美国还将继续受到地区大国和民族、宗教势力的挑战。萨达姆公然侵占一个阿拉伯主权国家一事，给所有的中东国家都上了一课。战后，各国都明显地把国家利益放在首位，抓经济建设，更抓军备，扩充军队，购置现代化武器，生怕重蹈科威特的覆辙。沙特已决定将兵力增加到12万人；埃及在已经购置41亿美元的武器装备基础上，再进口16亿美元的军火；伊朗拨出高达416亿美元的巨款用于添置先进的战斗机、运输机、直升机、导弹、坦克和军用雷达、导航设备等；叙利亚有进口军火的一揽子计划，价值约20亿美元；就连战败国伊拉克，也在想尽办法打破封锁和禁运，卧薪尝胆，图谋东山再起。目前，不仅美国力求建立的海湾安全体系因为有关国家各有打算意见分歧而难以落实，即便是贝克国务卿今年2月建议的用以解决中东穷富国间财富分配问题的"中东发展银行"，也是缺乏现实基础的想当然。可以说，美国虽然在海湾一仗中赢得了战争，但没有赢得和平，它打败了伊拉克，但还会有地区大国崛起，它还得迎接新的挑战。何况，海湾战争后，埃及、苏丹、约旦和马格里布国家的反对派和宗教原教旨主义势力抬头，游行示威、罢工罢课甚至与当局冲突接连不断，表面看是反对现政权的，实质上矛头也是指向以美国为首的西方的。海湾从危机到战争的整个过程说明，原来的美苏矛盾和阿以矛盾，被更为突出的阿拉伯国家之间的矛盾和美国与谋求地区霸权的中东大国之间的矛盾所掩盖，新旧矛盾交织，使局势更加错综复杂，海湾和中东今后仍将是一个多事的动荡地区。

二、埃及进入穆巴拉克时代

第二次世界大战结束以来，埃及出了三位闻名遐迩的总统：纳赛尔、萨达特和穆巴拉克。他们在各自的时代，都对中东格局产生了极其重要的影响。纳赛尔是推动阿拉伯和中东各国民族民主革命的先驱人物，对外坚决打击西方帝国主义的控制和侵略，对内进行了一系列的社会经济改革，大力发展民族经济，增强了国家实力。但也正是他，在帝国主义对埃及实行经济封锁的岁月里，让苏联势力渗入了埃及，继而扩散到整个中东。可以说，美苏两个超级大国在中东的争夺，雅尔塔体制在中东的出现，是始于50年代中期苏联向埃及出售武器一事。纳赛尔在位期间，打了两场阿以战争，有胜有败，但基本的政策是与以色列势不两立；对阿拉伯兄弟国家，则有一种居高临下的"大国意识"。纳赛尔时代的埃及，曾在阿拉伯世界发挥了核心和领导作用，这是客观历史事实。尽管他在第三次中东战争中判断失误，国内的经济政策和措施也屡屡失当，但他的阿拉伯民族主义对整个阿拉伯世界有很深远的影响，他一直被视为阿拉伯的民族英雄，也是中东地区50年代和60年代的领袖人物。

即使时至今日，埃以媾和已实现多年，阿以和谈也已进入第六轮会谈，首先采取和平主动行动的萨达特总统，在中东地区却仍是一位毁誉参半的有争议人物。他在位11年（1970—1981）的显著特点是敢作敢为，与纳赛尔时代比，政策有大幅度的调整。他对内主张开放民主，取消新闻检查，用多党制来代替"阿拉伯社会主义联盟"的一党制，并强调国家的宗教特色，争取宗教势力的支持；对外竭力摆脱苏联的控制，表现出依靠美国来解决阿以冲突的倾向。在阿拉伯世界内部，纳赛尔曾公开向各君主政体国家挑战，试图夺取沙特阿拉伯在伊斯兰世界的中心地位。萨达特则改善了与沙特的关系，以取得财政资助。他常有惊人之举，1972年7月驱逐了上万名苏联军事人员，1976年6月废除了《埃苏友好合作条约》。为了挽救濒于崩溃的埃及经济，扫除1967年战争失利压在埃及人民精神上的沉重阴霾，他不顾各种困难和阻挠，发动了有名的10月战争；继而，又力排众议，坚持访问以色列，同贝京政府签订了戴维营协议和埃以和约。萨达特前期自诩为"民族主义"，是唯一的真正的伊斯兰化布道者，鼓动军民的宗教热情以进行战争；后期因与以色列媾和，与伊斯兰主义势力的矛盾加剧，在阿拉伯阵营中陷于孤立。他又宣传埃及文化属于"法老和地中海文明"，强调突出埃及不同于阿拉伯国家和伊斯兰国家的个性。萨达特的内外政策都说明，当埃及的国家利益与阿拉伯民族主义的伊斯兰势力发生抵触的时候，他总是毫不犹豫地把国家利益放在首位。对他的一生，西方世界的评价要比阿拉伯世界高得多：他获得了诺贝尔和平奖，但一般的阿拉伯人和穆斯林却很少会把他当作纳赛尔一样的领袖看待。

与纳赛尔、萨达特一样，穆巴拉克这位1928年出生在农村的总统，也是军人出身。他进过开罗军事学院和空军学院，毕业后，一直在空军服役。60年代，曾赴苏联伏龙芝军事学院进修过一年。1969年纳赛尔任命他为空军参谋长。1972年萨达特提拔他担任空军司令。因在10月战争中功勋卓著，晋升为中将。1975年被任命为埃及副总统。1981年10月萨达特遇害，他继任总统。穆巴拉克身上有明显的职业军人特点：稳健、务实。执政十多年来，从不见他夸夸其谈，或做出哗众取宠之举，但是，他执行了一条既有别于两位前任，又有明确目标的路线，使埃及渡过了重重难关，再次在阿拉伯世界、中东和国际舞台上崛起，起着平衡各种力量和稳定局势的关键作用。

穆巴拉克上台伊始就直截了当地表过态："我既不是纳赛尔，也不是萨达特，我是胡斯尼·穆巴拉克。"当时，埃及国内外的关系都很紧张。在经历了萨达特的"开放经济"时期以后，埃及消费型经济畸形发展，国家变得越来越依赖外国的资金和援助，贫富两极分化现象严重,受宗教原教旨主义影响最深的农民、城市小生产者和青年知识分子阶层不满情绪在蔓延、上升。穆巴拉克接过萨达特时期的"埃及第一"口号,要求全国为了埃及的利益团结合作,及时地把"消费性"的开放政策改为"生产性"的开放政策,即主张压缩社会消费,增加生产,逐步改变埃及社会的消费性经济结构。政府通过制订经济发展计划,推行了一系列的新政策和措施,如改革国有企业,扩大国有企业的经营管理权,鼓励私人资本向生产部门投资,调整进出口政策、农业政策,整顿自贸区塞得港,查缉偷税漏税等。埃及的经济问题是几十年积累下来的,要立竿见影当然不可能,但穆巴拉克的政策取得了一些成果,经济增长率有所提高,财政赤字也在下降。

穆巴拉克在对外关系上也是有继承,有调整。他的第一个目标是要摆脱埃及在阿拉伯世界中的孤立状态。萨达特执政后期,执行的是联美抗苏路线,美国公开把埃及当作它在阿拉伯世界军事和政治战略的一个基石。[①] 穆巴拉克继任后,表示遵守戴维营协议和埃以和约,保持了对外政策的连续性,但在美国和以色列的压力面前,他是条硬汉子,不肯作任何新的让步。萨达特遇刺前,曾同意美以提出的在以色列撤出西奈半岛前,先就巴勒斯坦自治谈判达成一项"原则协议"。穆巴拉克认为用埃及的名义在阿拉伯权利问题上作让步,是决不能允许的,因为他明白,没有巴解组织的参与,埃及与美以谈判巴勒斯坦人民的权利、前途和命运,显属无效,也不合法,还将使埃及永远摆脱不了在阿拉伯世界受指控的地位。穆巴拉克谨慎地保持着同美国的军事合作关系,同美国举行联合军事演习,他向美国提供军事便利,但始终拒绝美国在埃及设立军事基地。与此同时,他也注意缓和同苏联的关系,在经济和文化领域,开展交往活动,1984年7月,两国宣布重新互派大使。这种拉开与美苏两强距离的平衡外交,一方面是因为

---

① 《华盛顿邮报》1981年9月载文认为:"埃及目前是美国在阿拉伯世界军事和政治战略的一个基石。"《华尔街日报》1981年10月8日的文章称:"埃及是我们整个西南亚战略的关键。"

有过教训，埃及60年代倒向苏联，70年代倒向美国，都吃了苦头；另一方面，是着眼于重返阿拉伯阵营。

穆巴拉克一再强调埃及的"阿拉伯属性"，能在中东政治生活中得以恢复，主要是通过对两场地区冲突的处理。一是坚决反对以色列侵略，支持巴解组织。1982年9月中旬，以色列在贝鲁特西区对夏蒂拉和萨布拉两个巴勒斯坦难民营大肆杀戮了近千名无辜平民，激起了全世界人民的愤怒，埃及当即召回了它的驻以色列大使。1983年，当巴解组织内部出现分裂，叙利亚又与阿拉法特领导的部队发生冲突的时候，埃及进行了频繁的外交活动，支持巴勒斯坦和黎巴嫩人民的斗争。穆巴拉克与阿拉法特在开罗举行会谈，埃及与巴解组织恢复了正常的关系。埃及的这些做法，赢得了阿拉伯国家特别是温和国家的赞赏。二是埃及对待两伊战争的政策。两伊战争爆发，萨达特曾说："埃及不能偏袒这场战争中的任何一方。因为伊拉克是一个阿拉伯国家，伊朗是一个伊斯兰国家，而我们对阿拉伯和伊斯兰世界都负有责任。"他表面上严守中立，两不相帮，实质上是怕苏联插手战争，怕战争影响埃以和谈，想尽力置身事外。1982年，两伊战场形势发生剧变，伊朗由防守转入反攻。穆巴拉克抓住机会，向伊拉克提供了大批武器。当年，伊拉克司法部长访埃。1983年，两国外长互访，决定扩大驻对方代表机构。埃及除向伊拉克输送大量军事物资外，还派遣了数千名志愿人员赴伊拉克参战，被伊朗指责为伊拉克的"主要帮凶"。埃及的立场转变，密切了它与伊拉克和海湾国家的关系。1984年3月，伊拉克副总理拉马丹提出一项埃及重返阿拉伯国家联盟的方案。以后，埃及随着与约旦恢复外交关系，一步步地改善了它在阿拉伯世界的处境，到两伊战争结束，埃及实际上已经瓦解了阿拉伯坚定和抵抗阵线对它的孤立和制裁。1989年5月，埃及重返阿盟，正式恢复了它在阿拉伯世界的地位。

埃及本国的政治观察家认为，穆巴拉克一直在努力寻求埃及本国利益和阿拉伯主义间的平衡。这是基于这样一个历史事实：埃及离不开阿拉伯世界，阿拉伯世界也缺不了埃及。因为，埃及的军事、经济和文化科技力量，在阿拉伯诸国中占有相当重要的分量，而支撑埃及经济的四大支柱：石油、侨汇、苏伊士运河和旅游，又都与阿拉伯世界有着密切的联系。以侨汇为例，埃及是个劳力输出国家，在阿拉伯各国中，它的人口最多，达5000多万人，文化教育水平相对比较高，到阿拉伯产油国当教师、会计师、工程师、医生等专业人员和一般劳务人员的数量，每年都很可观。海湾危机前，科威特的外籍劳工约65万人，其中约18万是埃及人；在伊拉克，埃及人占外籍劳工总人数的81%；埃及劳工在沙特的劳工市场，也要占到13.4%。埃及在1988—1989年度的侨汇收入，约为35亿美元，占它总收入的30%左右。埃及的评论文章说，穆巴拉克总统近年出访，不是第一站就是最后一站必定是阿拉伯海湾国家。事实证明，穆巴拉克政府在国际战略格局大变动的时期，已经充分注意到利用它的各种条件，如同美国、西欧保持良好关系，与以色列媾和，摆脱了战争阴影，与阿拉伯海湾国家没有领土、历史、教派等方面的纠葛，埃及的军事、人力与海湾国家的资源、财力存在互补的可能等，以大力增强它的综合国力，发挥它在中东地区的核心作用。

进入90年代以来，穆巴拉克在国际政治生活中更趋活跃。在从海湾危机、海湾战争到中东和谈的两年多时间内，埃及都明显地表现出它是阿拉伯世界的老大哥。海湾危机爆发前，伊拉克和科威特发生严重对立，互相指责，到阿盟告状。穆巴拉克曾亲赴巴格达会见萨达姆总统，试图调解、缓和双方的矛盾。1990年8月2日，伊拉克公然侵占了科威特，中东国家反应强烈。穆巴拉克紧急呼吁伊拉克放弃军事手段来解决伊科争端，敦促伊拉克尽快撤军，并努力寻求在阿拉伯世界范围内解决这场危机。8月3日，阿盟在开罗举行部长理事会会议，谴责伊拉克对科威特的侵略，但也拒绝外国对阿拉伯事务的任何干预企图。接着，在穆巴拉克的要求下，8月10日又在开罗召开了阿盟首脑紧急会议，尽管意见分歧，会议还是做出了派遣阿拉伯联合部队进驻沙特的决定。当时与会的20国中，有12国投的是赞成票，但真正执行的只有三国：埃及、叙利亚和摩洛哥。埃及不惜与伊拉克关系破裂，使1989年2月埃及、约旦、阿拉伯也门和伊拉克四国组成的阿拉伯合作委员会名存实亡，将它的150万劳工从伊科撤回，损失侨汇收入约20亿美元而采取的这种鲜明立场，反映了穆巴拉克明确的是非观念和从战略角度权衡得失的领袖意识。不过，埃及也很快得到了补偿，美国和西方国家免除了它的军事债务，海湾国家也免除了它的经济债务，总数高达200亿美元左右。海湾战争结束后，穆巴拉克又发出处理阿拉伯国家关系的九点倡议，与利比亚联袂呼吁建立阿拉伯共同市场。阿盟总部各机构全部迁回开罗，埃及外长马吉德当选为阿盟新任的秘书长，埃及再一次确立了它地区大国的地位。

　　海湾危机爆发之初，穆巴拉克的意图是想在阿拉伯大家庭内部解决伊科争端，但萨达姆却不是一个肯俯首听命于他人的总统。以后，当美国在联合国决议的旗号下，大肆活动，不断增兵海湾的时候，埃及政府对于用武力来迫使伊拉克撤军也积极配合。战后，美国在筹划海湾地区安全结构和推动马德里中东和谈的过程中，都与埃及商量，协调彼此的立场。客观地看，穆巴拉克政府对于美国精心部署的国际新秩序中埃及在中东地区角色，心中是有数的。无论是对伊拉克作战，还是推动中东和谈的召开，凡有利于提高埃及在阿拉伯世界和中东地区地位的，有利于发展它同美国和西方国家经济合作关系的，埃及均持赞同态度。但是，穆巴拉克处事表态均有个前提，那就是决不舍弃埃及的阿拉伯属性，决不轻易地做出让步。马德里和会举行前，1991年9月在开罗召开的阿盟理会会议上，埃及和各阿拉伯国一起重申："巴解是巴勒斯坦人民的唯一代表"，"巴勒斯坦人民应被给予行使自决和在巴勒斯坦土地上建立以耶路撒冷为首都的自己国家的权利"。对沙米尔政府一再设置障碍，阻挠和谈的顺利进行，穆巴拉克都严词指责，表明了埃及维护巴勒斯坦和阿拉伯国家利益的态度。美国出于保障西方在海湾地区的石油利益和势力的战略意图，设计了一个6+2的结构，即由海湾六国出钱,埃及和叙利亚两国各出6万和4万兵力,组成一支海湾维持和平部队。埃及对于作为主力进驻海湾,是乐从的。但随着形势的演变,这八国各有打算,土耳其、伊朗、也门、约旦、利比亚、毛里塔尼亚、苏丹、巴解,甚至伊拉克,对这种安全结构都表示强烈不满。埃及看到叙利亚、阿曼和沙特想把伊朗拉入海湾安全体系,又觉察到美国在研究海湾战争结束后的安排过程中对它隐瞒了情况,5月8日,在八国发表联合声明(即《大马士革宣言》)之后才两个月,即宣布全部撤回它驻科威特和沙特的军队。贝克国务卿曾去开罗力劝,穆巴拉克却坚不改口。

穆巴拉克一贯重视国防建设,他曾公开说:"发展埃及武装部队已成为阿拉伯和埃及的要求,我们应负起这种责任。"他还提出过恢复阿拉伯统一防御战略的设想,主张阿拉伯产油国出资金,加强埃及的军队建设,联合生产军事装备,加强军事实力,来抵消以色列的军事优势。[①]埃及尽管同以色列签订了和约,东线无战事,但从80年代中期起,它拥有的约50万人的军队加快了更换苏式武器的步伐,通过美国的军援获得先进武器装备,同时也向西欧、东欧和其他国家购买武器。埃及自己的军火工业发展也很快,主要是采取同西方国家合作生产和引进专利的办法提高武器的生产能力。在中东地区,埃及是第二大武器出口大国。两伊战争期间,它向伊拉克提供的军火价值高达50亿美元,还向苏丹、科威特等国销售了大批装甲输送车、反坦克导弹等。在海湾危机期间,埃及更加重视质量建军,努力使武器装备更新换代,除美国外,还向英、法订购武器,从其他渠道引进"飞毛腿"导弹、T-72坦克等装备。穆巴拉克时代的埃及,仍然是中东地区令人瞩目的阿拉伯军事大国。海湾战争后,沙特、科威特等国仍需仰仗埃及的军事实力,它们希望埃军留驻海湾。科威特的重建项目中,分给

---

① 万光、陈佩明:《变动中的埃及——来自金字塔下的报告》,世界知识出版社1985年版,第56页。

埃及的合同总额就有30亿美元左右。

埃及经过近二十年的休养生息，政治地位和军事实力都已显著提高，在冷战后的中东格局中占据着重要的地位。这与穆巴拉克因势利导的驾驭能力是分不开的。目前，困扰穆巴拉克政府的主要问题，看来还是在埃及国内，如人口急剧膨胀，人均年收入仅600多美元，债务沉重，对外部资金的依赖性严重，国防开支经常超过年度预算的五分之一，经济企业管理不善，贫富分化矛盾尖锐，伊斯兰主义的势力不断抵制或反对政府的决策，等等。穆巴拉克在新的形势下，如何妥善地处理复杂多变的中东矛盾，解决国内现代化建设面临的重重困难，将是埃及能否真正集地区军事大国、政治大国和经济大国于一身的严峻考验。

三、强硬的叙利亚

叙利亚是二次大战后最早获得独立的中东国家（1946年4月17日），也是一贯坚决反对以色列的阿拉伯国家。四十多年来，在对待以色列的关系问题上，它始终是主战派、强硬派，在处理地区冲突或阿拉伯世界内部矛盾方面，它又每每独树一帜，不同凡响。

四次中东战争，叙利亚参加了三次，是阿拉伯方面的主力之一。第一次巴勒斯坦战争，叙利亚出兵5000人，战争初期曾经陆续攻克犹太人的居民点，并抵挡住了以色列军的进攻。叙利亚是阿拉伯国家中最后与以色列举行停战谈判的，这场战争于1948年7月20日叙以签订停战协议告终。1956年埃及进行反抗英、法、以三国侵略的苏伊士运河战争期间，叙利亚虽未参战，但坚决站在埃及一边，宣布同英法断绝外交关系，全国总动员，表示愿将全部力量交由埃及支配，还切断了英国资本控制的伊拉克石油公司油管。1967年第三次中东战争爆发前，叙利亚就已经是以色列着重要打击的主要目标之一。叙以签订停战协议以来，关系一直十分紧张，以色列不断向叙利亚挑战、发动军事进攻。1967年4月间，以袭击了好几个叙利亚村庄，导致双方空战，以击落叙利亚米格–21战斗机6架，并逞凶一直追至大马士革上空。6月5日以色列向埃及发动突然袭击后，根据1966年11月埃及与叙利亚签订的防御协定，其中规定对两国中任何一国的侵略都将被认为是对另一国的侵略，叙利亚出动空军轰炸了以色列的空军基地、海法炼油厂和太巴列湖附近地区的以军阵地。以色列在6日腾出手来，对叙利亚的大马士革、达米尔等空军基地进行袭击，摧毁了叙一半左右的作战飞机，8日开始猛攻戈兰高地，叙军苦战不敌。这次战争造成叙利亚1300多名官兵伤亡，损失坦克86辆，飞机55架，战略要地戈兰高地失守被侵占。1973年，埃及发起10月战争前，首先同叙利亚进行密切磋商，两国成立了武装部队联合司令部，叙利亚总统阿萨德向萨达特明确表态："我跟你一起投入战斗。"当10月6日埃军强渡运河，摧毁以军的巴列夫防线时，叙军3个机械化步兵师、1000多辆坦克，在100架飞机、1500门火炮和20个地对空导弹营的配合、掩护下向戈兰高地发起进攻，开辟了第二战场。叙军作战勇敢，几乎全歼以军第188旅，并收回部分失地。以后，埃及暂停进攻，造成战斗间歇，使以色列得以调整部署进行反扑。对此，叙方曾强烈反对，提出尖锐指责。叙利亚在这场战争中，伤亡总人数为7300多人，与埃及相仿；武器损耗也极严重，计有飞机179架、坦克880辆、舰艇9艘。10月22日，苏美联合停火提案亦即安理会338号决议通过后，叙利亚在24日上午发表声明说，叙利亚接受安理会的决议有个基础，那就是"以色列从1967年6月以及在此以后占领的阿拉伯领土上撤走其全部军队，并且保证巴勒斯坦人民的权利"。此后，叙以战线零星战斗始终未停。直到1974年5月，在基辛格长达32天的穿梭活动中，经过反复的争论，叙以才达成脱离协议。如果拿埃、叙对以作战、谈判的态度做个比较，就会清楚地看到，叙利亚要比埃及强硬得多。萨达特打10月战争是他以战迫和战略的组成部分，旨在联美抗苏，通过与以媾和来收复失地，而阿萨德则是坚定地依靠苏联，反对美以。不同的国际背景，不同的对以战略，导致了阿拉伯世界这两大国的长期严重对立。萨达特1977年11月作耶路撒冷之行前，曾专程赴大马士革与阿萨德商谈，两人发生激烈的争吵。12月，叙利亚同利比亚、阿尔及利亚、民主也门、伊拉克、巴解组织一起开会，决定成立"阿拉伯坚定与抵抗阵线"，也叫拒绝阵线。会议称萨达特访以是"对埃及人民及其武装力量的背叛。也是对阿拉伯民族的背叛"，呼吁阿拉伯各国采取反对埃及的实际措施，停止对开罗政府的一切政治和物质援助。1978年9月，拒绝阵线国家在大马士革举行第三次首脑会议，宣布拒绝戴维营协议及其结果，要所有的阿拉伯国家"断绝同埃及政权的政治和经济关系"，委托阿萨德总统同苏联进行联系，以便"密切和加深苏联同阵线国家之间的关系"。1979年3月，阿拉伯联盟通过决议对埃及实行集体制裁，17个阿拉伯国家同埃及断绝了外交关系。在这一系列的活动中，叙利亚都充当了主要角色。

叙利亚始终坚持激进的强硬路线，原因很多，最主要的是两个。一个原因是几十年来苏联对叙的影响极深。叙利亚独立后，政变频仍，局势动荡。1954年2月阿塔西执政后，强调阿拉伯民族主义，拒绝同英美签订任何政治和军事性质的条约，主张发展与社会主义国家的关系。50年代中期，叙利亚继埃及之后成为第二个接受苏联军援的阿拉伯国家。1957年，叙由于拒绝参加英美筹划的巴格达条约组织而遭到英美政府的压制，又有来自邻国土耳其、伊拉克的威胁，于是进一步向苏联靠拢，与苏签订了经济技术合作协定，苏向叙提供了1.6亿美元的低息贷款，投资5.3亿美元帮助叙利亚修建水电、灌溉、石油和矿物勘探等工程。叙利亚因为反对"艾森豪威尔主义"受到美国的仇视，美国除在舆论上进行攻击、经济上施加压力外，还策动土耳其增兵叙土边境，试图施加武力迫使叙利亚就犯。这种帝国主义的老伎俩，遭到了叙利亚和阿拉伯国家的强烈反对，也为苏联势力向叙利亚和中东地区渗透创造了条件。1966年，叙苏签订了第二个经济技术协定和一个价值2.3亿美元的军火协定。第三次中东战争后，苏联援助的武器使叙利亚的装备大部分得到更新。1973年10月战争期间，苏联鉴于萨达特已有明显的离心倾向，拒绝向埃及提供武器，但对它倚为"盟友"的叙利亚却全力支持。从10月10日起，苏联向叙利亚实施空运计划，当天就有80多架次大型运输机载着地对空导弹、反坦克导弹和其他军用物资经东欧到达叙利亚，后又取道土耳其加速运输，在苏叙之间架起了空中桥梁。到10月31日止，苏海上补给物资6.3万吨，主要供给叙利亚。70年代后半期，埃及明显倾向美国，叙利亚感到美国主持下的埃以媾和造成了阿以双方军事上的严重失衡，叙利亚必须设法得到苏联更大规模的军事援助。1980年10月8日，叙苏签订了为期20年的友好合作条约。据不完全统计，从50年代到1980年年底，苏联向叙利亚提供的军援约为45亿美元，它派驻在叙利亚的军事专家最多时曾达3500人，平时也有2000人左右。第三次中东战争前，苏就已开始使用叙利亚的拉塔基亚和塔尔图斯海军基地了。因此，在整个冷战时期，叙利亚一直是苏联在中东地区与美国抗衡、争夺的最重要盟国。正是这种背景，使叙利亚在对以战略上始终坚持不妥协的立场。

另一个原因是叙利亚执政党的纲领方针。1947年在大马士革创立的复兴党，是一个泛阿拉伯民族主义的政党，主张"统一、自由和社会主义"，亦即所谓"阿拉伯社会主义的理论"。后逐步发展到约旦、伊拉克和黎巴嫩。1954年，复兴党与阿拉伯社会党合并，改名为阿拉伯复兴社会党。1961年又与社会党决裂，仍叫阿拉伯复兴社会党，简称复兴党。1963年，阿弗拉克等一部分老党员从叙利亚到黎巴嫩另立一派。1968年7月，复兴党夺取了伊拉克政权，阿弗拉克领导的总部由贝鲁特迁到巴格达，从此就有了两个复兴党：叙利亚复兴党和伊拉克复兴党。叙利亚复兴党1963年执政以后，号召巩固国家独立，发展民族经济，争取社会进步，但内部派别斗争严重，政局不稳。1967年战争失败后，叙复兴党内、国内不满情绪十分强烈。现在的总统、当年的国防部长阿萨德遂于1970年发起"纠正运动"掌握了政权。阿萨德自任复兴党地区领导组织的总书记。党政军大权一把抓。去年，他第四次连任总统，是中东地区20多年来的风云人物之一。阿萨德领导下的复兴党规定的目标和任务，其核心是对抗以色列，解放被占领土。对内，"调动一切进步力量为（同以色列的）战斗服务"，"加深和发展社会主义改造"；对外，强调支持巴勒斯坦革命，"发展同社会主义阵营的关系，特别是同苏联的关系"。直到1985年11月，复兴党八大决议仍强调，阿拉伯民族当前的目标是解放全部阿拉伯被占领土，继续反对戴维营协议，反对旨在部分解决和个别解决中东问题的方案，拒绝巴解组织中右派的危险倾向，在叙苏（联）友好合作条约基础上加强并发展同苏联的友好合作关系，等等。由此可见，复兴党作为叙利亚的执政党，指导方针始终如一，它直接决定了叙利亚的国策，使叙利亚成为阿拉伯世界强硬派的代表，坚持要同以色列作军事抗衡的重要力量。

叙利亚在地区的其他冲突中，所采取的态度也往往不同于大多数的阿拉伯国家。比较典型的有两例。一是黎巴嫩1975年爆发内战以后，叙利亚立即插手，先是支持穆斯林和巴勒斯坦武装对付长枪党，当黎穆斯林和巴勒斯坦武装控制了全国70%的地区时，叙又直接派兵干预，支持基督教马龙派。以后埃以开始和谈，叙恢复与巴解和黎穆斯林的关系，联合巴解抵制萨达特的和平主动行动。1987年，长枪党民兵渗入到叙部队控制的贝卡谷地，与叙军展开激战。以色列出兵支持长枪党，叙利亚一面增兵，一面部署导弹对付以色列空军，形成了叙以之间的"导弹危机"。1982年，以色列大举侵犯黎巴嫩南部，迫使巴解组织撤离贝鲁特西区。该年底，美国开始撮合黎以谈判，到1983年5月达成黎以撤军协议，但遭到叙利亚和巴解组织的坚决反对。几乎同时，叙又支持法塔赫内部反对阿拉法特的阿布·穆萨武装力量，逼迫阿拉法特的部队撤离贝卡谷地，由叙军接管巴解撤出的阵地。以后，叙和法塔赫反对派又同阿拉法特在黎北部地区的部队发生冲突，使阿拉法特最后只得率众全部撤离黎巴嫩。叙利亚不仅在黎巴嫩驻有大量部队，而且培植和支持各派中的亲叙力量，如基督教"黎巴嫩力量"中的胡贝卡一派、巨人派，穆斯林民兵中的"阿迈勒运动"，以及"红骑兵"、"阿拉伯骑士"、"阿拉伯青年组织"、"国家社会党民兵"等组织。叙利亚对黎巴嫩事务的卷入如此之深，是因为它一直强调叙黎"有着历史上的不可分割性"，不承认黎是个独立国家，长期不在贝鲁特设立使馆。迄今为止，叙仍然要求保持与黎的"特殊关系"，实际上是视黎为禁脔，增加自己在中东问题上的发言权。

再举另一个例子。叙利亚是一个高举阿拉伯民族主义旗帜的国家，但在两伊战争中，却是支持伊朗最坚定的阿拉伯国家。叙利亚指责伊拉克首先发动战争，它在战争中向伊朗提供大批苏制武器，还关闭了伊拉克经叙领土通往地中海港口的输油管道。两国因为这场战争而中断了外交关系。其原因，是叙利亚和伊拉克的执政党，分属阿拉伯复兴社会党的两个派别，长期敌对；宗教上虽然两国都信奉伊斯兰教，但伊拉克是逊尼派掌权，叙利亚则由什叶派的阿拉维派执政。

叙利亚在冷战时期的主要政策走向，都说明它也有在中东地区争雄的强烈意识。大马士革曾经是倭马亚朝的政治、军事、经济、文化中心，叙利亚是地中海东岸文明起源最早的地区之一，占据着重要的地理位置。只是在近现代，它先是处于奥斯曼帝国的管辖下，一次大战后由法国"委任统治"，被分成几个地区实行分而治之，二战中又有法、英军进驻。叙利亚为争取独立，与殖民统治进行了不屈不挠的斗争。然而，长期的外来统治给叙利亚遗留下来的政治、经济和军事问题，是既复杂而又艰难。在阿拉伯民族主义潮流盛行之时，叙利亚50年代曾有与伊拉克联合的设想和与埃及合并的行动。阿拉伯联合共和国能够在1958年2月建立，是叙利亚向纳赛尔总统提议的。随着时间的推移，叙利亚的国家利益和叙利亚人的民族自尊与埃及的大国作风发生了严重抵触和冲突。1961年9月，阿联解体。复兴党上台执政后，从意识形态到实际行为，基本上都集中在强化国家机器上。在阿拉伯阵营内部，叙利亚也始终用一种与众不同的强硬声音说话。当埃及走上单独与以色列媾和的道路后，叙利亚更是迅即以一种阿拉伯左派领袖的姿态出现。就是在海湾战争结束后的今天，叙利亚仍然非常突出它的本国利益，竭力提高它在中东地区的地位。

海湾危机一发生，叙利亚的态度非常鲜明。它建议召开阿拉伯首脑会议，并派兵进驻沙特，参加多国部队对伊作战。这并不令人感到意外，因为叙利亚与伊拉克一直有复兴党领导权之争，对于幼发拉底河河水的分配、伊拉克石油在叙利亚过境等问题上，历来也有分歧。同时，随着苏联的解体，叙利亚失去了一个重要的支持者。它长期与美国、以色列对立，又因反对约巴协议、公开插手黎巴嫩内战，同大多数的阿拉伯国家都搞僵了关系。为了改变自己在政治、外交、经济上的被动困境，它必须调整政策，改善与美国、西欧以及阿拉伯产油国的关系。海湾危机为它提供了一个契机，它是颇有所得的。由于出兵参战，沙特向它无偿提供了25亿美元，使它能够从苏联、朝鲜、捷克等国家购入作战飞机、改进型"飞毛腿"导弹和坦克等武器，加强武器装备。趁着全世界的注意力都集中在海湾危机，叙利亚于1990年10月13出动飞机、坦克，迅速迫使黎巴嫩基督教强硬派领袖、前政府军司令奥恩投降。1992年5月，叙黎签订了特殊关系条约，叙承认黎是独立的主权国家，但通过有关政治、经济、军事的具体条款，实际上控制了黎巴嫩。美国对叙的态度有很大转变。在组建反对伊拉克的多国部队的过程中，美国曾主动与它两年前还认为是国际恐怖主义庇护者的叙利亚磋商；战后，美国又积极拉叙参加它设计的6＋2海湾安全结构，从而促进了叙利亚与埃及、海湾阿拉伯国家的接近，在一定程度上，改善了叙利亚的国际形象。

现在，人们关注的是，阿以和谈中占据举足轻重地位的叙利亚是否可能与以色列和解。阿以和谈实际上是三组对话：以色列与约旦和巴勒斯坦联合代表团，以色列与黎巴嫩，以色列与叙利亚。由于黎巴嫩持与叙利亚同进退的立场，叙利亚的作用就更加突出了。它又是目前唯一能够在军事上与以色列颉颃的阿拉伯国家：叙利亚总人口为

1240万，兵力约40万人，作战飞机650多架、坦克4000辆；以色列460万人，兵力为14万人，作战飞机730架，坦克约4300辆。数量上双方虽有差距，但在军队素质、装备质量方面，叙显然不及以。叙利亚是以色列的宿敌，它的戈兰高地至今仍被以色列占领着，而以色列对叙猜忌也很深，双方互不信任。中东和会一开幕，争执最激烈的就是这两家。深入一点看，叙以的会谈可谓关系重大，因为叙以如能和解，阿拉伯抗以阵线就等于解体了，这无疑是决定阿以冲突前途的大事。双方的焦点是以色列先从戈兰高地撤军，还是叙以先签和平条约，然后再谈撤军问题。实际上，从现代战争的手段看一块高地，它的军事意义毕竟有限。叙利亚坚持收回高地是维护国家主权和民族尊严的原则问题，以色列占领戈兰高地不撤或不全撤，牵涉到它的整个安全战略，牵涉到它对耶路撒冷、约旦河西岸、加沙地带所谓的"历史权利"，以及今后这块地区水资源的分配问题。双方都不会轻易让步。再说，长期坚持维护巴勒斯坦人民权利的叙利亚政府，如果在以巴谈判还没有取得任何进展的情况下，就率先与以色列签订和约，肯定会遭到阿拉伯民族主义和伊斯兰激进势力的强烈反对，也违背了复兴党八大的决议精神。它本身难以自圆其说。此外，它长期的盟友伊朗，始终反对中东和会，反对与以色列妥协，叙不能不考虑它的态度。由此可见，叙利亚至少眼下还不会在对以战略上做出戏剧性的变化，它不把与以谈判的大门关死，意在进一步改善与美国和西方的关系，顺应阿拉伯大多数国家盼望和平的心理。它在反复地权衡利弊得失，以最大限度地实现自己的国家利益。

叙利亚的经济状况，在阿拉伯国家中，属中等偏下水平。它在50年代和60年代主要发展纺织、食品、肥皂、火柴等基本消费品工业，也有玻璃、水泥等工业，依赖棉花等初级产品出口换取外汇，进口国内所需要的原材料和设备。60年代中期，政府强调发展重工业，成为一个内向型的进口替代工业国家。1968年，叙利亚具备了商业性产油能力，年产量为103万吨，到1973年增至554万吨。70年代，阿萨德总统实行比较开放的政策,与美国恢复了中断七年之久的外交关系,加强与西方的经济联系,吸引外国投资,积极争取阿拉伯产油国的赠款和援助,并基本停止了国有化的措施,使民族资本活跃起来,同时油、气出口收入增加,国民生产的年增长率一直在10%以上,经济有较大发展。但是,80年代以来,国家军事开支庞大,要占到年度财政预算的30%—40%,加上国际石油市场疲软,国内农业歉收,进口替代工业过分受到保护,缺乏竞争环境,效益提高不快等原因,国民生产的年增长率仅为0.5%左右。冷战时代结束以后,叙利亚虽然表现出有调整经济政策的愿望,打算理顺利率、汇率和商品劳务价格体系,鼓励外来投资,放宽对外贸易方面的限制,减少保护,为市场经济和外向型经济的发展创造有利的条件,但是,形势十分严峻,国内的阶级矛盾和教派矛盾仍在交织上升,制约着经济调整的步伐。美欧等西方国家对阿萨德政权始终心存疑虑,不会投入多少资金,海湾产油国也今非昔比,它们囊中羞涩,本身还在举借外债,原来海湾六国和埃叙在海湾战争后商定的100亿美元的地区发展基金,至今还未落实,叙利亚能否如愿振兴经济,还很成问题。

叙利亚长期依靠苏联,坚持强硬的政治路线,坚持扩充军备增加自己的实力,直到海湾战争期间,它还从苏联购进坦克、多用途战斗机、预警雷达、指挥和控制系统等大量军事装备,充当着与以色列作军事对抗的主角。但从综合国力来看,它并不拥有单独与以抗衡的实力。叙利亚的对外政策虽有一些变化,不过,无论是内在的还是外部的因素,似乎都还不足以改变它谋求地区大国地位的战略目标。叙利亚将仍然是中东地缘政治格局中一支不可忽视的力量。

四、卡扎菲及其世界第三理论

二战结束后的1951年12月24日,利比亚人民经过四十年的斗争,获得了独立,成立了利比亚联合王国。但是,利比亚引起国际社会重视的,不是它的伊德里斯·塞努西国王,而是领导1969年9月1日革命的卡扎菲。在众多的中东国家中,利比亚的国名最长,叫"阿拉伯利比亚人民社会主义民众国";领导人的头衔也最特别,卡扎菲既不是总统,也非主席,而称为"革命领导人",或者"上校兄弟"。利比亚近二十多年来,能锋芒毕露地跨入中东政治舞台,成为一个引人瞩目的角色,主要靠两点,一是它的石油,一是这位穆阿迈尔·卡扎菲。

利比亚国土辽阔,除地中海沿岸外,境内99%是沙漠和半沙漠。长期来,经济落后,主要收入来源是农牧业和小商贸,政府财政依赖英美在利的军事基地支付的租金和援助维持。利由于战略地位重要,独立后与英、法、意、土、美等国的关系一直很密切。50年代末,利比亚发现了大油田,1961年开始产油。1963年起,依靠迅速发展的石油工业,外贸收入开始出现顺差。到1971年,利比亚已探明的石油储量达280亿桶,石油年产量为1.52亿吨,跃居世界第七位。在70年代中东产油国对外国石油公司的斗争和10月战争期间发动的石油斗争中,利比亚先是将一部分石油开采国有化,与海湾产油国提高原油标价70%同步,将轻质原油标价提高了一倍,后又于1974年2月—3月,陆续把德士古海外石油公司、加利福尼亚亚细亚石油公司、利比亚美国石油公司的全部财产,以及壳牌石油公司在利比亚经营的股权收归国有。这些措施使利比亚拥有的黄金和外汇储备不断增加。到80年代,这个人口仅为350万左右的北非产油国,人均国民年收入已达8000多美元,成为纯劳力进口国。凭借雄厚的石油资本,它与沙特、科威特等一起,组成了阿拉伯国家中最大资本输出国。这种经济实力,是每个中东国家都不敢忽视的重要因素。即使卡扎菲有些离奇的行动,如他不经通知就去见纳赛尔,纳赛尔听到消息时,卡扎菲的飞机已经在开罗上空盘旋;又如哈菲兹·阿萨德推翻了他的复兴党对手成为叙利亚总统时,卡扎菲乘喷气式飞机到大马士革去拜访,留下一张1000万美元的支票,表示他对这位新领袖的赞赏等做法,各国也都忍受下来。

卡扎菲从小在部落的帐篷里长大，身上有很深的沙漠游牧民烙印。他在念中学的时间，受到苏伊士运河被埃及收归国有，阿尔及利亚为独立而战斗，伊拉克君主制被推翻等阿拉伯民族解放运动的巨大影响。纳赛尔成了他心目中最崇拜的英雄，他熟记纳赛尔的演讲，组织同学进行支持纳赛尔的游行。中学毕业后，他考入利比亚大学。1963年毕业后又入班加西军事学院学习。这期间，他效法纳赛尔，在同班同学中组织也叫"自由军官"的秘密社团，计划推翻王朝政权。1965年毕业后，任少尉军官，第二年被派往英国军事学院学习无线电密码通讯技术半年，回国后在通讯兵部队服役。1969年他发动军事政变前，已是上尉，信号兵团的代理副官。

卡扎菲的革命成功后，立即得到了纳赛尔的支持。纳赛尔下令，让埃及船只在利比亚沿海的公海上巡逻，陆军提供一支迅速行动的军队，在马特鲁港集团集结待命，一有需要，就出动保卫利比亚的革命。纳赛尔多次对卡扎菲说："穆阿迈尔，你使我想起了我年轻的时候。"在纳赛尔去世以后，卡扎菲认为应由他来填补阿拉伯世界领袖的空缺。他讲起话来，给人的印象，从手势、动作到用词都酷似已故的埃及纳赛尔总统。

卡扎菲是一位虔诚的穆斯林，不抽烟、不喝酒、严格地遵守伊斯兰教的教义，憎恨他视作邪恶的西方腐朽文化。他执政后，立即禁绝烈性酒，关闭妓院、跳肚皮舞的夜总会和欧式娱乐场所。他喜欢骑马和过兵营生活，常住在不断改换的帐篷里，还喜欢在沙漠里漫步，去沉思默想。

卡扎菲上台执政的时候，正值利比亚靠着石油美元暴发的初期，一方面社会上贪污腐化的现象严重，首都的黎波里充斥着殖民地港口的荒淫气氛；另一方面，全国文盲高达80%，传统的以农牧民为主的社会结构与现代商业文化生活方式格格不入，形成了利比亚现代化道路上的巨大障碍。卡扎菲实际上代表了占人口比率一半以上的年轻人的改革要求，他急切地要让利比亚跻身于阿拉伯阵营的前列。

卡扎菲的雄心壮志，是要在利比亚乃至整个阿拉伯世界建设一个在最基本的意义上来说是现代化的、繁荣的、社会主义的和伊斯兰的国家。泛阿拉伯主义是他的信条，伊斯兰教是他的固定观念。他在1973年提出了"既反对共产主义又反对资本主义"的"世界第三理论"，并发动"文化革命"和"人民革命"，对国家政治体制进行改革，对外积极宣传，试图把他的理论推广到海湾至大西洋的阿拉伯世界、第三世界乃至整个世界。1977年，他宣布解散革命指挥委员会，成立总人民代表大会总秘书处，把原来的阿拉伯利比亚共和国，更改为"民众国"。1979年，他进一步放弃总秘书等一切行政职务，专门从事革命活动，成为凌驾在国家之上的"革命领袖"。

卡扎菲为了宣传世界第三理论，专门出版了《绿皮书》和《绿皮书解释》（2卷）。《绿皮书》一共三章：民主问题的解决办法——人民政权，经济问题的解决办法——社会主义，世界第三理论的社会基础。卡扎菲解释说："世界第三理论以宗教和民族主义为依据，任何一种宗教，任何一种民族主义……这两个因素是历史的两股基本动力。"他认为，"整个人类都能受益于伊斯兰教的实践"，也只有伊斯兰教才能引向社会主义。他强调四个圈：阿拉伯世界、非洲、伊斯兰世界、全世界。利比亚是这四个圈的中心，而他，则是主张阿拉伯统一的新一代发言人。

卡扎菲的第三理论并非只是说说而已，而是身体力行，积极实施推行。

为了实现卡扎菲所声称的与伊斯兰教义相联系的社会主义，利比亚将私人和外国人经营的工厂企业、石油公司、铁路、保险公司等基本上都收归国有，不仅驱逐了还居留在利比亚的2500名意大利殖民者后裔，而且收回了意大利人在利比亚的全部地产。他尽力改善利比亚人民的生活，使国内的政局保持稳定。随着石油财富的不断增加，到80年代中期，年国民总收入已高达250亿美元，利比亚开始贯彻福利国家政策，实行免费教育、医疗、提供住房等措施，成为非洲令人眼红的富国。同时，卡扎菲全力以赴地开展对外活动，成为中东政治生活中极其引人注目的人物之一。

卡扎菲反对外国势力和以色列的立场是一贯的。革命成功后不久，利比亚就宣布收回英国在托卜鲁克和阿德姆的军事基地、美国在黎波里附近的惠勒斯空军基地，要求撤走这些基地上的军事设施，路标、公文、官方刊物只允许使用阿拉伯文，甚至外国人的护照也得用阿拉伯文注明个人情况才准入境。1972年，利比亚废除了伊德里斯王朝与美国签订的军事、经济技术合作等九项协议。他毫不掩饰对苏联的反感，称之为"帝国主义国家"，但在与西方关系普遍交恶的情况下，卡扎菲要扩充军备，又很注意与苏联保持国家的友好关系。1974—1978年，利比亚引进的苏联武器价值达50亿美元，包括2000辆坦克、战斗机、轰炸机和防空导弹等。80年代，又从苏进口了价值100多亿美元的武器装备。苏联还向利派去一批军事技术人员，1986年时多达2000多名。至于对以色列的态度，卡扎菲则绝不妥协。他要求阿拉伯国家派"前赴后继的敢死队"去同以色列作战，要求这场战斗泛阿拉伯化，鼓励阿拉伯各国政府积聚它们的军事力量，拿出2000架飞机、5000辆坦克和200万军队在一次最后的决定性打击中消灭这个犹太复国主义国家。他甚至在国内规定向每个利比亚人的薪金征收8%的圣战捐。他说："巴勒斯坦属于我们大家。我也反对任何一个巴勒斯坦人说，他对巴勒斯坦比我更热忱、更忠诚、更积极。"他深信，一旦以色列完全被孤立，问题本身就会解决。还认为，没有一种伊斯兰热情的再生，阿拉伯人永远也不可能征服以色列。

应当指出，从民族主义和宗教角度来分析、看待国际问题，是许多中东国家领导人共同具有的特点，只是，卡扎菲是其中最激进最典型的一位领导人。他既有纳赛尔早期的冲动：要把以色列从地球上抹掉，又有霍梅尼同样的热情：要向全世界输出伊斯兰革命。

卡扎菲一心要建立一个强大而独立的利比亚，领导整个团结起来的阿拉伯世界，不受外国压力的影响，致力于最终战胜以色列。为此，他在上台后不久的1969年12月,就与埃及、苏丹签署《的黎波里统一条约》,宣布建立三国联盟。后苏丹退出,叙利亚决定加入。1971年4月,埃、叙、利三国宣布将成立阿拉伯共和国联邦,但在关键的为巴勒斯坦作战的问题上,三国的政治态度和外交态度迥然不同。利比亚离前线最远,主战却最激烈,埃叙两国根本无法与之协调。1972年8月,卡扎菲与萨达特决定成立完全的联盟。以后,埃利因有边界冲突,萨达特又采取和平主动行动,利遂与埃断绝外交关系,并发起对埃实行制裁。1974年1月8日,卡扎菲说服突尼斯布尔吉巴总统,达成两国合并为阿拉伯伊斯兰共和国的协议,但仅隔四天,两国便反目成仇。1980年9月,卡扎菲要求利比亚与叙利亚合并,但阿萨德虚与委蛇,不了了之。1984年8月,卡扎菲与摩洛哥哈桑国王二世签署了结成国家联盟的条约,1986年8月,两国关系恶化,联盟解体。1989年2月17日,阿尔及利亚、摩洛哥、突尼斯、毛里塔尼亚和利比亚宣布成立阿拉伯马格里布联盟。这时,各国已有多次失败的教训,故比较冷静,联盟的宗旨是在尊重成员国政治、经济和社会制度的基础上,充分协调各方面的政策、立场,扩大五国间的有效合作,并同其他地区组织和集团合作,优先实现经济一体化,最终实现阿拉伯统一。成立这个联盟的本意,是适应国际形势的变化,增强应付外来各种挑战的能力。但五国之间客观上存在着各种问题,如边界纠纷、教派矛盾、经济发展不平衡、政治制度的差异等。目前,联盟内部互相间的商品出口量还不到总出口量的2.2%,彼此进口也只占总进口量的5%,所幸者,这个联盟迄今尚在,还在经受时间的考验。

早在70年代初期,卡扎菲就当众说过:"普鲁士人统一了德意志,皮埃蒙特统一了意大利,我觉得,我们这个小小的共和国也将扮演这样的角色,统一整个阿拉伯民族。"近二十多年来,卡扎菲在阿拉伯世界的分化组合中,一直是一个十分活跃的人物,但阿拉伯各国的政治体制、经济发展水平和意识形态等方面的差异性超过了它们的同一性,卡扎菲的领袖欲实在难以实现。

利比亚不是一个与以色列对阵的前线国家，卡扎菲上台时，前三次中东战争已经结束。他对阿以冲突，一向主战反和。在萨达特、阿萨德发起的1973年10月战争期间，他表示"愿向埃叙提供任何需要的东西"，还派兵参加了战斗。但他对后来的埃以媾和则持坚决反对的态度。由于萨达特1977年11月访问以色列，利比亚当即宣布不再承认埃及政府，并在首都的黎波里，举行了大规模的抗议游行。12月初在的黎波里成立拒绝阵线时，利比亚是核心成员之一。80年代中东形势发生变化，沙特提出了和平解决中东问题的八点建议，利比亚与叙利亚、伊拉克一起表示反对；1982年9月在摩洛哥非斯举行第十二届阿拉伯首脑会议，通过了阿拉伯中东和平方案，即非斯方案，只有利比亚连会议都不愿出席。1985年，约旦和巴解组织为促进中东和谈形势的进一步发展，签订了约巴协议，利比亚反对，认为是扼杀巴勒斯坦事业。1986年7月下旬，以色列总理佩雷斯访问摩洛哥，与哈桑二世国王举行会谈，讨论巴勒斯坦问题。卡扎菲发表声明称，"这是一次严重违背摩利联盟条约的事件"，两国关系随即恶化，这个阿拉伯非洲国家联盟雏形终于解体。

卡扎菲的对外政策常让人感到不可捉摸。他执政初期，通过向非洲的乌干达、尼日尔、马里、布隆迪等国家提供援助，使它们与以色列断交。利比亚1973年出兵占领了乍得奥祖地区11万平方公里的土地，插手1983年乍得内战，同法国、美国对抗。卡扎菲还公开向爱尔兰共和军提供军火，用于打击英国军队。两伊战争中，他支持伊朗，1980年10月9日，他致电沙特等海湾国家元首说："伊斯兰的职责规定，我们应当与伊朗的穆斯林结盟，而不是替美国打他们。"利比亚是向伊朗提供苏制武器的主要国家之一。为此，伊拉克在第二天就宣布与利比亚断交。海湾危机爆发后的1990年8月3日，阿盟在开罗举行部长理事会会议，谴责伊拉克对科威特的侵略，利比亚不出席会议。8月10日阿盟首脑紧急会议做出谴责伊拉克的决议，利比亚和巴解组织投反对票。海湾战争期间，卡扎菲多次在国内的群众大会上发表演说，要动员千百万兄弟到海湾去与美国作殊死战斗。卡扎菲树敌甚多，特别是他坚持仇视以美国为首的西方，又积极扩充军备，与苏联保持着密切的双边军事关系，美国军政当局曾多次密商，要拔除他们心目中这颗眼中钉。

1986年3月—4月，美国接连向利比亚发起突然袭击，导致了美利直接冲突。美国的藉口有两条，一是1973年10月9日，卡扎菲宣布锡尔特湾为利比亚的领海，北纬32°30'为"死亡线"。对此，美国不仅不予承认，反而在该水域北面多次举行第六舰队的军事演习。1981年，美战斗机在锡尔特湾击落2架利比亚军用飞机，两国关系更加恶化。1986年1月25日，卡扎菲说："要沿着死亡线，同美国舰队较量一番。"利比亚的海军侦查艇离开米苏腊塔港，驶向班加西，故意耀武扬威，这就给美国提供了一个口实。美指责利比亚违反国际法，扬言要予以惩戒。另一条理由是美国断定1985年12月27日以色列航空公司驻罗马和维也纳机场办事处同时遭到武装分子袭击，19名旅客被害事件是利比亚策划的，里根政府宣布，要对肇事者进行最严厉的惩罚。1986年3月24日，美国3艘舰只进入卡扎菲宣布的"死亡线"，2架舰载机有意越过"死亡线"飞行，利比亚发射7枚导弹却无一命中。当晚，美国便正式袭击利比亚的舰只和防空导弹基地。利比亚损失舰艇4艘，"萨姆"-5型防空导弹基地主要设施被炸。美国第六舰队于第四天即3月27日宣布结束"军事演习"。3月28日，利比亚举行庆祝胜利集会，卡扎菲宣布，交战结果，利比亚取得全胜，击落美国军用飞机3架。在胜利集会达到高峰时，一头用漆写有里根字样的牛被拖出来，被愤怒的人群割断喉管，人们一面跳，一面高呼："卡扎菲！卡扎菲！"接着，传出情报，利比亚准备炸掉美国在海外的使馆、总领事馆、企业的事务所、第六舰队司令部、军官宿舍、俱乐部等35处设施，居住在巴黎、日内瓦、贝尔格莱德、罗马、柏林和马德里的利比亚工作人员，接到杀害美驻贝鲁特使馆官员的指令……卡扎菲在4月9日宣称："如果美国侵略利比亚，我们就来个暴力升级，在世界各地袭击美国的军事和非军事目标。"11日又警告说："我们已把欧洲南部的所有城市都列入我们的反击计划。"利比亚召集高级军官会议，作军事上的安排，摆开了与美国作军事对抗的架势。促成美国第二次空袭利比亚的是4月5日西柏林一家迪斯科夜总会被炸，死2人（其中一名是美国陆军中士），伤155人（其中美国士兵44名）。经过调查，美国驻西德大使宣称已掌握利比亚介入的确切证据，美国总统终于批准对利实施空袭的方案。利比亚当地时间15日凌晨2时，美海、空军集结起150多架飞机，出动5个小组编队共33架F-111型战斗轰炸机和A-6型强击机，袭击的黎波里和班加西的五个目标，11分钟共投下约100吨炸弹，炸毁利飞机14架，卡扎菲的住宅和主要办公大楼遭到严重破坏，利方死100余人，伤600余人。卡扎菲因调换住处幸免于难，但他的养女被炸死，2个儿子被炸伤。美国藉口反对国际恐怖主义，两次对利比亚进行空袭，实际上是里根政府在全球推行"低烈度战略"的一部分，目的是以打促变，一心除掉卡扎菲政权，打击苏联在地中海和中东的势力，恢复和扩大美国在这一地区的影响。当时配合美国行动的西方国家，只有英国撒切尔夫人，她同意美国飞机使用英国基地。法国表示反对，德、意、西等国态度都很消极。作为超级大国的苏联，表面上强烈谴责美国的"强盗行径"，行动上却十分谨慎，尽力避免军事上直接卷入。美国袭击利比亚，在美国国内效果较为明显，对里根总统的支持率达到了76%，但国际上坚决支持美国的仅英国、以色列和南非，欧洲各国一般持批评态度，西柏林、维也纳、罗马、马德里还发生了反对美国军事行动的示威游行。中东国家中，与利比亚友好的叙利亚、伊朗不用说，就是一般认为是亲西方的埃及、沙特、约旦等国，也都批评了美国的袭击。石油输出国组织15日聚会日内瓦，通过一项谴责袭击的决议。因此，美国以暴力对暴力，既未能铲除它深恶痛绝的卡扎菲政权，也没有达到消除国际恐怖主义的目的，结果只是导致恐怖活动的升级，造成恶性循环。美国袭击利比亚后，在伦敦机场、喀土穆、贝鲁特等地，又发生了恐怖活动和恐怖未遂事件。美国因抓不到涉及利比亚的直接证据，也不想使同卡扎菲的报复混战升级，参谋长联席会议所制订的第二次袭击计划，后来没有实施。

美国在赢得海湾战争的胜利后，开始全力以赴地策划安排它在中东地区新秩序。鉴于卡扎菲对美国的中东政策从来不合作，而且已经形成了一支可观的军事力量：利比亚拥有陆军现役军人8.5万人，预备役4万人，民兵5.5万人，42个坦克营、48个机械化步兵营、53个炮兵营、14个防空炮兵营和7个地对地导弹旅，海军8000人，有潜艇、护卫舰、巡逻艇、布雷舰、两栖船等约80艘，空军2.2万人，约450架作战飞机和武装直升机。美国把卡扎菲政权视为心腹大患。在科威特、沙特、阿联酋等海湾国家的经济都被战争压得喘不过气来的时候，利比亚则安然无恙，日产石油仍有150万桶，1990年的石油收入高达127亿美元，成为中东地区未伤元气的富国。有的国家希望得到它的援助，有的把从科威特、伊拉克撤出的劳务人员转到了利比亚境内，利比亚与阿拉伯各国的关系反倒有了一定程度的改善。美国不愿在它设计的中东秩序的形成过程中，再让卡扎菲来跟它唱对台戏。于是，1991年11月，美、英、法三国突然接连宣布，1988年12月21日泛美航空公司103航班从伦敦飞往纽约途中在洛克比上空爆炸，造成270人死亡的事件，和1989年9月19日法国联合航空运输公司772航班在尼日尔上空爆炸，机上71人全部遇难的事件，均系利比亚情报人员所为，要求利比亚逮捕涉嫌人员，送交美英两国审判和引渡给法国。这仍然是指控利比亚为国际恐怖活动的大本营。接着，美、英、法三国1992年1月21日在联合国安理会上通过731号决议，要求利比亚对上述两案提供合作，后又在3月31日通过安理会748号决议，决定对利比亚进行制裁。利比亚对美国的这次发难，始终采取断然否认，拒不交出涉嫌人员的态度。卡扎菲一面扬言要把油田烧光，要全世界的穆斯林击起战鼓，紧密团结，磨利尖刀，准备对抗基督教十字军掀起的战争；一面又尽力拖延，时而说利比亚的法律不允许把嫌疑犯交给苏格兰或美国，时而又说要交给阿盟、马耳他、联合国秘书长，等等。实行制裁的最后期限4月15日过去后，利比亚仍无意执行联合国安理会的决议。从阿拉伯和中东国家的态度看，虽然各国不公开违背联合国的决议，但实际上，它们大都同情或不愿得罪利比亚。在萨达姆仍掌握着伊拉克的权柄，中东和谈还未取得实质性进展的情况下，美国是否会对利比亚采取进一步政治、经济、外交甚至军事手段围剿，最终搞掉卡扎菲，很值得怀疑。根据国际法的自卫原则，需要具体出示证明恐怖活动的证据，报复攻击也只限定在与威胁相同的程度，这样，军事行动才有理论根据，也才合法。再说，目前，美国要从中东国家中拉起一支以反对卡扎菲的多国部队，也根本没有可能。

卡扎菲执掌的利比亚政权，代表了阿拉伯阵营中最激进的力量。它以独特的世界第三理论相标榜，有财力也有一定的军事实力，在中东政治舞台上，不甘居人之下，更不肯对西方国家俯首帖耳，唯命是从。眼下，利比亚在强大的国际制裁压力下，不得不做出一些让步，如今年5月发表声明说，利比亚将断绝同参加国际恐怖活动的所有组织的关系，并把那些与这类行动有牵连的人驱逐出境；7月中旬又宣布拆除著名的国际恐怖分子阿布·尼达尔在利境内的训练营。然而，卡扎菲在国内有强大的保安力量，他受到自己的部族和其他部族的支持，反对派各组织的力量相对较弱；他的泛阿拉伯民族主义和保卫伊斯兰的主张，在中东又很容易引起广泛的共鸣，而且卡扎菲自海湾战争以来，一直与埃及、伊朗、叙利亚、伊拉克这些中东大国保持着良好的关系，美国如要对利比亚进行"外科手术式"的袭击，只会激起中东国家的愤怒和反对，效果适得其反。而只要卡扎菲仍在掌权，仍在活动，就会对美国独自主宰中东，精心安排它设计的新秩序的战略意图构成障碍。超级大国与地区强国之间的这种矛盾，在冷战时代结束后，势将进一步发展，这是非常值得重视的。

> > > > > 中东研究管见 > > > >

方兴未艾的伊斯兰运动

中东是伊斯兰教的发祥地。在漫长的历史岁月中,穆斯林在中东和亚、非、欧各地创造了丰富而又灿烂的文明。伊斯兰最鼎盛的时期,是奥斯曼帝国苏莱曼一世在位时代。那时,他征服了大半个匈牙利,对维也纳进行围攻,占领了罗得岛。奥斯曼人的版图,从多瑙河上的布达佩斯连绵到尼罗河第一瀑布。① 帝国的素丹兼哈里发统治下的人民,有阿拉伯人、柏柏尔人、库尔德人、亚美尼亚人、斯拉夫人、希腊人、阿尔巴尼亚人和土耳其人等民族集团,他们的语言文字、风俗习惯各不相同,奥斯曼人用宝剑把他们结合起来,用伊斯兰教作为精神纽带把他们维系在一起。但是,随着政权走向腐败,经济凋敝,封建分立和内讧愈演愈烈,到18世纪,奥斯曼帝国的权力、尊严、威信迅速衰落,外来的法、英、奥、俄势力开始盯着这个庞大帝国的财产,展开了掠夺、肢解的战争,奥斯曼帝国走上了漫长而曲折的下坡路,最终是分崩离析。中东这个伊斯兰教的摇篮和最坚强的根据地,怎样才能摆脱帝国的腐朽统治,免遭外来势力蹂躏的厄运呢?穆斯林们在没有强大的陆军、海军和科学技术的情况下,最有效的武器就是宗教。伊斯兰教曾使他们崛起、强盛、繁荣,现在也将拯救他们,重新得到解放,赢得胜利和光荣。18世纪中叶,穆罕默德·伊本·阿卜

---

① [美]希提:《阿拉伯通史》,下册,马坚译,商务印书馆1979年版,下册,第852—853页。

杜·瓦哈卜（1703—1792）创立的一神论应运而生。他与他的弟子们认为，阿拉伯内地盛行的对圣徒、圣墓甚至精灵、岩石、井泉之类的崇拜和举行的仪式，是伊斯兰教信徒堕落的现象，是含有多神教味道的异端。他们主张清除一切异端邪说，恢复最接近于罕百里派的原始伊斯兰教和戒律。他们形成的瓦哈比派，是一个严格的伊斯兰教复兴运动，以先知穆罕默德和《古兰经》所规定的正统派的理论和实践，团结阿拉伯半岛各部族，驱除异教徒和非正统穆斯林的土耳其人。以后，伊本·阿卜杜·瓦哈卜与沙特家族相联合，经过多年的征战，逐步建立起了瓦哈比派的国家——沙特王国。

这个成功的范例，对处在贫穷、落后、衰弱地位的中东各伊斯兰国家的人民是一个启迪，更是一种鼓舞。以后，中东地区掀起的反殖民主义和腐败政权的运动和起义，几乎都以伊斯兰教相号召，如利比亚塞努西（1791—1859）创立的伊斯兰教团，主张恢复伊斯兰教早期的纯洁性，不承认土耳其素丹的哈里发地位，反对盲目接受西方影响，提倡圣战；阿尔及利亚阿卜杜·卡迪尔（1808—1883）领导了反法斗争，他自称"信徒之君"，被人民视为北非伊斯兰教的救星；苏丹爆发的马赫迪全民大起义，领导人穆罕默德·艾哈迈德（1840—1885）自称是真主派来拯救世人的"马赫迪"（救世主），现在的穆斯林社会已背离了真主所指引的道路，他号召人们起来同邪恶势力做斗争，进行推翻外来统治的圣战。从19世纪末到20世纪初的哲马鲁丁·阿富汗尼（1839—1897）及其弟子穆罕默德·阿卜杜胡（1849—1905）宣传的泛伊斯兰主义来看，前者偏重强调政治革命，后者鼓吹宗教觉醒，但都主张伊斯兰教与社会改革相结合，革除毒害信仰的迷信和异端，改变穆斯林社会的落后状况，以对抗西方基督教国家对伊斯兰世界的入侵。即使在20世纪中叶，中东地区的民族解放运动风起云涌之时，各国仍然高举伊斯兰教的旗帜。纳赛尔在他的革命哲学中，在强调泛阿拉伯主义、泛非主义的同时，也重视对泛伊斯兰主义的宣传。不少中东国家提出了社会主义的口号，但这种社会主义基本上都是以伊斯信仰为基础，以坚持伊斯兰教的精神、伦理原则和固有传统为特点的。由此可见，在中东地区，伊斯兰教根深蒂固，是民族文化最主要的核心，每当外来压迫和奴役加剧、统治政权腐败造成经济停滞或衰退，社会矛盾尖锐的时候，伊斯兰教就是广大穆斯林最后的寄托和最有力的武器。二战后的中东，随着民族独立的实现，发展经济实现现代化，全面公正地解决阿以争端，消除悬殊的贫富差距，抵御西方势力的渗透和扩张等问题，经常引起社会的动荡、国与国之间的冲突和战争。要求净化信仰以解决世俗生活中各种矛盾的伊斯兰运动，便再一次大大地活跃起来，成为影响中东局势的一个极其重要的因素。

一、当代伊斯兰运动的兴起

当代伊斯兰运动，在国外有种叫法，如"伊斯兰复兴运动"、"伊斯兰原教旨主义"、"伊斯兰革命"等。中东地区近年也从西方引进了"原教旨主义"（Fundamentalism）一词，用以指称这场震撼国家政权，影响政治、经济、军事、文化各领域的宗教运动。

20世纪50和60年代，中东各国用以反对君主政权和外国统治的意识形态，以民族主义和政治民主最具号召力。但是，这些着重种族畛域和地理疆界的新观念，同伊斯兰教的各种传统是背道而驰的，同宗教上的普遍性，政治上的神权政体也格格不入。进入70年代以后，社会上的一切不平等现象，国家和民族的挫折和失败，社会风气的败坏和堕落，在穆斯林看来，都是由于违背了伊斯兰精神，搞世俗化和受西方思想文化腐蚀的结果。第三次阿以战争，阿拉伯国家严重受挫。萨达特1970年执政后，为清除纳赛尔民族主义势力的影响，倾向于宣扬伊斯兰精神来巩固政权，对抗以色列。在他的许可下，成立于1928年，要求建立一个纯伊斯兰国家的穆斯林兄弟会的领导人，陆续回到埃及，发展成为一支不可忽视的力量，并逐步扩展到叙利亚、约旦和南北也门等国，直接影响着政局的稳定。1969年，黎巴嫩成立的"最高伊斯兰什叶派委员会"，反对黎巴嫩基督教势力的"不公正统治"，大力开展宗教与政治斗争。70年代初，该委员会的领导人发起组织"被剥夺者运动"，1975年该组织演变为"阿迈勒运动"，是黎巴嫩15年内战中一支重要的武装力量。至于70年代霍梅尼领导的伊朗伊斯兰革命，则更是举世公认的最突出的一次当代伊斯兰运动。

伊朗是个盛产石油的国家，70年代的石油出口年收入，已达到200多亿美元。亲美的巴列维国王依靠巨额石油财富，在国内推行"白色革命"，经济发展计划完全不顾国情，贪大求洋，重工轻农，造成国民经济比例严重失调。大批农民涌入城市，农业劳力严重不足，粮食需靠进口。国家花费大量外汇，盲目引进昂贵的工业设备和大批现代武器，造成物价飞涨、通货急剧膨胀，加上管理混乱，浪费严重。上层人物贪污腐化，更导致了人民实际生活水平下降，激化了社会阶级矛盾。巴列维为了巩固统治，还采取了一系列剥夺宗教领袖权力和侵犯宗教界人士经济利益的措施，致使广大穆斯林忍无可忍，终于在以霍梅尼为首的伊朗什叶派宗教集团的领导下掀起了一场声势浩大的反国王"伊斯兰革命"。从1978年秋天起，伊朗国内的罢工、示威游行接连不断，巴列维很快失去了控制局面的能力，不得不于1979年1月流亡国外。霍梅尼遂于2月回国，顺利地接过权柄，在4月1日宣告伊朗伊斯兰共和国正式成立。

这场通过群众运动取得国家政权的伊斯兰革命，是一个标志，它使中东地区的当代伊斯兰运动进一步扩大、蔓延，推向高潮。霍梅尼革命，直接关系到中东战略格局，它的成功引起了全世界的严重关注。

在中东，像埃及这样宣布伊斯兰教为国教的国家，或像沙特那样的政教合一政权，它们与明确奉行神权体制的霍梅尼政权都是有区别的。埃及宪法第二条规定："伊斯兰立法原则是（国家）立法的主要依据"，但埃及是个共和制的国家，宗教虽有重大影响，但从政治体制、立法机构看，宗教界人士并不掌权，政教分离的倾向十分清楚。在沙特，国王既是国家元首，也是瓦哈比教派的教长，政府的各级权力机构与宗教的各级机构相互交织，其中宗教与司法的结合最为密切。但是，沙特的王位由沙特家族世袭，从权力结构看，王族会议与宗教会议是分开的，国王领导下的大臣会议才是国家的最高行政机构。而且，实际上，沙特的王室成员和部落酋长，势力是十分强大的。伊朗建立的是个共和国，但实行的却是政教合一，它的宗教领袖拥有至高无上的权力。伊朗的宪法规定了宗教领袖掌握着总统任免、军队、司法等几乎一切的国家权力。因此，伊斯兰教不光是控制国家政治和社会生活的意识形态，而且使社会制度和人们的社会行为全面伊斯兰化，实现了宗教政治化和政治宗教化的目标。

伊斯兰革命在伊朗取得突破性的胜利，除了70年代伊朗国内外矛盾空前尖锐的原因外，还因为伊朗是一个伊斯兰教什叶派群众基础非常深厚的国家和霍梅尼是一位具有很高威望的领袖人物。

伊朗自16世纪初的萨法维朝以来，就一直把什叶派定为国教。国内信仰伊斯兰教什叶派的民众，占总人口的95%以上。宗教在伊朗从上到下有着严密的组织系统，密布各地的清真寺不仅是信徒们履行宗教功课的场所，而且在重大的社会变动中，是穆斯林们避难、联络、密商、集结力量的基层单位。宗教人士人数多、分布广，他们中既有大地主、大官僚，也有平民百姓，代表着不同阶级和阶层的利益。跟海湾阿拉伯产油国不同的是，沙特、科威特等国主要雇用外籍劳力，统治集团与下层劳动人民间的矛盾，表现为本国人与外籍劳工间的横向矛盾，而伊朗人口众多，不需要大量的外籍劳工，它的上层统治集团与下层劳动人民间的矛盾，是垂直的国内矛盾。本国的劳动阶层承受着全部的压迫和剥削，换言之，巴列维国王的君主专制制度的对象，是伊朗广大带有强烈政治色彩的什叶派穆斯林群众。此外，沙特家族有两个特点，一是人数多，约有2万多人，仅王子王孙就有5000多人；二是历史长，在阿拉伯半岛掌政权已有200多年的时间，而伊朗的巴列维王朝，从1925年礼萨·汗继承王位到1979年穆罕默德·巴列维流亡国外，只有两代，半个世纪的历史。巴列维国王缺少庞大的家族基础，是名副其实的孤家寡人。因此，巴列维的统治手段，一面是采取高压，滥捕滥杀，禁止政党活动，剥夺人民新闻出版、集会结社等自由，通过严密的遍布各个角落的特务机构，对全国实行全面彻底的控制；一面是竭力推行政教分离政策，耗费巨资举行波斯帝国建立2500周年的庆典，宣扬古波斯文化而不是伊斯兰文化的传统，并且不加甄别地引进西方形形色色的文化形态，还把反对国王的宗教人士称为"寄生虫"、"黑色反革命"，进行镇压，这更严重地伤害了笃信伊斯兰教的穆斯林群众的感情。巴列维国王推行现代化的结果，是80%的私有财产只掌握在1%的人手中，社会阶级矛盾变得极度尖锐。什叶派穆斯林强烈地认为，巴列维王朝这个世俗政权是不合法的，只有期待"隐遁"的伊马姆来拯救他们，只有让政治、社会和文化生活回到宗教规范中去，才能实现社会正义。参加反对国王斗争的队伍中，有城市工人、小商贩、手工业者、作坊主，也有进城农民、民族资产阶级、青年学生等，由什叶派神职人员通过清真寺、市场团结成一股动摇君主政权的群众力量，及至军队的中下级军官和士兵也都站在伊斯兰革命一边时，国王的垮台就不可逆转了。

霍梅尼出身于一个宗教世家，年轻时就从事什叶派宗教研究。30年代，曾在古姆神学院任职，培养了不少著名的什叶派学者。40年代起开始从事反对巴列维王朝的斗争。由于尖锐抨击巴列维国王的独裁统治，支持石油国有化运动，他在政治上崭露头角，50年代末被推举为"阿亚图拉"，60年代初又升为"大阿亚图拉"，在群众中享有很高的威信。1963年起，他因反对国王推行的"白色革命"，反对政府让美国军事人员享有外交豁免权，而屡遭逮捕和流放。他曾在伊拉克的什叶派圣地纳贾夫居住了14年，一直从事反对伊朗当局的宣传和组织活动。1978年下半年，伊朗国内的反国王运动达到高潮，伊拉克当局应巴列维国王的请求，希望他在离开或办事更谨慎两者间做出选择，他被迫移居法国，在巴黎郊区建立伊朗革命总部，以宗教领袖的身份向国内发出指示和号召,成为伊朗的精神领袖。他在革命胜利后回国,被奉为"伊朗革命领袖和伊斯兰共和国的缔造者"。名义上,他不是伊斯兰共和国的国家元首,但却握有最高军政权柄。霍梅尼有一整套关于伊斯兰共和国的理论,对内,议会和政府的活动,要以"真主的法律"为指南,由神职人员直接掌握政权机构,建立伊斯兰经济,主要满足公民的精神需要,否定民族主义和伊斯兰以前的伊朗文明,提倡社会生活全盘伊斯兰化;对外,则不要东方,也不要西方,而要输出伊斯兰革命。

由此可见,中东地区的国家,面对暴戾恣睢而又腐败无能的政权,面对大国的渗透和西方文化的侵蚀,广大穆斯林又一次寄希望于伊斯兰教,要求按照伊斯兰教教法来重建社会制度,规范、净化社会生活,解决好发展经济,实现现代化的任务。当代伊斯兰运动在伊朗这样一个什叶派群众基础十分强大的国家,由霍梅尼这样一位基本上代表中下层人民利益的宗教领袖来发动、组织直至取得胜利,应该说并非偶然。

霍梅尼上台后,立即着手推行"百分之百的伊斯兰化"。新政权对巴列维国王遗留下来的军队进行大清洗,逮捕、处死了大批高级军官,有的被迫流亡国外,士兵纷纷离队。到1980年,40万人的军队已减员近半。为了制约正规军,保卫伊斯兰革命的胜利成果,成立了充满宗教激情的"革命卫队"。伊朗革命胜利后的最初两年,活跃在国内外的政党和组织有100多个。1979年2月18日,霍梅尼下令成立了伊斯兰共和党,亦即执政党。这个党在霍梅尼、拉夫桑贾尼、哈梅内伊等主要宗教领袖的支持下,迅速清除了人民党(前身为伊朗共产党)、库尔德民主党、穆斯林人民伊斯兰共和党、人民圣战者组织、伊朗人民党、人民敢死队组织等其他党派。伊斯兰共和党执政八年,后因党内派系林立,1987年6月被霍梅尼下令解散。伊朗的对外政策,也很咄咄逼人。伊朗要求美国政府把在纽约治疗的巴列维引渡回国受审。1979年11月4日,德黑兰的一些学生占领了美国驻伊朗使馆,并扣留使馆人员作为人质。美国于1980年4月宣布同伊朗断交，决定对伊朗实行制裁，接着，法国、联邦德国、意大利等西方国家也加入制裁行列。伊朗与西方关系急剧恶化。与此同时，霍梅尼与伊拉克的萨达姆政权互相攻讦，互搞颠覆活动。就伊朗方面说，霍梅尼把伊拉克当作输出伊斯兰革命的首要目标，公开号召伊拉克军民起来推翻萨达姆政权，鼓动伊拉克的什叶派不断闹事，游行示威，放火烧政府机关和警察局。南面，向伊拉克什叶派组织"呼声"党提供财政和军事援助；北方，与伊拉克的库尔德族反政府分子接触频繁。伊朗还向海湾阿拉伯国家的什叶派穆斯林散发宣传品和录音带，1979—1980年初，沙特、科威特、阿拉伯联合酋长国、巴林、阿曼等国凡什叶派占多数的省份均发生骚动。此外，伊朗利用黎巴嫩的内战，于1982年直接派出2000名革命卫队，进驻贝卡谷地，并公然在黎开山立派，影响较大的有真主党民兵、伊斯兰阿迈勒运动、伊斯兰圣战组织、伊斯兰抵抗运动等。其中，真主党明确主张要在黎巴嫩推行伊斯兰法，建立一个伊朗式的伊斯兰共和国；伊斯兰阿迈勒运动的领导人声称该组织与伊朗的关系是"母子关系"；而伊斯兰圣战组织，则更是赫赫有名的中东极端主义组织之一。

霍梅尼革命胜利后不久，即爆发了持续八年的两伊战争，严重的战争破坏，使其国内经济以每年4%—5%的速度下降，而人口却以4%的速度递增。沉重的年均70亿美元的军费，急剧减少的石油收入，使伊朗的经济每况愈下，外交上又很孤立，就连与它的重要盟友叙利亚，也因在黎巴嫩内战中双方各支持一派而搞僵了关系。霍梅尼政权内外交困，无力或者说还来不及大展宏图，彻底贯彻他提出的宗教政治学说。及至两伊战争结束，霍梅尼去世，伊朗终于决定面对现实，调整它的内外政策，争取国内人民的支持，改善它的国际环境。然而，伊朗伊斯兰革命的胜利，却是当代伊斯兰运动发展过程中的一个重要里程碑，它从发动群众到建立神权政体的过程，为中东各国的伊斯兰运动提供了一个可以借鉴的模式。在此之后，伊斯兰运动迅速地扩展、蔓延，对中东地区的政局产生了强烈的影响。

二、当代伊斯兰运动的特点

从19世纪末到现在，许多中东的思想家用各种方法研究伊斯兰哲学的现代主义，他们都接受了西方思想的冲击，但他们的思想中却都保持了一种不信任西方文化的成分和坚信伊斯兰教生活观优越的观念。他们认为，基督教所鼓吹的那种空洞的精神上的生活理想，完全不能解决现代人的问题。只有具有普遍性和具体性的伊斯兰教生活观，才能在精神和世俗方面保证拯救当代人类。伊朗的伊斯兰革命取得了成功，不仅波斯人兴高采烈，阿拉伯、土耳其和普什图等民族的穆斯林也扬眉吐气；不仅什叶派高兴，逊尼派也感到光荣和自豪。中东地区只要是穆斯林，似乎都像听到了喜讯，把它视作自己信仰的胜利。伊朗伊斯兰革命很快就成为一股动力，向各伊斯兰国家辐射，与各种各样的伊斯兰教派别相结合，从不同的条件和需要出发，开展斗争，从而形成了波澜壮阔的当代中东的伊斯兰运动。

这场伊斯兰运动有一些突出的特点。首先，各国的伊斯兰运动都含有"伊斯兰主义"的因素。所谓伊斯兰主义，指的是强调要遵守伊斯兰教信仰中原始的、根本的、正统的信条，把现实社会中的一切弊端，国家、民族的各种失败和灾难，都归咎于宗教精神淡漠、伊斯兰教义没有得到贯彻。

伊斯兰主义在阿富汗的抵抗运动中，是很突出的。1979年12月27日苏联军队入侵阿富汗后，一场大规模的群众性抗苏武装斗争在各地爆发。纷纷出现的抗苏武装组织，绝大多数都打着伊斯兰的旗号，使阿富汗的抗苏斗争成为一种带有明显宗教色彩的民族主义反占领运动。阿富汗抵抗力量的主要派别中，就有逊尼派伊斯兰主义派，它主张严格按照伊斯兰教义处理一切事务，通过武装斗争建立伊斯兰共和国；受伊朗支持的伊斯兰什叶派抵抗力量，崇拜霍梅尼的伊斯兰革命，要求按照伊朗的模式，把阿富汗建成伊斯兰革命共和国。这些伊斯兰主义的派别在苏联撤军后组织联合政府的问题上，态度都很强硬，它们极力反对前国王查希尔复出，也坚不同意原喀布尔政权的执政党人民民主党参政。

  埃及的穆斯林兄弟会主张按《古兰经》原则处理国家事务和社会问题，强烈反对西方消费观念和道德价值，反对共产主义意识形态。它在70年代后期发展很快，到1987年，成员已逾700万人。[①] 埃及在阿拉伯世界本是一个比较开放的国家。但近年来倾向于伊斯兰传统的埃及人越来越多，穆斯林们礼拜更勤，大学里蓄胡子的男青年和戴包头巾、着拖地长裙的姑娘人数不断增加。据报道，高等院校的学生会组织约60%的席位被伊斯兰主义分子所控制，其中的活跃分子达8万人。埃及官方曾宣布，1986—1987两年中，涉及原教旨主义活动的案件就有227件。[②] 更值得注意的是，穆斯林兄弟会与其他政党联合参加议会竞选，打出的是"伊斯兰是一切的解决办法"，"真主的使者是我们的领袖，《古兰经》是我们的宪法"等宗教色彩浓厚的口号，并已经占据了议会中的席位。

  再如苏丹，80年代起，尼迈里政府宣布推行伊斯兰化，实行伊斯兰教法，禁酒，禁止男女接触，禁止利息，提出宪法修正案，让尼迈里担任苏丹的伊马姆，建立一个政教合一的伊斯兰国家。由于这个伊斯兰化运动解决不了苏丹严重的经济危机，1985年尼迈里被黜。但目前的苏丹军政府仍奉伊斯兰为济世良方，继续在推行全面伊斯兰化的政策。

  当然，说是回归到穆罕默德时代的伊斯兰传统制度和传统风尚，并不是真的要复古，因为，当代伊斯兰运动的伊斯兰主义，只是强调

[①] 《美国新闻和世界报道》，1987年7月6日。

[②] 赵国忠等：《八十年代中东内幕》，浙江人民出版社1989年版，第189页。

伊斯兰教的原旨教义及其精神，是要使伊斯兰教与当代人们的思想和社会生活相协调。事实上，中东的各种伊斯兰宗教集团都是以一种非常积极的姿态参与社会生活，也都有明确的政治目标。

当代伊斯兰运动的第二个特点是它并不限于某种政体、某个教派或某个阶层，而是具有明显的广泛性。埃及的伊斯兰主义组织多达90多个，伊斯兰主义分子既有工人、农民、军人、学生，也有从事自由职业的中产阶级、官员和政治家。突尼斯是个99%的居民为逊尼派穆斯林的共和制国家，独立后，布尔吉巴总统曾致力于经济和社会发展，力求建立一个民主的社会主义国家，也取得了不小的成就。但是，执政的新宪政党大刀阔斧地搞社会改革，实行非殖民化和世俗化，禁止或限制一切以政治为目的的宗教运动，将清真寺名下的土地收归国有，废除宗教法和宗教法庭，将伊斯兰教经学院改为教育部所属的国立学校，还禁止女大学生戴面纱上学。这样的全盘欧化，无疑大大削弱了伊斯兰的传统价值，引起了国内伊斯兰主义者的巨大不满。随着伊朗伊斯兰革命的成功，突尼斯的伊斯兰主义者便积极起来效法，成立组织，开展反政府的活动。

沙特阿拉伯自建国以来，瓦哈比教派和政权就是合二而一的，伊斯兰教教法决定着社会政治生活，起着宪法、商法、民法和刑法的作用。伊朗霍梅尼政权的出现，对沙特在伊斯兰世界的领导地位，构成严重的挑战。1979年11月，名叫"伊赫万"（意为"兄弟"）的暴乱者，占领麦加大清真寺达两周，首领自称"马赫迪"（伊斯兰教什叶派所期待的"救世主"），要求人们回到《古兰经》的规定和以先知为范例的社会中去。参加者实际上是部族代表人物、大学生，也有麦地那伊斯兰大学的外国学生。这类宗教反对派，比沙特官方的瓦哈比教派更具有极端伊斯兰主义性质。沙特政府一是严厉镇压，将参加暴乱的人员分在八个城市的广场上砍头示众；二是伙同海湾君主国家，大力兴建、修葺清真寺、宗教学校和宗教设施，发展和加强伊斯兰教的新闻、出版、教育和其他文化事业，通过双边或多边形式的宣教会、讨论会传播伊斯兰教，此外，还资助经济较困难的伊斯兰国家和穆斯林居少数派地位的国家，支持它们发展伊斯兰事业，培养宗教人员等。其目的，当然是要把伊斯兰世界的主导权继续抓在手里，不让伊朗夺走。约旦也是个君主国家，近年来，穆斯林兄弟会已在议会中获得多数席位，议长就是一名伊斯兰主义者。1991年10月初，50名伊斯兰主义的议员联合要求约旦政府下台。为了适应这场席卷几乎整个中东地区的伊斯兰运动，一些共和制国家的执政党也都采取了相应措施，如埃及的民族民主党近年来的党纲、党章和政策宣言，都强调自己的伊斯兰属性，注意宣传伊斯兰精神；伊拉克的复兴党是一个具有激进民族主义特点的政党，现也在党的文件中突出本国的伊斯兰特性，强调继承和发扬本民族的伊斯兰遗产和传统。此外，土耳其青年学生中伊斯兰主义已经抬头，阿尔及利亚、摩洛哥等北非国家都有宗教极端主义集团在活动。由此可见，当代伊斯兰运动不仅在什叶派为主的国家中夺取了政权，而且也对逊尼派为主的国家产生了重大影响，它不仅使基层的穆斯林群众发生骚动，而且，掌握国家政权的上层——王室、政府或执政党——也在想方设法采取措施，力求争取主动，驾驭住这股巨澜。

当今世界上特别是西方舆论，把伊斯兰主义视作洪水猛兽，甚至将其与恐怖主义等同起来。这是以偏概全，并不符合事实。因为投身于伊斯兰运动的绝大多数普通穆斯林，是出于改变不合理的社会现状，排除外来干涉和渗透，振兴自己民族和国家的愿望。从伊斯兰主义内反腐败、外反霸权的角度看，它有一定的正当因素。只是在急风暴雨式的群众斗争中，一般信徒的良好愿望和合理要求容易被极端分子和教权主义者所利用，因而构成了当代伊斯兰运动中暴力因素在增长这样一个特点。

80年代以来，伊斯兰主义在中东已经流传很广，但绝大多数的伊斯兰主义者只是抨击国家生活脱离了伊斯兰教的教法，因此造成社会上的贫困、压迫、不公和道德堕落的现象。他们一般不直接反对政府，只有极端的伊斯兰主义者不择手段地要实现全面贯彻宗教的信条和规定，由他们接管政权的目标，才倾向于暴力手段。埃及杀害前总统萨达特的"赎罪与迁徙"组织，曾计划在全国进行武装暴动，夺取政权。1981年10月8日，即刺杀萨达特后两天，他们就在上埃及的艾斯尤特发起了一次武装袭击。突尼斯的"伊斯兰倾向运动"成立于1981年，后改名为"伊斯兰复兴运动"，是一个非法的伊斯兰极端主义组织，它以清真寺和学校为据点，鼓吹暴力，煽动狂热的宗教情绪进行伊斯兰革命。1984年和1987年，该组织两次造成社会大骚乱，大批群众涌上街头，示威游行，烧汽车，砸商店，筑街垒，提出了推翻政府的口号。叙利亚的哈马市，是穆斯林兄弟会的活动基地，1982年2月，兄弟会成员在清真寺开会，密商举行武装暴动，被政府侦悉，派军围攻，双方交火将近一月，打得城内一片废墟，死亡逾万，酿成"哈马流血事件"。1986年4月16日叙国庆前夕，哈马、霍姆斯、阿勒颇等地都发生恶性爆炸事件，主要攻击目标是回家过节的阿拉维派军校学员。中东这一类伊斯兰激进组织，数量不少，分布也广，如参加反政府的伊拉克伊斯兰革命最高委员会的伊斯兰行动组织、伊拉克圣战者运动，曾策划暗杀科威特埃米尔未遂的科威特伊斯兰圣战组织，沙特的阿拉伯半岛伊斯兰革命组织，巴林的伊斯兰解放阵线，黎巴嫩革命正义组织和解放巴勒斯坦伊斯兰组织等等。本来就拥有武装力量的阿富汗抵抗力量，如伊斯兰行动党、伊斯兰卫队、纳斯尔组织，黎巴嫩的伊斯兰阿迈勒运动、真主党民兵、伊斯兰圣战组织、伊斯兰抵抗运动等，就更不必说了。

目前，比较引人注目的是阿尔及利亚的伊斯兰运动。阿尔及利亚由于沦为法国殖民地长达130年，伊斯兰色彩相对较淡薄。但近年来，油价下跌，国民收入锐减，1985年度，国家的石油收入为128亿美元，1986年度降为60亿美元，加上农业政策不当，60%的食品需要进口。整个经济状况是财政拮据，债台高筑，商品匮乏，物价飞涨，失业率高达40%—50%。而政府高级官员却利用职权，贪污腐化，挥霍无度，人民群众与执政党间的矛盾十分尖锐。1988年10月，首都阿尔及尔出现暴乱，并迅速蔓延到全国15个省市。示威人员烧汽车，砸橱窗，与警察和武装部队发生流血冲突，伤亡达1500多人，被捕数千人。综合各方面报道来看，起领导和骨干作用的是极端的伊斯兰主义者。他们带头高呼"真主至大！"，要求用伊斯兰教法取代紧急状态法。骚乱结束后，阿尔及利亚的极端的伊斯兰主义领袖阿里·贝勒哈吉提出12点纲领，核心是在阿尔及利亚实行伊斯兰教法。以后，极端的伊斯兰主义者持续发动骚乱，一直企图夺权。1990年6月，阿尔及利亚极端的伊斯兰主义组织伊斯兰拯救阵线（1989年3月成立）在地方选举中获得多数，1991年12月又在全国议会第一轮选举中赢得压倒多数，极有希望在下一年1月全国议会大选中取得胜利登上政坛。军方担心拯救阵线上台将强行实施伊斯兰教法，便断然宣布取消1992年1月的全国的大选。沙德利总统于1月中旬辞职，召回流亡国外27年之久的革命元老布迪亚夫，出任最高国务委员会主席。2月，布迪亚夫宣布伊斯兰拯救阵线为非法组织。此后，暴力事件接连发生，短短几个月，即造成45名警察和士兵丧生。当局逮捕了成千上万名极端的伊斯兰主义分子。而伊斯兰拯救阵线毫不示弱，该组织领导人于4月公开宣称，现在是用枪杆子来取代会谈的时候了。6月29日，布迪亚夫到工业重镇安纳巴演讲时，惨遭暗杀。8月26日，阿尔及尔机场和首都市中心的法航办事处发生了两枚炸弹爆炸事件，至少造成10人死亡，60余人受伤。这一连串的恐怖主义行动使阿尔及利亚局势两次出现危机，也使刚出现转机的经济改革停顿下来。

在夺取政权的问题上，极端的伊斯兰主义者往往持绝不妥协的态度，这也使暴力行为难以消除。阿富汗人民经过九年艰苦抗战，迫使苏联撤军，并进而推翻了纳吉布拉政权。1992年4月以来，以伊斯兰组织马苏德领导的军队和以伊斯兰党希克马蒂亚尔指挥的游击队，在进驻首都、组成政府等问题上发生激烈冲突，这牵涉到这些抵抗组织不同的民族、宗教派别和政治目标，也因为它们各有不同的国际背景。为了权力，双方都诉诸武力，动用大炮、火箭、坦克、飞机等重武器，实际上已使阿富汗陷入了一场流血的内战。

以上罗列的当代伊斯兰运动的一些特点，可能并不全面，因为在中东不同的国家，又会形成具有不同特色的伊斯兰运动，何况这场运动还在发展，至今非但没有中止的迹象，反而与中东地区的其他各种矛盾交错混杂，变得更加复杂，还需要我们不断地作跟踪观察，深入研究。

三、当代伊斯兰运动的影响

在中东，人们憎厌上层的贪污腐化，对社会经济状况和生活水平深感不满。他们既不相信西方关于民主、自由的价值观，又从苏联、东欧的衰落解体中得出无神论和公有制业已过时的结论。这时，伊斯兰的旗帜，带有浓厚伊斯兰的纲领和政治口号，就会赢得非常广泛的支持。当代伊斯兰运动正是反映了中东社会穆斯林群众这样的情绪。他们把伊斯兰教当作精神支柱，当作主导社会政治制度的无所不包的最佳意识形态。狂飙骤起，首先波及的是各国的现政权。埃及穆巴拉克政府目前要对付的有两种势力，一种是许许多多极其活跃的宗教地下组织和小集团，他们以文化和社会活动为掩护，建立基层组织，培养骨干队伍，走极端主义的道路，如伊斯兰解放党、圣战组织、真主的战士等组织，不断地制造暴乱、冲突，阴谋推翻政府；另一种是像穆斯林兄弟会这样的组织，他们在议会中拥有席位，通过合法参政的形式，宣传和推行伊斯兰主义的政策，以最终攫取政权。今年3月，埃及半官方的《金字塔报》报道，有一个利用计算机程序来制订推翻穆巴拉克政权的伊斯兰极端主义组织。突尼斯的伊斯兰极端主义组织"伊斯兰复兴运动"中，像埃及一样，也有警察、士兵参与，他们走私进口武器，组成反政府的军事组织。1990年突尼斯宣布破获这个军事组织时，有数千人涉嫌被捕。1992年7月，突政府为了防止出现阿尔及利亚那样的局面，对近300多名被控犯有军事政变和阴谋杀害总统罪的宗教极端主义者进行审判，其中30多名领导人和活跃分子在8月下旬被判处无期徒刑。黎巴嫩经历了15年战乱之苦，终于在1990年12月组成了民族和解政府，穆斯林在新政府内的数额与基督教人士相等，权力明显上升。但亲伊朗的真主党民兵并不执行政府规定，这支5000人的队伍声称，在以色列撤出黎巴嫩南部前，他们不会解除武装，而且他们也反对现行的政治制度。直到1992年5月，以色列还出动军用飞机袭击黎巴嫩南部真主党控制的村庄。这种紧张的对峙和冲突，对黎巴嫩政局的稳定，显然形成了巨大的压力。更令政府吃惊的是，真主党在8月开始的议会选举中，获得了明显的胜利，迫使黎议会议长侯赛因·侯赛尼提出了辞呈。沙特是一个居民百分之百都是穆斯林的国家，它的内政外交，一向以伊斯兰教为基础。霍梅尼革命胜利后，沙特在伊斯兰世界的地位受到了挑战，它国内的反对派攻击统治集团西方化，崇拜金钱，把钱耗费在宫殿上而不是清真寺上，要求建立伊斯兰共和国，断绝与西方的一切联系。海湾战争后，沙特、科威特等君主国家内部的伊斯兰激进力量都有进一步的发展。沙特感觉到了这股力量对它的政权构成的威胁。1991年底，沙特当局向反对派提出严重警告，说它国内的伊斯兰激进派"从1990年夏季出现海湾危机以来一直在增长，这个运动估计已包括数以万计的年青激进宗教领袖、伊斯兰大学教师和学生。"[①]

当代伊斯兰运动对中东和平进程也有巨大影响。因为几乎所有的伊斯兰主义组织和个人，都反对外来侵略，反对以色列的扩张主义。在巴勒斯坦被占领土内部，也有温和派和激进派之分。活跃在加沙地带的哈马斯运动，是穆斯林兄弟会的分支组织，它和圣战者组织都主张收复一切失地，包括以色列本土在内，形成了与巴解主流派相抗衡的局面。埃及的各伊斯兰极端主义组织，原来反对与以色列媾和，他

---

① 《国际先驱论坛报》，1992年1月1日。

们把萨达特视作"真主的敌人",高呼要"打倒戴维营协议"的口号,1982年夏天,埃及数十名中级军官不满政府对以色列入侵黎巴嫩采取的态度,策划部队哗变,事败被捕。埃以建交以后,一般舆论对以色列仍很严厉。无论是官员、商人、知识分子,都生怕被人看成是亲以分子,说话表态都注意不留把柄,以免遭到宗教极端主义者的攻击。中东国家中,最强烈反对中东和会的国家是伊朗。从霍梅尼的伊斯兰革命胜利以来,伊朗一直对以色列采取强硬态度,始终主张用武力解决巴勒斯坦问题。在巴解主流派撤出黎巴嫩,逐步倾向于采用政治和外交斗争的策略以后,伊朗仍要求让更多的巴勒斯坦游击队返回黎巴嫩南部。伊朗支持的真主党民兵,其政治目标之一是迫使以色列全部撤出黎巴嫩,作为消灭以色列,解放耶路撒冷的前奏。在行动上,它经常袭击以色列支持的"南黎巴嫩军"。还不时地直接与以发生冲突。以色列的近邻约旦,控制议会的伊斯兰主义者们反对约旦参加在马德里召开的中东和会。1991年10月初和会召开前,50名伊斯兰主义者议员曾联合行动,要求约旦政府下台。总而言之,中东伊斯兰主义的势力都对中东和会持反对态度,认为接受美国提议的阿以和谈方案是对阿拉伯—伊斯兰事业的背叛。

当代伊斯兰运动中的宗教极端主义思潮也是引起恐怖活动的原因之一。据统计,世界上大约有四分之一的恐怖主义事件发生在或源于中东。在80年代,巴勒斯坦问题几乎陷入绝境,战既不能,和也无路。某些激进的巴勒斯坦组织和个人在极度的失望中往往不顾后果,铤而走险,用恐怖手段来对付美国和以色列,并殃及其他西方国家。中东恐怖活动的形式多种多样,有劫机、绑架、自杀性攻击等。其中,带有宗教极端主义色彩的典型事例不胜枚举。如1985年6月14日,美国环球航空公司的一架客机被劫持到贝鲁特机场,劫机者的要求是释放以色列关押的766名黎巴嫩什叶派成员。1988年4月15日,科威特一架班机被劫机,上有97名乘客,其中包括科威特的王室成员,劫机人员提出释放被科关押的17名伊斯兰圣战者组织成员的要求。后据科

《火炬报》称，劫机者是伊斯兰行动组织成员。仅1987年一年内，真主党民兵在黎巴嫩绑架的人质就有800多人。1983年12月，宗教极端主义恐怖分子开着装满炸药的汽车向美、法驻科威特使馆发起自杀性进攻，死6人，伤70余人。中东各国，以黎巴嫩发生的恐怖活动最多，也最集中。黎内战期间，谋杀、爆炸事件接连不断，死伤不计其数。就绑架而言，1986年—1987年，在贝鲁特几乎天天都有人失踪，受害者有美国、法国、英国、德国、意大利等西方国家的外交官、记者、商人、教授、科学家、宗教人士甚至联合国工作人员等。此外，为了建立政教合一的伊斯兰国家，宗教极端主义组织几乎什么手段都用：暗杀总统、埃米尔、议长、高级官员、袭击警察局、咖啡馆，占领清真寺等，令人防不胜防。宗教极端主义组织的恐怖活动和其他的中东恐怖组织如阿布·尼达尔领导的"法塔赫革命委员会"和"埃及革命组织"等的活动犬牙交错，混杂在一起，它们又都喜欢巧立名目，故弄玄虚，让人搞不清它们的真面目，以制造恐怖气氛。现在已经知道的从事恐怖活动的宗教极端主义组织，是"伊斯兰圣战组织"，它由伊斯兰行动组织（1979年在德黑兰成立），圣战者组织（1980年在德黑兰成立）、伊斯兰阿迈勒运动（1982年在黎巴嫩巴勒贝克成立）和呼声党（1956年在伊拉克纳贾夫成立，起初以传播宗教为宗旨）组成，约有八个训练营地，分布在伊朗、黎巴嫩和叙利亚等地，担任教官的有叙利亚人、也门人、利比亚人，也有美国人和欧洲人。这些组织的恐怖活动，引起了中东大多数国家和国际社会的严重关注。伊斯兰国家外长会议曾做出反恐怖活动的决议。1985年12月18日，联合国安理会紧急会议也做出了反对恐怖主义的决议。1987年，第五届伊斯兰国家首脑会议在宣言中一致谴责国际恐怖主义。西方国家更是惊恐，兴师动众，采取了各种法律、行政和技术措施，时而大动干戈，态度十分强硬，时而悬赏追捕，时而也做出让步。由于导致恐怖活动产生的国际、国内、经济、社会诸方面的根源并未铲除，中东与伊斯兰宗教极端主义密切相关的恐怖活动恐怕在相当长的一段时间里，仍会时伏时起，持续发生。

出于天下穆斯林皆兄弟这样的信念，当代伊斯兰运动往往毫无顾忌地跨越国界，插手别国事务。这种情况使中东局势更加动荡，矛盾也更加错综复杂。

阿富汗各抵抗组织有不同的国际背景，由逊尼派穆斯林组成的阿富汗圣战者伊斯兰联盟（简称七党联盟）是1985年5月在巴基斯坦宣告成立的，而八个什叶派穆斯林组织则是在伊朗联合组建了伊斯兰革命联盟（也叫八党联盟）。美国为了遏制苏联，也不断向阿富汗抵抗组织提供军援。苏联从阿富汗撤军后，数以百计的阿尔及利亚人、沙特阿拉伯人、埃及人、苏丹人来到阿富汗首都。他们是形形色色的伊斯兰主义者，都想把喀布尔变成他们进行未来战斗的基地。对沙特和巴基斯坦的伊斯兰逊尼派来说，最重要的是抵消伊朗在阿富汗的影响，而伊朗在阿富汗西部波斯语区早已部署了几千名伊朗革命卫队。奇怪的是，在纳吉布拉政权垮台后，伊朗出人意外地决定为阿富汗温和派马苏德领导的军队撑腰。它之所以改变对总部设在德黑兰的什叶派游击队的支持，是想限制希克马蒂亚尔领导的亲沙特的什叶派游击队。沙特过去曾对埃及、约旦的穆斯林兄弟会和突尼斯的复兴党给予资助，还向阿尔及利亚、苏丹激进的伊斯兰组织提供了数十亿美元，以建造清真寺、学校、诊所和有关组织的寓所，本以为这样做能使它们与保守的沙特政权结成天然盟友，构成反对左派和民族主义政府的堡垒。经过海湾战争，沙特政府意识到事与愿违，这些伊斯兰激进组织均持反对沙特的立场，于是才改变态度，强调在支持伊斯兰事业的时候，不能援助反沙特的组织。在阿尔及利亚的伊斯兰拯救阵线取得议会的第一轮选举胜利时，中东各地伊斯兰主义者都感到兴奋，认为又将出现一个穆斯林掌政的伊斯兰国家。以后局势发生变化，拯救阵线被取缔，阿尔及利亚当局颁布紧急法令，禁止集会，实行宵禁等。对此，伊斯兰主义者大都表示愤慨，伊朗的拉夫桑贾尼总统公开予以谴责，称之为"政治的丑闻和耻辱"，"是不想让穆斯林得到民主和成为独立自主的群众去抗拒世界霸权主义者"。

最值得注意的是，目前中东地区的一些大国，如伊朗、土耳其、沙特、埃及等，都竭力在与苏联的几个加盟共和国中的伊斯兰国家建立密切联系。伊朗通过经济、语言（波斯语）等渠道，促使这些国家走伊朗模式的道路，用伊朗的伊斯兰革命来填补它们意识形态领域的空白。去年底，伊外长遍访中亚六国，特别致力于与什叶派居多数的阿塞拜疆和讲波斯语的塔吉克增进关系。1992年，伊朗提出了建立里海合作区和中亚共同市场的设想。它向塔吉克提供教材，帮助修建清真寺，派遣传教人员去中亚传播伊斯兰教，也接受对方人员到伊朗学习、受训。伊朗设立了波斯语协会，总部在德黑兰，并准备吸收乌兹别克斯坦、土库曼斯坦、阿塞拜疆和哈萨克斯坦这些讲突厥语的国家参加，因为它们的文化与波斯语有联系。伊外长韦拉亚提说，这个协会以文化联系为基础，而"有文化合作，就会产生政治影响"。土耳其在苏联解体和海湾战争后，战略地位和重要性都上升了。中亚六国约6000万穆斯林中，约60%都同土耳其人有血缘或语言的关系。1991年11月以来，土已与六国签订了经济文化协定，大力推广"土耳其的发展道路"。美国等西方国家因担心伊朗在中亚的影响增长，特别怕伊斯兰主义在中亚扩张，因此支持中亚诸国与土耳其发展关系。土耳其政府已倡议建立黑海合作区，与伊朗的里海合作区抗衡，并提出一整套的计划，如接受中亚留学生，培训外交、军事人员，办大学，贷款，赠送物质——包括突厥语教科书、打字机、印刷机等，筹建突厥语国家联盟，以对抗伊朗的波斯语协会。沙特在中亚六国的活动主要是通过经济援助，在宗教、文化方面抵消伊朗、土耳其的影响。沙特已向中亚六国投入10多亿美元，科威特也提供了10亿美元的贷款。1992年2月，沙特外交大臣访问乌兹别克斯坦、塔吉克斯坦、土库曼斯坦和阿塞拜疆，举行贸易谈判，讨论建立经济合作组织的问题。沙特报纸公开呼吁海湾合作委员会要"对独联体采取共同行动，以挫败伊朗人、土耳其人和犹太复国主义者"。埃及尽管经济实力不够，但由于担心伊朗什叶派势力在中亚六国得手，也积极制订计划，一方面不断派员前往访问，其中有伊斯兰宗教学者，也有副总理、部长和实业界、银行界方面的高层人士，以自己庞大的制造业为基础，向中亚出口服装、鞋类等产品，举办展销会，商谈办合资企业；另一方面，也邀请六国领导人和宗教领袖访埃。除上述四国以外，巴基斯坦、阿富汗激进的宗教组织游击队也都瞩目这块地区，竭力扩张自己的势力。各国加紧在中亚活动，伊斯兰教已获得迅速发展。中亚各国的清真寺已增至5000多座，朝觐人员多达几千万人，越来越多的年轻人经常去清真寺听讲《古兰经》。1990年6月，信奉激进教义的伊斯兰复兴党在中亚成立，到1991年年底，已有5万名成员，在塔吉克斯坦、吉尔吉斯斯坦和乌兹别克斯坦等地，均有相当实力。阿塞拜疆成立了一个伊朗支持的伊斯兰党，已有成员6000人左右，它明确宣称要把阿塞拜疆建成伊朗模式的伊斯兰国家。

遍及中东的当代伊斯兰运动，已经明显强化了各国的宗教意识。这种超越国界和民族，把宗教凌驾于一切之上的思潮，对90年代中东地区的阿以矛盾、阿美矛盾、中东国家的国内局势以及相互关系，将继续产生重大和深远的影响。同时，这种影响也不完全局限在中东。在阿塞拜疆与亚美尼亚关于纳戈尔诺—卡拉巴赫归属问题上的武装冲突中，从以土耳其为首的伊斯兰国家对原南斯拉夫的波黑穆斯林利益所表示的严重关切，以及阿富汗激进的宗教组织游击队领导人公然扬言要向东扩张，妄想建立东突厥斯坦的图谋中，都可以看出，中东地区伊斯兰势力的进一步兴起，不仅有可能从侧翼冲击已在激烈动荡的欧洲，而且会成为90年代的世界面临的重大挑战。

结束语：多极格局中的中东

苏联解体以来，东西关系缓和，南北矛盾突出，而过去受到东西矛盾制约的西方国家之间的矛盾，也趋于尖锐。美国、欧共体和日本这三个经济中心之间的经济摩擦进一步加剧，最突出的是日美经济关系。到80年代末，日本在美国的直接投资额要比美国在日本的直接投资总额多出500多亿美元。美国担心日本，就像过去担心苏联一样，认为在关键性的世界力量对比中，日本对美国的领先地位构成了主要威胁。美欧矛盾在农业补贴问题上也很激烈，但不如日欧矛盾突出。截至1990年财政年度结束，欧共体各国在日本的直接投资不到40亿美元，而日本对欧共体各国的直接投资在550亿美元之上。在政治和军事领域，华约的解体削弱了北约的凝聚力，美国的盟国独立自主的倾向在增长。美国保持它在西方乃至整个世界的领导地位的意图，受到了日本和欧共体的挑战。日本认为，今后的国际社会应建立日美协商并且以联合国为核心的体制。德、法两国想把它们建立的德法旅扩大为西欧兵团，成为独立于北约亦即独立于美国的西欧军事力量。冷战时代结束后，美国与它的主要盟国之间的关系更加复杂化，彼此间控制与反控制的斗争也更加公开化。是否可以认为，美苏两极的冷战结束了，多极的冷战已经开始？

处在这样一个由两极向多极过渡的国际战略格局中，中东凭藉它重要的战略位置和巨大的能源资源，将仍然成为各大国争夺的重点地区之一。苏联解体，海湾战争又打破了中东地区旧有的格局和力量对比，加剧了力量失衡。阿以矛盾尚未解决，旧的创伤没有痊愈，新的民族矛盾、宗教矛盾又突出起来。美国等西方国家在中东倾销它们裁减下来的军火，原苏联的武器装备也通过各种渠道流向中东，新一轮的军备竞赛已在中东地区展开。中东这个世界热点地区，也许局部方面会趋向缓和、降温，但它存在着内外各种矛盾，多而且复杂，随时都会激化发生爆炸，因此将依然是一个动荡多变的地区。

本书谈到的三大问题：巴勒斯坦问题、地区大国的争雄和伊斯兰运动，绝不是可以用孤立的静态处理方法来解决的，它们与固有的历史、民族、宗教、文化等根底有着千丝万缕的牢固联系，还直接或间接地受到外来因素的强烈影响，与国际风云变幻息息相关。

中东和谈不会戛然而止。美国不需要像冷战时代那样，利用与以色列的战略同盟关系去遏制得寸进尺的苏联渗透和扩张，因此会有耐心也可能继续推行它在中东的双轨政策：既维持与以色列的传统关系，又努力扩大它在阿拉伯世界中的影响，在中东和谈中发挥主导作用。阿拉伯方面，至少目前阶段还没有实力与以色列作军事较量，能通过谈判桌取得巴勒斯坦问题上的进展，当然值得争取。以色列为了改变处境，顺应国内、国际的和平愿望，积极改善自己的经济环境，也不时地会表现出灵活态度，让谈判继续下去。然而，独联体还有上百万的犹太人准备移居以色列，隐藏在土地、家园、宗教信仰后面的还有人类赖以生存的水资源问题。中东是世界最干旱的地区之一，人口爆炸、过快的城市化以及不顾国情一味追求食品和工业领域自给自足的政策，都迫使各国政府竭尽全力保卫它们极其有限的水资源。黎巴嫩、叙利亚、约旦和以色列用的是相同的水源。以色列自建国以来，每次都通过战争和对阿拉伯领土的占领获得新的水源，它控制的水源已从1960年的每年13亿立方米扩大到现在的每年19亿立方米。放弃被占领土，新的犹太移民往哪儿安置？减少了水源又怎么对付干旱？因此，中东和会不仅有表面化的矛盾和争执，也有潜在的冲突和爆炸因素。

国际社会盼望以巴勒斯坦问题为核心的阿以冲突能得到全面公正的解决。从改善气氛到逐步取得进展，将会是一个不短的历程。

从地区大国崛起来看，除了埃及、叙利亚、利比亚等阿拉伯国家外，实际上还应列入伊朗和土耳其。海湾战争后，伊朗力量壮大，它拥有的兵力达60万之众，并积极从原苏联和东欧国家进口武器装备。它虽然在致力于国内建设，但对外，始终以穆斯林利益的保卫者自居，公开煽动反对中东和会，反对阿尔及利亚当局取缔伊斯兰拯救阵线的政策，插手阿富汗内战，加紧向中亚六国扩展势力。这一切，无不说明伊朗高举伊斯兰旗帜称雄中东的既定方针并没有实质性的改变。土耳其亦非泛泛之辈。厄扎尔总统1992年春清楚地告诉布什总统："欧洲的强国是德国，本地区的强国乃是土耳其。"土耳其在海湾战争后的几个月中，已与美国达成了26亿美元的军火交易，还向法国购买武器，狠抓质量建军。它要求加入战后地区安全安排，对《大马士革宣言》设计的6+2结构表示强烈不满。华约解散后，北约的首要任务从遏制苏联转向制止地区冲突，土耳其成了西方干预中东事务的桥头堡，许多方面需要土耳其的配合。土耳其更加希望在国际舞台上特别是在中亚地区发挥战略作用。它是信奉伊斯兰的国家，但保持着政教分离的政治结构，背后又有西方国家的支持。从目前的动作看，它谋求的是占领中亚市场，形成以它为主导的区域经济圈，充当地区大国的角色。

除了地区大国，还有区域集团。中东地区成立有年并且尚属成功的区域集团，是海湾阿拉伯国家合作委员会和阿拉伯马格里布联盟。沙特、科威特、阿拉伯联合酋长国、卡塔尔、巴林、阿曼六个阿拉伯君主国于1981年5月25日组成合作委员会，宗旨是实现成员国之间在一切领域的协调、合作和一体化，加强和密切成员国人民的联系、交往和合作，以达到统一；推动六国工农业、科学技术的发展，建立科学研究中心，兴办联合项目，鼓励私有企业进行合作等。六国虽然定期召开外交、国防、石油、财经等大臣的会议，但从多年的实践来看，它们显然偏重于通过增加相互间的贸易量，加强国家间的合作和往来，以加快经济发展的速度。只是，这六国的经济贸易结构十分相似，生产商品的性质、品种、质量以及发展水平差别不大，缺乏互补性，因此对西方国家的先进技术和产品依赖程度很深。1991年，海湾合作委员会与美国、欧共体和日本的贸易额，分别高达280亿美元、340亿美元和330亿美元。再加上国小人稀，安全体系长期未得到解决，一旦卷入冲突或战争，就有岌岌可危之感。1991年3月6日，海湾六国与埃及、叙利亚通过《大马士革宣言》，出台了美国设计的6＋2地区安全结构，这也是阿拉伯世界在政治和军事领域最强大的力量组合。蓝图虽好，八国却同床异梦，各有打算，何况，中东的其他国家绝大多数均对此表示不满。海湾战争后，美国在海湾的地位大大加强，但西欧和日本并不甘心容忍美国独占海湾的局面。在美国财力捉襟见肘的情况下，欧日着重运用经济手段发展与海湾国家和伊朗的经济贸易关系，除投资伊朗、沙特的石油开采、炼油等行业外，法国已与科威特、阿拉伯联合酋长国在开展军事合作。这反映了海湾国家在主要依靠美国来构筑地区安全机制之外，也注意发展与西欧、日本的关系，以此来制衡美国。阿拉伯马格里布联盟成立已经三年多了，在政治、经济、军事、科学、文化等领域，五国有一定程度的协调和合作，但各国间国情差异过大，目前阿尔及利亚国内局势动荡，利比亚又受联合国制裁，自顾尚且不暇，自然谈不上在地区和国际舞台上发挥区域集团应有的作用。由于地缘政治的关系，这五国与西欧国家历史渊源甚深，它们的资源、人力与西欧国家的科技、制造业存在着明显的互补性，因此，今后如果条件具备，似有可能出现一个由地中海南北两岸构成的经济圈。

有不少人问，在将来的多极化世界里，中东会不会有哪一国会成为一极？从目前中东的地区大国或区域集团的意向看，不能完全排除这种"雄心壮志"。然而，要达到堪与美国、欧共体或日本一比高低的经济科技发展水平，应该说差距非常大。这里，既不能只看人均国民收入，也不能光谈拥有的军事力量。要成为能够对整个国际战略格局产生重大影响的超级大国或者世界性大国，靠的是国家的综合实力。中东地区各国，都存在着人口增长过快，外债累累，生产力水平不高等状况，就是作为国民经济基础的文化教育事业，也还很不发达。中东是世界文盲比例最高的地区之一。全世界2.3亿阿拉伯人中，有1亿人不识字，沙特的文盲比例是60%，北非国家45%。伊朗和土耳其1989年的人均国民生产总值各为3200美元和1370美元，但文盲比例也分别高达49%和26%。不过，当局者与旁观者的角度不同，一国有一国的具体国情，从历史、民族和宗教的特点看，中东地区大国争雄的势头仍会继续。特别是，当代伊斯兰运动的趋向，究竟有助于还是不利于这些大国的崛起，是非常值得人们注意的。

汇集着不同派别、各色旗号的伊斯兰运动，实质上是中东地区社会矛盾造成的一场政治运动，带有鲜明的时代特点。它反对西方化，以伊斯兰教的原初教旨为依据，试图变革或推翻现存的世俗秩序。西方的舆论对此的反映是普遍的惊恐，有的把信奉伊斯兰主义的伊斯兰运动视作"全球威胁之首"，也有的感到捉摸不定，是否需要发起一场反伊斯兰的新冷战？伊斯兰主义是否会起当年基督教新教改革运动在欧洲所起的同样的净化作用——最终对社会来说，是现代化的作用？实际上是既有忧虑，又有奢望。具体行动上，则一方面乞灵于冷战时代老一套的构想，千方百计地遏制伊朗的影响，另一方面又利用伊拉克南方的什叶派运动，建立禁飞区，以打击萨达姆政权。这种政策带有浓重的实用主义色彩。伊斯兰文化是中东地区占主导地位的核心文化，它的发展，带动或阻遏着其他文化的发展。当代伊斯兰运动的兴起，已形成了伊斯兰文化与欧美的西方文化相对峙的格局。它能否在发展的过程中，注意吸收其他文化的精华，不断调整和完善自身的机制，并且解决好目标和方法手段方面的矛盾，成为各国现代化进程中的积极因素，这对中东地区来说，可谓事关重大。当代伊斯兰运动还在向前发展，至少现在还看不出任何衰落或势头减弱的趋向。长期受中华文化熏陶的读者，如果能对中东的民族、宗教、历史、文化等方面细加观察和研究，一定会感到那是一个丰富多彩而且大不相同的天地。世界之大，绝不可能用一种模式去套，也不可能用任何一种力量使它变得整齐划一。

应香港三联书店总编辑陈昕先生之约，利用整个暑假写就了这些文字，实在是"急就章"。我非常感谢研究中东问题的前辈、同仁和后起之秀，因为在挥汗奋笔的时候，我也进一步读了国内外的许多书，看了不少文章，受益良多。其中，特别应当提到万光、陈佩明、刘竞、张俊彦、赵国忠、彭树智、陈和丰、王京烈、刘靖华等位先生，他们的专著和论文，确能给人以启迪。我谨希望，翻阅本书的读者能有所收获。不当之处，也敬请读者和专家们指教。

1992年8月于上海